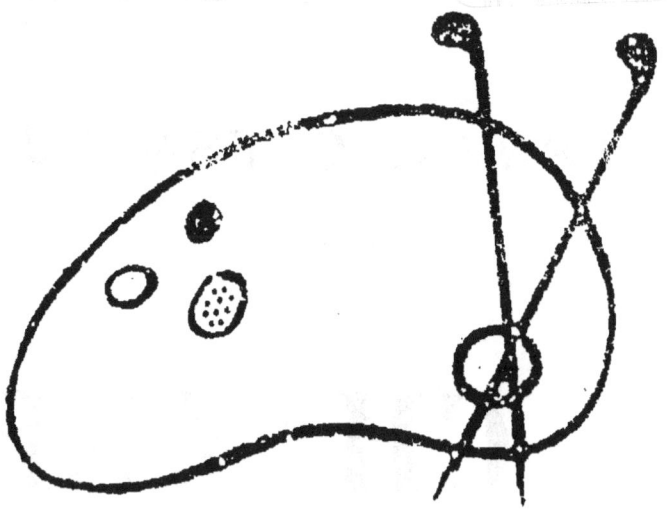

Début d'une série de documents
en couleur

ERNEST CHESNEAU

LA CHIMÈRE

Avec une reproduction du tableau LA CHIMÈRE

DE GUSTAVE MOREAU

PARIS
G. CHARPENTIER, ÉDITEUR
13, RUE DE GRENELLE-SAINT-GERMAIN, 13

1879

Extrait du Catalogue général de la BIBLIOTHÈQUE-CHARPENTIER

13, RUE DE GRENELLE-SAINT-GERMAIN, 13, PARIS

à 3 fr. 50 le volume

ERNEST D'HERVILLY

Contes pour les grandes personnes.. 1 vol.
Histoires divertissantes.. 1 vol.
Mesdames les Parisiennes.. 1 vol.
D'Hervilly-Caprices.. 1 vol.
Histoires de Mariages.. 1 vol.

JEAN LA RUE

Jacques Vingtras.. 1 vol.

DURANTY

| Les six Barons de Septfontaines.......... 1 vol. | Le Malheur d'Henriette Gérard.......... 1 vol. |

ANDRÉ THEURIET

Mademoiselle Guignon...... 1 vol.	La Fortune d'Angèle........ 1 vol.
Le Mariage de Gérard. *Une ondine* 1 vol.	Raymonde................ 1 vol.
Sous bois................ 1 vol.	Le Filleul d'un marquis..... 1 vol.

HENRY DE LA MADELÈNE

La Fin du marquisat d'Aurel.. 1 vol.

A. DE LAUNAY

La Maison Vidalin.. 1 vol.

Paris. — Imp. E. Capiomont et V. Renault, rue des Poitevins, 6.

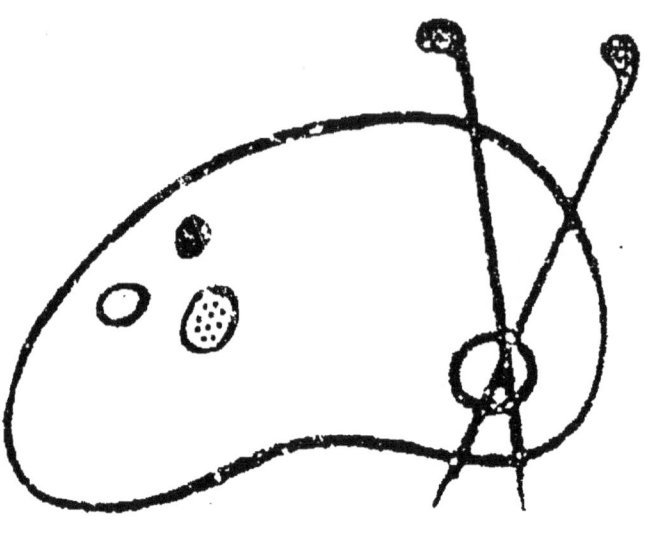

Fin d'une série de documents
en couleur

LA CHIMÈRE

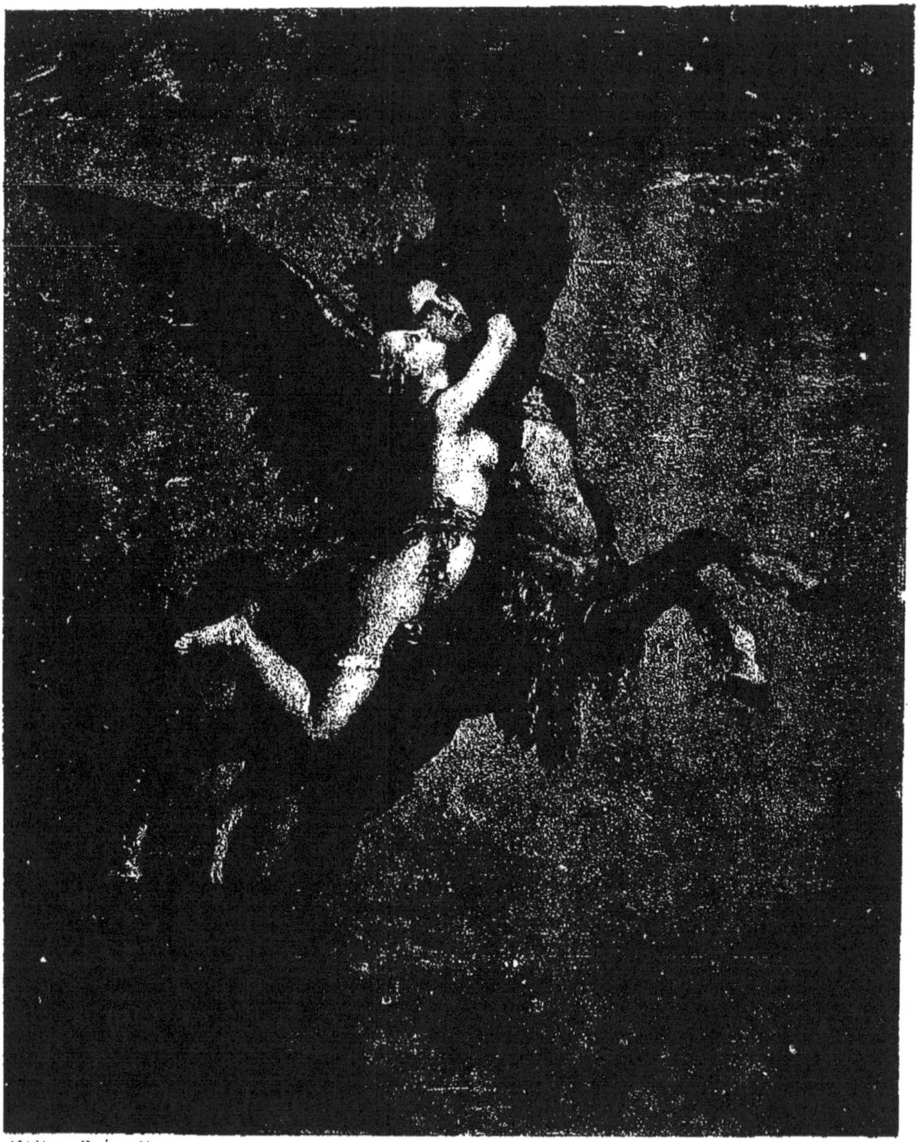

Hélioq. Dujardin

Imp. A. Salmon.

LA CHIMÈRE
Reproduction du Tableau de Gustave Moreau
d'après la Photographie de Mrs Lecadre & Cie

BIBLIOTHÈQUE NATIONALE RF

ERNEST CHESNEAU

LA CHIMÈRE

> « Quelle chimère est-ce donc que l'homme ? quelle nouveauté, quel monstre, quel chaos, quel sujet de contradiction, quel prodige ! Juge de toutes choses, imbécile ver de terre, dépositaire du vrai, cloaque d'incertitude et d'erreur, gloire et rebut de l'univers. »
>
> (PASCAL, *Pensees*.)

PARIS

G. CHARPENTIER, ÉDITEUR

13, RUE DE GRENELLE-SAINT-GERMAIN, 13

1879

Tous droits réservés

A GUSTAVE MOREAU

Cette *Chimère* doit de vivre à votre *Chimère*. En voyant la vôtre, j'ai conçu celle que je vous envoie.

Mais en des arts qui diffèrent autant que la peinture et les lettres, la pensée se traduit par des moyens différents. J'ai dégagé la mienne de l'admirable création héroïque et lyrique où vous aviez fixé la vôtre et l'ai maintenue dans les réalités avec lesquelles nous sommes en commerce quotidien.

La *Chimère* n'est donc pas une fable mythologique, ce n'est même pas un conte d'amour, c'est le simple récit d'une vie d'homme où la femme n'apparaît qu'à son heure.

Je la dédie au grand artiste qui a su faire passer les plus nobles émotions de l'âme humaine dans la peinture des légendes fabuleuses. Je la lui dédie, en témoignage de l'admiration profonde que m'inspire depuis quinze ans le génie de son œuvre.

Ernest CHESNEAU.

I

DÉCAMÉRON BOURGEOIS

Au boulevard Malesherbes l'hiver, l'été au château des Bélices, une élégante résidence des environs de Paris, nous nous retrouvions souvent, quelques hommes de même race, au foyer d'un ami commun, grand bibliophile, amateur de peinture, un peu peintre lui-même, écrivain à ses heures, et qui recherchait la compagnie des artistes et des lettrés.

A Paris, on dînait, on dansait, on entendait de bonne musique. Entre temps, la chanteuse en vogue y disait de son répertoire ce que d'honnêtes femmes en peuvent entendre ; Pagans y dérouillait sa voix à quelque brûlante seguédille ; l'incomparable guitariste Bosch y faisait de ses doigts d'acier tour à tour rire et pleurer l'intime symphonie de son instrument, si démodé en tout autres mains et dans les siennes merveilleux.

Sur le tard, on s'abandonnait aux folies. Un jeune et célèbre dessinateur, que je désignerais trop clairement si je disais que la fécondité de son crayon est la plus extraordinaire qu'on ait jamais vue, manœuvrait alors avec une égale souplesse l'archet léger d'un violon ou les plus lourds haltères. Le peintre Majérus chantait de sa jolie voix de tenorino : *Je suis Lindor*, ou dansait quelque bolero endiablé sur le rhythme ronflant et claquant du tambour de basque et des castagnettes.

On s'amusait bonnement, comme des enfants.

A la campagne, on dînait aussi, — cela va de soi, — et parfois l'on sautait ; mais surtout il y était fait une très large part à la causerie.

Nous nous groupions à l'entrée de la noire allée de tilleuls d'où l'on pouvait surveiller les ébats des fillettes et des jeunes *boys*, ou dans le parc, à l'ombre séculaire des cèdres, des platanes et des chênes.

Le murmure des sources vives, dégringolant de pente en pente sur un lit de sable et de cailloux clairs, le frémissement des hautes branches dans la pleine lumière du ciel, les vocalises gutturales des oiseaux dans l'ombre des bosquets ; au loin, la voix familière des animaux domestiques dans l'enclos, l'ébrouement des chevaux dans les écuries ; de temps en temps, le sifflement aigu d'un train de chemin de fer franchissant la vallée à grande vitesse : — tous ces bruits accompagnaient les paroles et les rires échangés qui montaient dans les feuillées rousses avec la fumée bleue des cigarettes.

Celui-ci peignait ; cet autre prenait dans un carnet, sur le genou, d'un trait, quelque croquis rapide : une bizarre insertion de branche au tronc d'un vieil arbre, un beau pli d'étoffe, une attitude de femme, un bout de fine bottine à haut talon relevant la bordure d'un jupon brodé, une main, — ce poème d'expression, — ou quelque mine adorable d'enfant.

D'autres feuilletaient les cahiers d'études où le Japonais Okusaï s'est révélé, dans la science de la machine humaine, égal sinon supérieur aux plus grands artistes de l'Occident. Ceux-là enfin, ne faisant plus œuvre de leurs doigts à l'heure qui nous réunissait, à cette heure de la journée qui fléchit vers le couchant, rêvaient, suivaient leur pensée intérieure ou la pensée commune ravivée par un mot.

Les jeunes dames façonnaient des bouquets, travaillaient à l'aiguille, chiffonnaient quelque ruche, avançaient une broderie d'un point lent, avec ce joli écartement du petit doigt qui soutient le fil de soie et assure le point. Elles taillaient dans de la toile fine et usée, préparaient et cousaient la mignonne lingerie d'une layette déjà toute chargée d'espérance, et d'avance magnétisée par les caressantes effluves de l'amour maternel.

Par les fenêtres du rez-de-chaussée restées ouvertes, on entendait le ronron monotone du cabinet d'étude, les leçons répétées, les exclamations, les cris, les pétulances du jeu. Du salon s'échappaient des bruissements d'harmonie qui nous arrivaient par ondes intermittentes, au gré des brises.

Tantôt les larges accords du piano redisaient l'attaque solennelle de quelque grande sonate de Beethoven. Tantôt une jeune voix, un *mezzo soprano*, d'un timbre grave et doux, modulait quelques vieux refrains des *Échos de France*.

C'était l'air de Lambert : *De ma Céline amant modeste*, ou les couplets de *Blaise et Babet* de Dezède : *Chantons l'hymen, chantons l'amour*. Sur ce dernier motif, la main légère de la chanteuse déroulait en guise d'accompagnement l'arabesque des variations composées par Düssek. C'était aussi une page de Schubert, la *Sérénade* ou la *Truite*, ce caprice si fin, si vif, si agile, comme fluide et fuyant, et dont la grâce mélodique couvre et sauve les paroles absolument niaises.

Pendant l'automne de 1871, la petite société s'augmenta d'un ami nouveau, Jean Landry, un peintre illustre déjà, bien que très-jeune encore. Il n'avait pas quarante ans et venait d'être reçu de l'Académie des beaux-arts.

Un jour, — la fin de la saison était proche, les visiteurs se faisaient plus rares, les vents d'équinoxe chassaient dans le ciel de grandes nuées chargées de pluie, — on profita d'une éclaircie, d'une accalmie dans le temps; pour la dernière fois de l'année peut-être, on se réunit au parc.

La conversation effleura de ses légers coups d'aile tous les bruits de la ville; de façon amicale, au sujet de la politique, on se querella; puis on parla d'amour.

Parler d'amour... en ce milieu d'honnêteté bourgeoise, un peu prude !

Quelqu'un en fit la remarque et constata que, sans qu'on puisse dire comment ni par quels détours, l'amour revient toujours s'imposer au cours des longues causeries.

— Ah ! dit Landry, c'est que l'amour est le thème éternel. Tout nous y ramène. Aussi longtemps que durera l'humanité — et, ajouta-t-il comme entre parenthèses, c'est par lui qu'elle dure, — l'amour restera le constant, le plus cher, le plus légitime objet de nos préoccupations avouées ou non. Il règne en souverain maître sur nos pensées comme sur nos faits et gestes. Il est en réalité, le grand, le seul mobile des actes de l'homme, œuvres d'héroïsme aussi bien qu'œuvres de lâcheté, crimes qui épouvantent la raison et vertus qui la confondent. Celles-là mêmes de nos actions qui paraissent le plus étrangères à ce sentiment n'ont pas au fond d'autre motif.

Que l'on cherche un peu, acheva-t-il, — et il n'est pas nécessaire de chercher longuement, — c'est l'amour qu'on retrouve, à coup sûr, aux origines de toutes choses, comme à leur terme aussi l'amour !

De toutes parts des exemples furent cités et des anecdotes produites à l'appui de cette affirmation contre laquelle personne ne protesta.

A la suite de ce discours, Landry retomba dans le silence.

Parmi les fleurs cueillies, les flacons de sels anglais, les paniers à ouvrage, dans ce pêle-mêle de petits objets dont s'entoure l'action de la femme, un album de portraits-cartes était posé sur la table en jonc de Panama autour de laquelle nous étions assis. Cet album avait été apporté et laissé là, sans doute par les enfants.

D'un mouvement machinal, Landry l'avait pris et ouvert, tout en souriant aux théories sceptiques de l'un de nous, l'excellent docteur C..., en fait, le meilleur mari qui fût au monde, très-gouailleur en paroles et qui prenait un plaisir extrême à taquiner le digne curé des Bélices. D'un doigt négligent, le jeune peintre faisait volter les feuilles épaisses de l'album. Il regardait à peine ces images aux attitudes pour la plupart guindées, sottes et prétentieuses, et toutes, même les plus charmantes, comme voilées de deuil par les tons funèbres de la photographie.

Tout à coup le mouvement régulier de sa main s'arrêta. Il se pencha en avant comme pour mieux voir l'une des cartes et avec une soudaine émotion dans la voix :

— Quoi ! vous avez connu ce pauvre Gaston ?

Gaston de Chanly était mort. Notre hôte l'avait, en effet, encouragé, délicatement soutenu à l'heure difficile de ses débuts.

Pendant toute une saison, Gaston était venu souvent aux Bélices, il y avait même séjourné et peint quelques tableaux. Chacun avait conservé de lui un excellent souvenir.

On en parlait toujours comme d'un ami, quoiqu'il eût à peine traversé la vie de la famille pendant un été. Par sa douceur, par sa modestie un peu farouche et nerveuse, par son attentive délicatesse avec les femmes, par la loyauté de ses rapports avec les hommes, il s'était fait aimer.

— Vous savez qu'il est mort en héros de roman ?

reprit Landry. A ce mot de roman, les fronts des jeunes femmes inclinés sur leurs menus travaux d'aiguille s'étaient relevés comme de concert. De beaux yeux tournèrent vers Landry des regards chargés d'interrogations.

Les heures du soir s'étaient rapprochées. Du fond de la vallée, de longs voiles de brouillard qui se formaient sur le lit de la petite rivière d'Yères s'échappaient et grimpaient comme des fumées sur la pente des collines. Le ciel s'emplissait de teintes froides et violacées. De place en place, dans la campagne, les points de feux des fanaux s'éclairaient subitement sur le parcours de la ligne de Lyon. On se leva et l'on rentra.

On s'installa au salon, dans la demi-lumière des lampes, atténuée par les abat-jour d'albâtre, autour de la table chargée de fleurs d'arrière-saison et de plantes à feuillage coloré. Les enfants furent confiés à leurs femmes de chambre, et, cédant à notre insistance, Landry dut nous reparler de Gaston.

II

LA VÉNUS MARINE

Sans doute, reprit Landry, vous avez appris la mort de Gaston de Chanly, comme nous tous, ses camarades d'atelier, comme moi, son plus intime et son plus vieil ami, seulement par le récit qu'en ont publié les journaux.

Cette mort soudaine me troubla profondément et exerça une influence décisive sur la direction de ma vie.

Vous m'avez souvent demandé, dit-il en s'adressant à notre hôte, l'aimable propriétaire des Bélices, pourquoi, comment, tout à coup j'avais modifié ce que, dans la langue conventionnelle de l'art, vous appeliez ma première manière. Vous allez le savoir, car cette transformation se rattache d'une façon étroite à la fin tragique de Gaston de Chanly.

J'étais alors, en 1863, pensionnaire de l'Académie de France à Rome. Je travaillais beaucoup, mais à ma guise, à préparer mon envoi de quatrième année. — Ce n'est pas à vous que j'ai besoin de dire que les pensionnaires de la villa Médicis sont tenus d'envoyer tous les ans à l'École des beaux-arts un ouvrage qui témoigne du progrès de leurs études.

Dans le jour, je parcourais les galeries et les églises. Le soir, relisant les œuvres poétiques des anciens, j'y retrouvais une puissante sérénité, car décidément on ne commence à savoir lire qu'après la sortie du collége.

Par cette activité des yeux et de l'esprit je m'*entraînais*, si je puis emprunter cette expression énergique et caractéristique à votre ami G..., le directeur du Tattersall. Mon tableau se formait en moi, sans effort en quelque sorte, par une lente agrégation de pensées et d'idées.

Les grandes lignes de ma composition, d'abord confuses, s'étaient peu à peu éclairées. Elles étaient désormais arrêtées dans mon cerveau. Chaque heure y ajoutait bien quelque détail complémentaire, mais déjà je tenais mon ensemble, je le voyais d'une façon très-nette avant même d'en avoir tracé la première esquisse.

Vous vous êtes souvent étonné, de la certitude presque absolue avec laquelle vous me voyez attaquer une toile blanche; la rapidité de mon exécution vous surprend toujours, dites-vous. Je travaille aussi longtemps et ne tâtonne pas moins qu'un autre. Seulement, cette besogne d'élaboration, je l'accomplis en dedans. Lorsque je prends ma palette, je sais ce que je veux faire, ce que je ferai ; je n'ai plus d'hésitation, je copie tout simplement un tableau définitif, complet et que je vois dans sa totalité par les yeux de l'esprit. Je vous livre ma recette. Vous pouvez la divulguer.

Vous vous plaisez à répéter, vous autres partisans de ce que vous nommez la « modernité » dans l'art, que les peintres qualifiés par vous et avec quelque dédain de « classiques » sont des artistes de routine, dépourvus d'inspiration personnelle. Laissez-moi vous dire que, si j'en juge d'après moi, vous vous trompez.

Ainsi, je voulais traduire par les moyens tout extérieurs propres à la peinture, par la couleur et par le dessin, l'émotion que j'avais toujours éprouvée et que j'éprouvais encore en face d'une œuvre accomplie.

Vous comprenez bien que je ne songeai pas un seul instant à représenter un monsieur en paletot, coiffé d'un chapeau de soie, immobilisé en contemplation devant quelque chef-d'œuvre. J'abandonne ces ironies à Couture.

Non ! je m'arrêtai d'abord à l'idée de la première femme, Ève ; mais ce type d'Ève exige une manifestation de puissance, de force, de fécondité pour laquelle je n'étais pas prêt. Ève, c'est la Mère et non la Femme. Je choisis, après avoir longtemps cherché, un motif que vous trouverez rebattu sans doute et que je trouvais, moi, absolument neuf, je dirai rajeuni si vous le préférez, à coup sûr bien original par la sincérité du sentiment qui l'inspirait et que j'espérais faire passer dans mon tableau.

Qu'était-ce donc ?

C'était *Vénus apparaissant aux hommes pour la première fois,* c'est-à-dire la première révélation de la Beauté à la conscience humaine.

— Comment cela ! mais pas du tout ! s'écria notre hôte interrompant Landry. Votre tableau de quatrième année, je le vois encore dans la grande salle des envois, au premier étage de l'École des beaux-arts. C'est même de ce moment que date pour le public la transformation de votre manière. Tout le monde fut frappé alors de la fougue étrange et de l'intense passion que vous aviez déployées dans cette grande page intitulée *La Chimère.* Il n'y avait plus rien de commun là avec vos précédentes recherches de pure plasticité, rien de commun non plus avec Vénus.

— En effet, reprit Landry, je n'ai jamais peint le tableau dont je vous parle. C'est la mort de Gaston qui, à l'époque, m'a détourné de le faire. L'événement me força de venir en France. Quand je retournai à Rome, je n'étais plus dans le ton, j'étais entré dans un nouveau courant d'émotions, j'étais vieilli.

Jeune et jusqu'alors, par l'éducation première que m'avait donnée une mère chrétienne, préservé des troubles profonds que la science précoce du bien et du mal, et surtout du mal, jette en tant de jeunes âmes ; — préservé aussi des autres ardeurs juvéniles par l'ardeur de l'étude, je n'avais encore compris dans l'art que l'exquise naïveté des maîtres de la primitive Renaissance ou la sublime majesté des grands maîtres de la fin du quinzième siècle, correspondant à travers les âges à la parfaite quiétude et aux chastes nudités de la statuaire grecque.

Mon entendement restait encore fermé aux beautés de l'art moderne, d'un Géricault, par exemple, ou d'un Delacroix, beautés engendrées sans le secours de la beauté.

En un mot, dans toute la sincérité de mes admirations, avec toute l'énergie de ma foi, de mes sentiments et — je puis le dire aujourd'hui — de mon ignorance de la passion, j'étais un pur *classique*.

En fait d'amour, j'en étais resté à Eros et Aphrodite. L'amour, c'était pour moi — en dépit de la grande liberté accordée à mon adolescence — l'adoration chaste, pure, respectueuse, une sorte de vénération et d'infinie tendresse pour la Beauté, image parfaite de toutes les perfections plastiques et morales. Vénus, c'était cette image même.

Telle était donc la pensée de mon tableau ; le premier salut de l'homme à la Beauté.

Quelques critiques et, je le crois, quelques âmes dans la foule m'eussent compris. Les autres, si mon œuvre eût été réussie, je les aurais charmés quand même. Quant à l'opinion des peintres qui blaguent ce qu'ils appellent la peinture *littéraire*, je ne m'en souciais que pour défier de légitimes sévérités en apportant tous mes soins à l'excellence de mon tableau au point de vue technique : composition, dessin, couleur.

Pour cadre à la scène imposante que j'avais l'intention de célébrer, je convoitais, parmi les îlots qui composent l'archipel grec, l'anse élégante d'un petit promontoire.

Elle s'arrondissait en hémicycle dans une bordure de hautes roches dont les blancheurs de marbre disparaissaient à demi sous une vigoureuse végétation de tamaris, de pins parasols, de lentisques, de chênes liéges et de lauriers-roses. La plage sablonneuse, attiédie aux premiers feux de l'aurore, était parsemée de coquillages, de coraux, d'étoiles de mer et de madrépores aux tons de nacre déposés doucement au rivage par le mouvement des vagues. Celles-ci s'étendaient mollement sur l'étendue verte en longs plis plus verts. Le ciel était teinté de pourpre pâle à l'horizon et de pâle azur au zénith. Çà et là, dans l'espace, se découpait la grande aile blanche, aiguë comme une voile latine, de quelques oiseaux pêcheurs.

Au bord de la mer, je groupais plusieurs jeunes hommes à demi nus, à la peau bronzée, aux longs cheveux noirs flottant sous une souple coiffure de laine aux riches couleurs. Armés de harpons d'acier brillant emmanchés à une hampe d'un rouge vif, ils étaient occupés à tirer sur la grève leurs longs filets distendus, éventrés par la capture de la nuit.

Cela me faisait un premier plan vivant, grouillant, coloré.

Je les montrais au moment où ils apercevaient la Vénus marine, dans le rayonnement de sa beauté blonde, dressée sur la cime des flots esclaves. Ceux-ci se soulevaient, s'élançaient timides, se tordaient comme des langues, et leurs franges d'écume argentée se répandaient en furtives étreintes et en baisers traînants sur ses pieds roses.

Elle, la déesse, une main renversée sur son flanc divin, de l'autre soulevant une lourde masse de cheveux ruisselants de lumière, elle ouvrait sur la créature humaine éblouie ses grands yeux bleus, clairs et profonds. Elle posait, souriante, entourée de son cortége de nymphes, de dieux et de monstres marins.

Les hommes, joignant les mains, se prosternaient. Resté debout, les bras levés, l'un d'eux avait pris et conservait l'attitude de l'éphèbe antique connu sous le nom de l'*Adorant*.

Nous tous qui écoutions Landry, nous étions émus de l'accent vibrant qu'il avait apporté à la description de son tableau et que je regrette de ne pouvoir rendre.

— Pourquoi donc avoir renoncé à ce merveilleux sujet, si admirablement préparé et dont le souvenir vous est resté présent à ce point? lui dit-on.

— Pourquoi? répondit Landry, le voici :

J'allais commencer à peindre. Jusque-là je n'avais éprouvé que les joies délicieuses de la gestation et ses douces fatigues. Quoique très-ferme et très-résolu, je n'entrais pas sans anxiété dans la période difficile de l'enfantement. Tout était prêt, je l'étais aussi. Mais réussirais-je?

Quel triomphe alors! Avoir fixé l'émotion de cette hégyre! Avoir fixé cette date unique dans l'histoire de l'humanité! Jusqu'au jour de cette glorieuse apparition, l'homme s'était bestialement accouplé. Faire comprendre que de ce jour seulement il avait eu le sens désintéressé du Beau...

— Désintéressé... ajouta Landry avec un soupir, je le croyais alors, et cela me suffisait.

Comprenez-vous mes angoisses ?

Eh bien ! fit-il brusquement, elles furent sans objet.

III

UN « FAIT DIVERS »

Après un moment de silence, pendant lequel Landry parut se recueillir et qui fut respecté, notre ami reprit la parole.

Je vous ai dit que je devais me mettre à l'œuvre d'un jour à l'autre. Cependant j'eus la curiosité, ne pouvant parcourir la Grèce, d'aller voir le ciel et la mer de Sicile, qui me donneraient, au point de vue pittoresque, une notation équivalente, ou à peu près, à celle du ciel et de la mer helléniques. Et je partis.

Mon absence, de courte durée, fut néanmoins trop longue encore. Jugez-en.

En rentrant à la villa Médicis, on me remet deux lettres, dont une épaisse et de grand format. Elle portait le timbre de Paris. Privé de nouvelles parisiennes depuis cinq ou six mois, c'est elle que j'ouvre la première.

Elle m'était adressée par un de mes bons camarades de l'atelier Cabanel.

Il m'informait des succès du Salon, des médailles et des décorations. En *post-scriptum*, il m'annonçait la mort de Gaston de Chanly, un des médaillés, et m'envoyait un fragment de journal où je trouverais, disait-il, de nombreux détails à ce sujet.

Ce journal avait, en effet, reproduit un « fait divers » d'une feuille de province, le *Mémorial de l'arrondissement d'Yvetot*.

Je ne sais si vous l'avez lu, dans le temps, ni si vous vous en souvenez. Pour moi, je n'en oublierai jamais les termes. Ils sont restés textuels dans ma mémoire. Il me semble encore voir la place que cet article occupait à la deuxième page du journal. Je vois sa disposition typographique et le trait de crayon rouge qui le cernait de manière à sans retard appeler mon attention.

Le voici avec sa rubrique :

UN TERRIBLE ACCIDENT.

Sous ce titre, nous lisons dans le *Mémorial d'Yvetot* :

« Un terrible accident, qui vient de plonger dans le deuil une des familles les plus considérées du pays, a jeté la consternation dans le petit village de Veulettes.

« Au plus fort du violent orage qui s'est abattu hier dans l'après-midi sur notre contrée, deux des hôtes que la saison avait amenés au château de

Veulettes ont été surpris par l'ouragan pendant une promenade qu'ils faisaient à cheval sur les falaises, et précipités dans la mer d'une hauteur de plus de quatre-vingts mètres.

« On suppose que les bêtes, qui étaient fort jeunes et imparfaitement dressées, ont été épouvantées par la fréquence et l'intensité des éclairs, par le formidable retentissement des coups de tonnerre qui, on le sait, se sont succédé pendant près d'une demi-heure, sans interruption.

« Toujours est-il que les cavaliers ont été emportés dans l'abîme.

« Toutes les recherches faites depuis pour découvrir les corps des victimes, sont, à l'heure où nous mettons sous presse, restées sans résultat.

« La mer, qui était à marée haute au moment de l'accident, a jusqu'à présent gardé les cadavres. »

A ce premier récit, le *Mémorial* du lendemain ajoutait de nouveaux renseignements également reproduits par le journal.

On donnait les noms des victimes : Madame de Cermont et M. Gaston de Chanly.

L'accident avait eu un témoin, un douanier de la côte. Réfugié dans une des guérites de pierre placées sur le bord de la falaise, à quelque distance de la crique de Succettes, il avait assisté au drame. Interrogé par M. de Cermont et par le commissaire de police de Cany, il avait répondu qu'à l'heure où la tempête était déchaînée dans toute sa violence, il avait entendu soudain un bruit grandissant dont il ne s'était pas tout d'abord expliqué la nature. Bientôt, cependant, il avait reconnu à sa cadence précipitée le galop de deux chevaux qui approchaient d'un train furieux dans la direction de la mer. Il allait sortir de son refuge quand, avant d'avoir pu réaliser ce dessein, il avait vu, par une des étroites meurtrières percées au flanc circulaire de la guérite, passer sur le plateau comme deux ombres dans une nuée de feu.

C'était une amazone et un cavalier. Il les avait remarqués, vingt minutes auparavant, allant au pas dans la direction opposée, vers Veulettes.

Au retour, Mme de Cermont, quoique montée sur son cheval, était renversée, comme ayant perdu connaissance, sur le bras gauche de M. de Chanly. Celui-ci, par de violentes saccades imprimées aux quatre rênes réunies dans une de ses mains, paraissait tenter de suprêmes efforts pour contenir sa monture et celle de la jeune femme, toutes les deux lancées à la même allure vertigineuse.

Un détail donné par le garde-côte, répété par lui à plusieurs reprises sur l'insistance de M. de Cermont et du commissaire du police, semblait inexplicable.

Le douanier avait affirmé que M. Gaston de Chanly frappait alternativement l'une et l'autre bête à coups de cravache redoublés, et que ses éperons étaient vissés aux flancs saignants de son alezan. Cet homme s'était élancé hors de son abri. Alors il avait vu avec horreur le cheval de M. Gaston s'enlever d'un bond énorme et disparaître dans une cavité ouverte comme une dernière marche sur le vide. A deux pas de l'abîme, celui que montait madame de Cermont s'était dérobé par un écart violent.

Par malheur, inerte, elle n'avait pas suivi le mouvement de retraite exécuté d'une façon si brusque par son cheval. Jetée hors de la selle, elle avait été entraînée avec l'autre groupe dans son effroyable chute. Le douanier avait distingué, passant dans la nue, le chapeau de l'amazone avec son long voile déployé et secoué par la tourmente.

— J'étais atterré, reprit Landry poursuivant son récit.

Certaines particularités de la déposition du garde-côte m'avaient paru singulières à la première ecture. En y réfléchissant, ils prenaient dans ma pensée un caractère encore plus sinistre.

En effet, je connaissais Gaston pour un excellent cavalier. Je ne pouvais croire qu'il n'eût pas réussi à maîtriser au moins son propre cheval. Mais ce qui me semblait bien plus étrange encore, c'est le procédé qu'il avait employé pour le dompter. — Les secousses brutales données sur le mors de ces animaux « très-jeunes », d'après le journal, et dont la bouche devait être par conséquent on ne peut plus sensible à la pression des canons sur les barres ; les coups de cravache « redoublés » : cela m'était suspect. A la rigueur, quelque mauvais que fût le moyen, j'aurais compris qu'il en tentât l'efficacité en rase campagne, à titre de correction infligée à un animal vicieux. Mais, en ce telles circonstances j'étais forcé d'y voir, un parti pris absolu d'affoler complètement plutôt que de dominer des bêtes déjà folles de terreur et aveuglées par la furie des éléments déchaînés.

Je méditais, navré, sur ce lugubre fait-divers. Bien des passages de la correspondance de Chanly depuis quelques mois, se représentant à mon esprit, m'avaient permis de soupçonner l'existence d'un roman dans sa vie et de pressentir un dénoûment prochain. Pourtant il ne m'avait fait que peu de confidences.

Dans le tumulte de mes pensées, j'avais perdu de vue l'autre lettre qui m'avait été remise. En allant et venant, mon regard s'y arrêta. Sans hâte je la pris. Tout à coup, je me sentis pâlir. D'un coup d'œil, j'avais reconnu l'écriture de Gaston.

J'arrachai l'enveloppe d'un seul geste.

La lettre avait été écrite quelques jours avant l'événement.

« Mon cher Landry, me disait-il, si tu apprends subitement sur moi quelque chose de grave, de terrible ou de fou, — je ne sais pas encore ce que cela pourra bien être, — viens aussitôt à Paris.

« M'ame Vermillon te remettra la clef de mon atelier.

« Cherche ! tu trouveras.

« Je m'en rapporte à toi pour agir en raison des intérêts que tu connaîtras alors.

« Pardonne-moi de ne pas tout te dire maintenant.

« D'ailleurs, rien n'est fait, ni même décidé. C'est une simple précaution que je prends en prévision d'éventualités qui peuvent aussi ne se produire point.

« Si, toutefois, elles se produisaient, j'invoque dès aujourd'hui le concours de ta vieille et vaillante amitié.

« Adieu !

« Peut-être : Au revoir !

« *Chi lo sa ?* comme vous dites là-bas,

« En tout cas, l'art n'aura point fait une grande perte en me perdant, — s'il me perd.

« Toi, mon vieil ami, cela te fera quelque chose. Tu travailleras un peu plus, voilà tout.

« Je ne regrette rien.

« GASTON. »

Et en dernière ligne, ces mots ou plutôt ce cri :

« J'ai vu, connu la *Chimère*... tu sais.. Où m'emportera-t-elle ? — Je sens que je perds pied... »

Cette lettre était tracée d'une main ferme, en caractères nets, parfaitement posés. Ce n'était ni une boutade, ni une rodomontade. Malgré quelques réserves, c'était bien un *adieu.* De Chanly y avait joint deux lignes sur une feuille détachée :

« Je nomme M. Jean Landry, mon ami, légataire universel de tout ce que je possède. »

J'agitai toute la nuit, dans la fièvre de mon insomnie, les incidents de moi connus, ou seulement présumés, qui avaient dû amener et accompagner ce drame... — Dites le mot, allez, ajouta Landry... ce suicide.

Le lendemain, M. Hébert, le directeur de l'École de Rome, m'accorda aussitôt le congé que je lui demandais, et je partis pour Paris.

IV

LE BEAU GYLIPPE

Si j'avais reçu à sa date la lettre de Gaston, poursuivit Landry, je me serais mis en route aussitôt; je lui aurais parlé, je l'aurais confessé et, quoiqu'il fût bien malade, rappelé et peut-être ramené à la raison. La fatalité qui pèse souvent d'une façon si cruelle sur nos destinées ne permit pas qu'il en fût ainsi. Sans doute, il était dans les desseins de la Providence d'abandonner le malheureux aux périls de cette lutte suprême sans autres armes que celles de son libre arbitre.

Arrivé à Paris dans la nuit, le lendemain, dès le matin, je gravissais la pente à pic de la rue des Martyrs dans le haut de laquelle était perché l'atelier de Gaston, à l'angle du boulevard de Clichy. La portière, m'ame Vermillon, dont le teint fortement enluminé justifiait le surnom, voulut m'arrêter au passage, me faire part de sa « mélancolie depuis la mort de son pauv' cher locataire »; puis je l'entendis grommeler quelques interjections absolument dénuées de tendresse pendant que j'escaladais l'escalier après lui avoir séchement coupé la parole et enlevé des mains la clef de Gaston.

J'entrai dans l'atelier. Ce ne fut pas sans une émotion dont vous vous rendez compte, n'est-ce pas? que je revis, dans la pittoresque disposition d'une demeure quittée de la veille, ces quatre murs chargés de plâtres, d'estampes, d'esquisses, souvenirs de peintres amis, ces larges divans encombrés de portefeuilles, et sur l'un d'eux un violon; au-dessus du piano le portrait de sa mère; devant une large fenêtre la petite table et son encombrement de volumes dépareillés, de lettres au cachet rompu, de croquis inachevés, de brosses à peindre plantées debout, la pointe en l'air, dans un de ces flambeaux en rubans de fer roulés en spirale, rapporté de quelque station dans un village normand. Posées sur champ, maintenues en équilibre contre le profil inférieur d'un lourd bahut hollandais à colonnes torses, quelques toiles à peine ébauchées, d'autres plus avancées me redisaient quel ordre d'idées singulières et funestes hantait familièrement le cerveau du pauvre garçon.

Sur un chevalet, dans sa bordure dorée, un tableau terminé, excellente peinture d'ailleurs, d'expression particulièrement énergique et pénétrante résumait d'une façon décisive la constante préoccupation de l'artiste.

Vous l'avez vu au Salon, ce tableau, vous vous le rappelez? Il y a dans la conception de cette œuvre étrange quelque chose des rêveries de l'ancienne école allemande, comme un souffle d'Albert Dürer.

Sur la feuillure du cadre on voyait encore la petite bande de carton jaune administratif avec le mot *Médaille*. Au-dessous, m'étant approché, je lus ce nom : GYLIPPE, tracé dans un réseau d'élégantes arabesques et de rinceaux où les lis se mêlaient aux asphodèles. — Gylippe! soit! — Qu'est-ce que Gylippe?

Gylippe est un jeune héros d'une admirable beauté blonde. Presque droit dans une armure d'acier noir, damasquinée d'or, de travail oriental, il monte un magnifique cheval, blanc comme le lait, aux naseaux roses, transparents, frémissants. Par un geste rhythmé, plein d'une grâce fière, la noble bête secoue dans l'espace les soyeux panaches de sa crinière et de sa longue queue qui jettent à travers la toile de capricieuses fusées de lumière. Le cavalier va tête nue. A l'arçon de la selle il a suspendu par les mentonnières un casque d'airain coiffé d'un cimier d'émail et d'or en forme d'aigle byzantin. L'une des serres de l'animal héraldique étreint en faisceau une haute aigrette faite de plumes de héron teintes de la couleur bleue des turquoises.

En arrière de Gylippe apparaissent les premiers rangs d'une armée de chevaliers. Visières ouvertes, les heaumes empanachés laissent voir de vieilles barbes, d'épais sourcils en broussailles, des lèvres lippues, des mâchoires féroces, des yeux étincelants. Les bois des lances au fer luisant se pressent rigides les uns contre les autres et s'enfoncent comme une forêt mouvante et sans fin dans la perspective d'un paysage qu'on ne peut oublier.

Ce qu'on en voit présente l'aspect d'une grève déserte, aride, sablonneuse, sans un arbre, sans une touffe de végétation. Ça et là, des moires d'eau stagnante reflètent les lividités du ciel froid. Cette vaste horizontalité de terres mortes est bornée dans les profondeurs, à ses limites extrêmes, par de sèches ondulations de collines violettes sur lesquelles se détachent des silhouettes de roches cassées, irrégulières, aux anfractuosités accentuées par des tons de pourpre.

A l'allure lente et majestueuse des grands chevaux de guerre la troupe impassible, compacte comme un mur d'acier, s'achemine dans la direction d'un pont-levis aux chaînes rompues. Il est abattu, ce pont, en face d'une poterne défoncée. Son tablier, soutenu par des madriers énormes, passe au-dessus d'un fossé plein d'eau croupie qui étreint comme une ceinture le pied des hautes architectures couronnées de créneaux.

Entre les murailles et l'armée le sol est jonché de débris d'armes, d'instruments et de machines de guerre rougies par du sang, de cadavres d'hommes, d'éléphants, de chevaux et de mulets. Là on s'est rudement battu.

Isolé à quelque distance de son cortége de barons, le beau Gylippe à la barbe naissante, avance souriant. A la pointe de sa lance, l'héroïque éphèbe porte en guise de fer une étoile.

Il avance, les yeux levés, regardant une vierge de beauté souveraine qui lui renvoie son sourire du haut des remparts de la cité conquise. Le glorieux triomphateur, tout au triomphe de l'amour, ne voit pas le profil camard de la mort qui l'attend au passage, embusquée derrière un des lourds poteaux du pont-levis rongé d'humidité verte et visqueuse.

Toute cette gloire, cette jeunesse, cette lumière, cette beauté va rouler, frappée, dans la bourbe. Les lèvres du beau Gylippe seront souillées par les baisers des bêtes rampantes et gluantes; la rayonnante étoile va s'éteindre noyée dans cette eau glauque.

— Je ne vous donne pas, dit Landry, cette composition pour un modèle de clarté. Je crois bien que les amateurs de rébus de l'*Illustration* y eussent vainement appliqué leur ingéniosité. Je retrouvais, moi, dans cette esquisse vibrante, puissante, dans ses colorations tragiques, à la Delacroix, le fantôme qui habitait sans relâche la pensée de Gaston. Celui des longues luttes d'une âme pure contre toutes les plaies de la vie, contre la solitude, contre la misère, contre le cortége des appétits désordonnés et des passions mauvaises d'abord accueillies, puis distancées, enfin la victoire assurée, prochaine de l'homme sur lui-même et sur le monde, et tout à coup l'anéantissement subit, l'effondrement de toutes les espérances dans la mort foudroyante.

Elle se lisait partout, dans l'atelier, cette idée fixe : aux murailles, où je retrouvais les bois sinistres d'Alfred Réthel sur la révolution de 1848, la *Tœdentanz* d'Holbein et les plus belles pièces d'Albert Dürer : les *Armoiries à la tête de mort*, le

Cheval de la mort, le *Seigneur et la Dame* et, à la place d'honneur, une admirable épreuve de la *Mélancolie*, dont la vue, malgré ma tristesse, m'arracha un sourire en me rappelant les sentimentalités alcooliques de m'ame Vermillon.

Sur le piano un volume de musique était resté ouvert, je regardai et lus dans le haut de la page : l'*Adieu*, c'était le recueil des mélodies de Schubert. Je pris un autre volume, il s'ouvrit de lui-même au milieu de la sonate *op*. 26 de Beethoven. Au-dessus des portées régnait l'inscription suivante : *Marcia funebre sulla morte d'un Eroe*. Le coin inférieur des feuillets était fatigué, fripé par un long usage.

A quoi bon continuer l'inventaire de cet atelier? Tout cela ne me disait-il pas clairement à quel vertige cette âme hantée avait cédé? Je le fis cependant, et j'acquis bientôt la preuve que je ne m'étais pas trompé dans mes suppositions. Il y avait eu suicide. Et ce suicide avait été la fin du roman de Gaston.

Sur ces mots Landry se tut.

Comme il ne reprenait pas la parole, après quelques instants accordés à sa méditation, on le pressa de parler, on l'interrogea sur l'héroïne de ce roman, sur madame de Cermont.

Bah! dit-il, d'un ton qui voulait être enjoué et en passant la main sur son front comme pour en chasser la trace d'un souci, parlons d'autre chose, voulez-vous?

On insista : — Eh bien, quoi! c'est une histoire

qui ne vous amuserait pas. Il n'y a de drôle que le dénoûment, et vous le connaissez.

On se sentit, malgré soi, un petit frémissement à la peau, à ce mot *drôle* ainsi prononcé.

Landry poursuivit : — Il n'y a point dans cette aventure le moindre événement extraordinaire. Il n'y a même pas d'événements du tout. C'est un roman sans action romanesque que ce roman de Gaston. Il est tout en émotions de l'ordre le plus intime, en aspirations impuissantes, en rêveries chimériques, en désirs avortés, en révoltes inavouées contre des situations ni plus fatales ni plus douloureuses que cent mille autres, dont chacun s'accommode comme il le peut, le plus souvent par des transactions consenties, que la société accepte ou tolère, par des capitulations de conscience auxquelles le monde indifférent sourit.

Tout cela est absolument terne, croyez-moi. Tenons-nous en au « Fait divers. » Il vous a émus parce que vous avez connu Gaston et parce que Gaston ne s'est pas « fait périr » à la façon des blanchisseuses.

Mais supprimez le cadre, les personnalités, la mise en scène, et vous aurez un suicide aussi banal, aussi sot que tous ceux qui se lisent chaque matin à la troisième page de votre journal.

La voix de Landry s'était élevée et chargée d'une certaine amertume.

Aussi bien, ajouta-t-il, voici qu'il se fait tard et j'aurais besoin, pour vous parler de cet ami comme je le voudrais, de remettre un peu d'ordre et de précision dans tous ces faits.

Huit jours après, la saison d'été avait atteint son terme. Le soleil ne se montrait plus que par échappées dans le ciel gris, délavé de pluie. La vallée et les grands arbres du parc étaient comme noyés dans l'eau qui tombait sans discontinuer. Une humidité froide pénétrait dans la maison. C'était l'automne et sa première tristesse.

On alluma le calorifère, on fit une flambée de bois au salon et c'est là que désormais se réunit la colonie des Bélices, C'est là que nous fut raconté le roman de Gaston. Je l'écris tel que je l'ai retenu.

La saison déclinante invitait aux longs discours. Landry ne s'en fit pas faute; mais il nous avait avertis.

V

MONSIEUR ET MADAME DE CHANLY

C'est dans les lettres de Gaston, dit Landry, dans ses journaux intimes, quoiqu'ils fussent tenus sans régularité, dans ses albums de croquis, chargés de notes manuscrites et le plus souvent datés que j'ai recueilli les éléments épars de sa vie et les témoignages successifs de son état moral parmi les milieux divers qu'il a traversés.

Et puis, nous étions camarades de pension. Or, bien qu'à l'époque où je le connus il fût déjà taciturne, il avait parfois avec moi de singuliers débordements d'effusion. Ils étaient subits et immenses. Les paroles se pressaient alors sur ses lèvres qui en étaient habituellement sobres à l'excès. De son cœur les confidences s'échappaient et s'épanchaient dans mon attentive amitié comme, par une digue tout à coup rompue, les eaux longtemps comprimées d'une source s'étaleraient dans un large bassin. Sous quelque forme que ce soit, la confession est un besoin tellement humain que personne, même parmi les plus sceptiques, n'y échappe, à ses heures.

S'il m'entretenait rarement de lui, il écrivait beaucoup pour lui et sur lui, ayant adopté jeune et de tout temps gardé l'habitude de tenir un journal de sa vie cent fois pris, interrompu et repris. S'il y ajoutait quelque feuillet nouveau, il le faisait par caprices intermittents. Pendant de longs mois consécutifs on y suit, jour par jour, ses réflexions, ses pensées, ses travaux notés et analysés. Puis on trouve des lacunes de près d'une année, difficiles à combler; on y supplée à l'aide de quelques lignes fugitives, jetées çà et là, sur une page de dessins et de loin en loin.

Du dépouillement de tous ses papiers et des innombrables conversations de notre jeunesse, aux heures de récréation, j'ai pu réunir les éléments de biographie que je vous apporte aujourd'hui.

Gaston avait à peine connu sa mère. Elle était morte si jeune! à vingt-cinq ans, lorsqu'il n'en avait que sept. Il était donc bien enfant quand ce malheur l'avait frappé. Cependant il avait conservé le culte pieux de la mémoire, et plus que cela, un souvenir profond, attendri, constant, de cette maman adorée.

De sa beauté, de ses tendresses, de ses caresses, de ses jeux, de ses câlineries, de la douceur lactée de ses embrassements, des larmes qu'il avait vues couler de ses yeux si doux et parfois si tristes, il avait formé et dressé en son cœur, comme dans un tabernacle, une image idéale, resplendissante de toutes les vertus, parée de tous les attraits, « pleine de grâces. »

En ce sanctuaire, en cet asile sacré il avait coutume de se réfugier pour échapper à l'isolement où il vivait depuis qu'il avait perdu tout ce bonheur.

La mort prématurée de sa mère fut la grande fatalité de la destinée de Gaston.

M. de Chanly, son père, avait déjà quarante ans; il avait laissé sa jeunesse et aussi une partie de sa fortune à tous les sophas des boudoirs, des cercles et des restaurants en vogue, quand il rencontra la jeune fille qui devait porter son nom.

Grand amateur d'art, aux expositions et aux ventes de l'hôtel Bullion (l'hôtel de la rue Drouot n'existait pas en ce temps là) il s'était maintes fois trouvé en rapport avec Cardan. Jacques Cardan était un artiste éminent, bien que son génie ne s'appliquât pas exclusivement aux œuvres d'art pur, mais bien plutôt à des œuvres réputées industrielles.

Une des fontaines les plus élégantes de Paris est signée de son nom. On connaissait de lui des figures décoratives groupées sur les façades des maisons parisiennes récemment construites. Mais on eût pu compter encore dans les demeures bourgeoises un bien plus grand nombre de bronzes, de vases, de statuettes, de candélabres, de foyers, de pendules, de surtout de table anonymes et cependant sortis de sa main.

Familier avec les styles successifs de l'ornementation chez tous les peuples, Cardan s'inspirait sans les copier des productions du goût aux époques antérieures pour composer à son tour des pièces d'un goût excellent. Dans la pratique de son art il n'avait point fait une grande fortune; mais il en vivait honorablement. Rival souvent heureux de Du Sommerard et de Sauvageot il avait la passion des bibelots anciens. Sa collection lentement formée de découvertes intelligentes, de rencontres faites au jour le jour, d'occasions longuement guettées et pour le temps follement payées était vraiment belle. Il n'était point de ces amateurs avares qui dérobent leurs trésors à toutes les curiosités, même les plus autorisées; Cardan, au contraire, n'avait pas de plus grand plaisir que de faire admirer les siens.

Peu à peu, M. de Chanly et l'artiste s'étaient rapprochés, avaient causé, s'étaient montré leurs richesses.

En allant ainsi visiter les ateliers de Cardan, le consulter sur la décoration ou l'ameublement du petit hôtel qu'il faisait contruire rue de la Pépinière, envier une récente trouvaille, un meuble Louis XVI ciselé par Gouttières, une lettre en bois délicatement sculpté de l'Alphabet de François Ier, une peinture de Clouet, un bijou de la Renaissance, un émail de Léonard Limosin, un marbre de Caffieri, une miniature de Hall, un portrait de Drouais, une pièce en couleur de Debucourt ou toute autre de ces merveilles alors si peu appréciées, M. de Chanly fut frappé et bientôt s'éprit de l'exquise beauté de mademoiselle Edmée Cardan.

Cardan, devenu veuf après quelques années d'une

heureuse union, ne possédait que cet enfant. Edmée comptait à peine seize ans.

Dans cette sombre demeure de la rue Amelot qu'habitait son père, elle mettait la lumière de sa jeunesse, de sa grâce et de sa gaieté. A toutes ces vieilleries plus ou moins grimaçantes, elle mêlait la fraîcheur et la pureté de son sourire ; à toutes ces choses mortes, sa vie.

Alerte, vive sans pétulance, elle trouvait le moyen de tout voir, de présider à tout dans la maison sans avoir l'air de se mêler à rien. Quand elle rencontrait le bonhomme Cardan sur ses pas, dans un des mille tours qu'elle faisait au cours de la journée d'un étage à l'autre, de l'appartement du premier aux bureaux du rez-de-chaussée, et des bureaux aux ateliers élevés dans une arrière cour, elle le saisissait, de ses deux petites mains fraîches, par les deux joues et l'embrassait. Lui, soufflant, courant, toujours pressé, légèrement obèse, il éprouvait une joie délicieuse à frotter sa bonne figure socratique, rougeaude, hérissée par une barbe de deux jours, aux lèvres soyeuses de son enfant. Et il s'échappait en secouant sa chevelure grisonnante, toute ébouriffée, et disant : — Allons ! c'est bon, c'est bon ! laissez votre père gagner sa pauvre vie, mademoiselle. — Et il se penchait par dessus la rampe pour lui envoyer un baiser, et encore un baiser qu'elle lui renvoyait, renversée, levant vers lui ses doux yeux bleus, pleins de joyeuse tendresse.

Bien souvent, en arrivant à la petite maison de la rue Amelot et montant tout droit au cabinet de l'artiste, M. de Chanly avait surpris Edmée rougissante, mais non embarrassée, timide et non émue, assise auprès de la grande table d'ébène qui occupait le milieu de la pièce.

Avec la liberté d'une enfant aimée, elle avait de ses mains frêles transporté sur les hautes chaises portugaises en cuir gaufré les lourds infolios, les estampes, les coffrets d'acier ciselé, les manuscrits peints et les bois sculptés qui encombraient la table; puis, ayant ouvert la croisée chargée de vitraux suisses, elle étalait devant elle de grosses gerbes de fleurs des champs rapportées de la halle dès le matin.

Sans souci des incrustations d'ivoire gravé reproduisant le Parnasse de Raphaël, dans une bordure empruntée à la décoration des Loges du Vatican, elle assemblait là, selon leurs formes et leurs tons, par masses de différentes grosseurs, cette flore éclatante que les paysans des environs de Paris nous apportent chaque nuit, pendant la saison. Elle groupait, disposait, éparpillait au gré de son caprice et de son goût, aux quatre coins du vaste cabinet, toutes ces fleurs agrestes et ces rustiques fleurettes encore humides de rosée. Elle en emplissait les vases en faïence de Delft, les cornets en vieux Chine, les porte-bouquets à la panse arrondie, les grands bols du Japon, jusqu'aux verres de Venise aux lacets de couleur, d'une architecture compliquée et flanqués d'ailerons fragiles.

Debout, parfois, les bras tombants, allongés pour atteindre la table basse, la tête légèrement en arrière et inclinée de côté pour bien juger l'effet de ses combinaisons, elle montrait sa fine silhouette aux lignes élégantes, sveltes, un peu grêles se détachant en vigueur dans le cadre de la fenêtre. Ainsi elle était charmante.

Si l'amour de l'art et de la curiosité conduisit tout d'abord M. de Chanly vers la rue Amelot, il y fut bientôt, à de fréquents intervalles, amené par un autre amour.

Le spectacle et le contact de cette vie pure, calme, simple, bourgeoise même, mais largement ouverte sur le monde de l'art et de l'intelligence, devaient séduire cet homme repu de la vie factice des cercles, des théâtres et du boulevard.

Il épousa l'enfant, ne pouvant songer à satisfaire autrement le caprice que lui inspirait Edmée, et cédant une fois de plus à l'entraînement de son désir.

Edmée aussi, d'ailleurs, avait été séduite par le grand air de M. de Chanly, par sa distinction, par le charme de sa parole, et malgré les quarante ans du prétendant, elle l'aima ou crut l'aimer.

Tant de jeunesse et de grâce ne purent vaincre chez ce viveur l'habitude invétérée des amours inconstantes et faciles.

Avant même qu'elle ne lui eût donné un fils, il reprit la vie libre, telle avec plus de mesure qu'il la menait naguère, et sans mesure ni frein aussitôt après la mort de sa femme.

Celle-ci, devenue mère, avait puisé dans les douleurs et les joies de la maternité les consolations et le bonheur que la vie conjugale lui refusait ou ne lui apportait qu'en de rapides échappées, à de longues intermittences.

En effet, M. de Chanly s'apercevait parfois que sa femme était infiniment plus belle, plus spirituelle et plus voluptueuse que les femmes légères et les courtisanes auxquelles son incontinence et sa vanité abandonnaient le meilleur de lui-même et prodiguaient le plus clair de sa fortune. Il revenait alors à Edmée. Il l'entourait de tendresse, de menus soins, d'attentions délicates, s'occupait avec elle de son fils Gaston. Edmée avait la faiblesse — dirai-je la faiblesse ou la grandeur ? — de pardonner et de céder.

VI

L'ABBÉ SERNEUVE

Madame de Chanly mourut d'un de ces retours de son mari. En quelques jours elle fut emportée à la suite et des suites d'un second enfantement. Le nouveau-né ne vécut point.

En sortant de la chambre où il venait d'administrer les derniers sacrements à la mère de Gaston, le prêtre aperçut le jeune garçon tout pâle, les yeux rouges, assis sur son petit fauteuil dans un angle obscur du grand salon. Il s'approcha et dit tout ému : — Mon enfant, ta mère est maintenant une sainte au ciel.

La cérémonie funèbre se fit avec une grande pompe. Sous le péristyle de l'église Saint-Philippe-du-Roule, Gaston descendant les degrés, à la main de son père, entendit ce mot de la femme de chambre : « Madame était un cœur d'or. » Son parrain, M. de Cermont, lui caressa la joue en disant : « Pauvre petit ! Pauvre petit ! » et l'embrassa. Il n'était pourtant son parrain que par un accident de jeu. Comme il avait perdu cinquante louis contre M. de Chanly, celui-ci avait proposé pour unique enjeu de la revanche l'obligation, consentie par M. de Cermont, de tenir l'enfant sur les fonts baptismaux. L'idée parut amusante. Il faut dire que le père Cardan avait refusé d'être le parrain de son petit-fils dans la crainte de lui porter malheur, ayant déjà vu mourir les deux seuls filleuls qu'il eût jamais nommés.

Dès le lendemain, le père et l'orphelin partirent pour la terre de Chanly.

Chanly est un petit hameau de Normandie situé sur le plateau qui sépare de la vallée de Monville la route royale de Rouen à Dieppe. A quelque distance du relais de poste des Cambres, on aperçoit les bâtiments de la ferme qui avoisine le château de Chanly ; mais le château lui-même, on ne le voit pas. Ses constructions de pierre et de brique, où domine la brique, disparaissent derrière les plantations incultes d'un parc très touffu, assez mal entretenu et par cela même très pittoresque. On y arrive par une avenue magnifique, seigneuriale, qu'ombragent dix rangs de hêtres séculaires, disposés à droite et à gauche, par files de trois et de deux. A l'extrémité de l'avenue longue de cinq cents mètres passe la grand'route.

En arrivant à Chanly, en pénétrant dans cette vaste nef de verdure, l'enfant se rappela les belles après-midi écoulées en jeux enfantins avec sa mère : les parties de cache-cache autour des grands arbres dont les racines saillantes faisaient trébucher ses petits pieds; ses courses d'un trait jusqu'à la route, quand il entendait au loin les grelots et les coups de fouet de la diligence de Dieppe, passant et repassant une fois par jour, emportée dans un nuage de poussière, au galop de ses cinq chevaux gris ; et les appels d'Edmée, criant : — Ne cours pas si vite, Gaston ! — et son retour vers le baiser maternel, pas à pas, en se dissimulant d'arbre en arbre; et comment l'adorée qui était assise au pied d'un hêtre, bien loin, et qu'il croyait surprendre, se retournait tout à coup, le saisissait à bras le corps, le ramenait sur ses genoux, le renversait dans les plis blancs de sa robe de cachemire, tirait de sa poche son fin mouchoir de batiste et lui épongeait le front, les tempes, le dessous des yeux et le baisait sur le bout de son nez rose en moiteur, le serrait sur son cœur et le redressait, le remettait sur ses pieds en lui disant : — Maintenant, mon homme, sois sage.

Contre le mur en hémicycle où s'ouvrait la grille de fer forgé toute rouillée, il revit les têtes de buses, d'émouchets et de renards, les chauves-souris clouées les ailes ouvertes, tous ces rapaces disséqués par l'hiver en façon de bucrânes, fixés là pour l'exemple, et dont les silhouettes blanchies, les carcasses vides, les becs acérés, les dents aiguës lui faisaient peur et le rejetaient tout ému dans la jupe d'Edmée.

Quand il entra dans la chambre, il éprouva un bien autre serrement de cœur. Respectant l'alcôve de sa mère, on dressa une couchette pour la femme de chambre auprès de son lit d'enfant;

mais celui où il avait échangé tant de caresses était désormais vide et froid.

Deux jours après son arrivée au château, M. de Chanly reçut la visite d'un prêtre avec qui, pendant quelques instants, il s'enferma dans sa bibliothèque. C'était le curé de Linzy, un village situé à plusieurs lieues de là où M. de Chanly possédait plusieurs terres et des bois. Il était venu sur une invitation expresse. Il dîna et partit après le dîner. Pendant le repas, il regarda beaucoup l'enfant et, à diverses reprises, lui parla avec enjouement. Au moment de monter en voiture, sur le perron du château, il serra la main de M. de Chanly et la retint un moment dans la sienne en disant : — Ainsi, c'est bien convenu : « Corps et âme ? »

— Corps et âme ! répondit M. de Chanly.

L'abbé Serneuve était un prêtre dans la force de l'âge, actif, énergique, intelligent, ambitieux. Fils de cultivateurs « aisés », il avait fait de bonnes études aux séminaires d'Yvetot et de Rouen Cependant, à trente-cinq ans, il rongeait son frein dans la cure de l'humble village de Linzy. La vie cléricale est une vie de longues épreuves. Quand il avait pris possession de son église, l'édifice vieux de huit siècles tombait en ruines. Dix ans plus tard, l'église de Linzy était complètement restaurée et à peu près ornée.

Il comptait dans les dépendances de sa paroisse deux grands propriétaires fonciers : M. de Valhébert et le marquis de Rostain. Le premier était sincèrement pieux et catholique pratiquant ;

il suivait les Rogations. Le second était un libertin sceptique et généreux ; il n'assistait à la messe que le jour de Pâques.

Sans hésiter, sans la moindre discrétion, l'abbé Serneuve sollicita, tourmenta ses deux paroissiens au nom « des besoins de l'église ; » auprès de M. de Valhébert, invoqua la gloire de la religion et parla haut ; auprès du marquis de Rostain, se fit petit et bon enfant et subit la gêne de ses dîners hebdomadaires. Subir est le mot propre car, pendant ses séjours d'automne à Linzy, le marquis se plaisait malicieusement à compromettre quelque peu la soutane de l'abbé en des réunions où l'élément féminin était représenté par des premiers sujets du ballet de l'Opéra.

Ces dames assurément y apportaient de la tenue, mais à leur insu que de mots profanes, que d'hérésies tombant de leurs lèvres pourpres avaient le don d'empourprer l'abbé jusqu'aux oreilles ! Il n'était pas jusqu'à leur façon de l'interpeller : — « Monsieur le curé ! » qui ne le fît tressaillir. Sans doute la sainteté du but poursuivi offrait une justification suffisante à la conscience du curé de Linzy. Le fait est qu'il arracha d'abondantes aumônes à la foi de M. de Valhébert et de bien plus abondantes encore au voltairianisme du marquis de Rostain.

Toute la paroisse, d'ailleurs, fut mise à contribution. Aux petits propriétaires du pays il demandait à l'un de la marne, à l'autre des moellons, à celui-ci de la brique, à qui du sable, à qui un arbre. Aux simples fermiers, il empruntait leurs attelages et leurs hommes pour une ou deux journées de charroi dans le courant du mois. Des plus pauvres gens il sollicitait une obole ou une corvée.

En outre, il prit en pension au presbytère un certain nombre d'enfants, des fils de gros cultivateurs ; il leur enseignait les premiers éléments de la langue latine et le plain-chant, et les formait à l'office d'enfants de chœur. Quelques-uns des élèves ainsi préparés par lui étaient entrés avec de bonnes notes, soit au collège de Rouen, soit au petit séminaire d'Yvetot. L'abbé augmentait ainsi son influence dans la contrée et aussi ses revenus, tous consacrés d'ailleurs au constant objet de ses préoccupations, la restauration de son église.

D'une infatigable activité, il mettait la main à tous les travaux. Du porche, en traversant le cimetière, on l'apercevait, ayant mis bas soutane et rabat, parcourant les échafaudages en culotte de velours jadis noir et gilet montant. Il dessina et peignit lui-même le symbole du Saint-Esprit sur le mur auquel la chaire était adossée. Pour atteindre à cette hauteur, l'échelle dont il disposait, au moment, étant trop courte, il la hissa sur un tabouret et se tint, deux heures durant, debout au sommet de cet engin d'un équilibre si peu sûr, enluminant le pigeon sacré.

Quand il n'était pas occupé dans son église, on rencontrait l'abbé, à toute heure de jour et de nuit, par voies et par chemins, grand, sec, fort, le sourcil froncé, allongeant le pas sous le soleil de la canicule ou dans les neiges, ayant pour tous une bonne parole, d'accent rude mais cordial. Il faisait chaque jour sa tournée dans la commune, dépouillant les riches, se dépouillant pour les pauvres.

A l'archevêché, le curé de Linzy était bien vu. Monseigneur le laissait agir, le suivait avec un intérêt discret, à peine avoué, dans l'accomplissement de son œuvre. Il le destinait, sans le lui dire, au gouvernement d'une cure bien plus importante que celle de Linzy et d'administration difficile, en pays de fabriques, à Sotteville-lez-Rouen, dont le curé était très âgé.

Dans les jours qui suivirent la visite de l'abbé Serneuve à Chanly, Gaston remarqua que la femme de chambre, en compagnie d'une couturière à la journée, cousait du matin au soir. On lui prenait mesure de vêtements, on les lui faisait essayer, on vérifiait l'état de son linge. De temps en temps il surprenait les deux femmes à le regarder d'un air attendri.

A la fin de la semaine, le trousseau étant prêt, Lacheray, le fermier de M. de Chanly, à Linzy, vint chercher Gaston.

En habits de deuil, mais emportant dans son cœur un deuil bien plus sombre encore, l'enfant se mit en route pour sa nouvelle destination. Après le dîner, Lacheray enfourcha son bidet, M. de Chanly embrassa Gaston, le mit en croupe sur un coussinet derrière le fermier, lui dit : — Tiens-toi bien. — Et l'on partit.

La nuit tombait. En deux pas la bête sortit de la zone de clarté jaune qui rayonnait à travers les carreaux de corne et filtrait par les trous symétriquement percés dans l'armature de la grosse lanterne de fer-blanc que le valet d'écurie avait posée tout allumée sur les dalles du perron.

L'enfant prit Lacheray à deux bras, par la taille. Il retourna la tête, cherchant à voir une dernière fois les toits et les girouettes du château. Dans la baie éclairée d'une des fenêtres au rez-de-chaussée, il reconnut la silhouette de la femme de chambre qui pleurait.

En route à cette heure crépusculaire, entre chien et loup, dans les cavées il tremblait en pensant à des histoires de brigands; dans les hautes futaies de hêtres alignés en colonnades sombres sur le ciel pâle, il lui semblait voir comme des formes ailées, de blanches, vagues et flottantes apparitions de l'image adorée. Il évoquait sa mère. Son cœur battait de terreur autant que de douce émotion. Il étreignait plus fortement de ses petits bras la taille épaisse du fermier, et essuyait à la blaude de toile bleue que Lacheray avait passée pardessus son habit de gros drap, les larmes chaudes qui coulaient de ses deux yeux.

VII

« CORPS ET AME »

Deux heures après, Gaston, le corps tout moulu de fatigue, les jambes raidies, tombant de sommeil, fut descendu à la porte du presbytère de Linzy et reçu par mademoiselle Rose, à qui le fermier remit aussi « un mot d'écrit » adressé à l'abbé par M. de Chanly.

Dans cette lettre, le père de Gaston confirmait ses paroles antérieures, rappelait au prêtre les points essentiels de leur récente conversation, confiait l'enfant à sa direction absolue, à son autorité discrétionnaire; en quelque sorte il abdiquait.

« Souvenez-vous, écrivait-il, que je vous le livre *corps et âme.* »

L'abbé Serneuve n'était point de ces esprits timorés qui reculent devant les responsabilités. Il accepta sans hésiter, dans ces conditions, la délégation d'autorité qui lui était faite. Qu'était-ce, en effet, qu'une âme de plus pour ce pasteur d'âmes ! Qu'était-ce, un corps, aux yeux de cet homme qui ne comptait pour rien son propre corps ! N'avait-il pas su se plier tout entier, lui, aux plus sévères disciplines ! Il saurait bien y plier un enfant, dût-il le rompre.

C'était là, en effet, le point mystérieux et délicat de la situation. Là était le mobile de la détermination prise par M. de Chanly et là, pour l'abbé, le problème, — problème, à vrai dire, qui n'inquiétait en aucune façon ce cerveau ecclésiastique.

En livrant son fils si complètement, « corps et âme, » à l'abbé Serneuve, peut-être M. de Chanly croyait-il agir pour le bien de l'enfant. Quoique Gaston eût toujours témoigné d'un esprit de soumission exemplaire dans ses actes extérieurs, il n'avait point réussi ni même cherché à dissimuler ses jugements muets, jugements d'enfant, c'est-à-dire terribles parce qu'ils sont absolus, ni ses révoltes intimes provoquées par ces faits inexplicables : les pleurs qu'il voyait couler des yeux de sa mère chérie et les caprices d'humeur de son père.

S'il ne disait mot, l'explosion de ses colères étant contenue par le respect filial, — et, si jeune, qu'eût-il su dire sur ces choses douloureuses dont il avait l'instinct mais non l'intelligence ? — sa physionomie parlait trop. Ses yeux révélaient en de tels moments une expression d'une si extraordinaire énergie que M. de Chanly, surprenant ces regards, en était, sinon effrayé, en quelque façon humilié et, lui-même, à son tour, indigné, révolté.

En l'abandonnant, corps et âme, à la discrétion de l'abbé Serneuve, le père vengeait, à son insu, les griefs du mari coupable et dévoilé.

A son réveil, le lendemain, Gaston vit à son chevet la figure rose et fraîche de mademoiselle Rose, la bien nommée, qui lui souriait. Il la regarda d'un air étonné, puis ouvrit les bras, et la baisa sur les deux joues, de tout son cœur.

Mademoiselle Rose était la sœur aînée du curé de Linzy, le servait et administrait sa maison. Humble fille, d'une piété étroite, profonde, aveugle, elle mettait sa gloire en ce monde dans cette condition de domesticité qu'elle avait choisie auprès de lui. Normande, elle faisait le bien comme on accomplit un devoir, sans chaleur, sans élan, mais le faisait. Le baiser de l'enfant, fondit en un moment le cœur pur et glacé de cette vierge de quarante ans. Il y déposa, il y jeta plutôt un germe de sentiment maternel.

Dans l'ombre portée du grand bonnet de linge, à larges bords en auvent, tuyautés et empesés, qui descendait sur son front à quelques lignes au-dessous de la naissance des cheveux, ses yeux pâles et froids s'éclairèrent de lueurs de tendresse. Elle sentit comme des battements de vie, jusqu'alors ignorés, sous la pointe de lainage brun qui se croisait chastement sur sa poitrine. Elle n'avait connu que l'amour abstrait des choses saintes, l'amour respectueux et soumis qu'elle portait à son frère ; elle connut par l'enfant une des grandes joies et des plus nobles de la femme, l'amour protecteur. Cela devait suffire à cet honnête tempérament de vieille fille.

Gaston demeura trois ans à Linzy.

Rarement l'abbé restait au presbytère. Selon qu'il devait ou non rentrer pour le repas du soir, il distribuait leçons et devoirs à ses élèves pour la journée et quelquefois pour deux jours. Rentrait-il, c'était après le souper seulement qu'il s'occupait d'eux. La récitation des leçons et la correction des devoirs se prolongeaient fort avant dans la soirée. Pour ceux qui répondaient mal, la veillée durait autant que celle de M. le curé.

Pendant que les pauvres petits pâlissaient sur le *Cornelius Nepos* ou, luttant avec peine contre le sommeil qui pesait sur leurs paupières gonflées, balbutiaient les cas du *Qui, quæ, quod*, le prêtre, en soutane, les pieds dans des chaussons de tresse noire, un bonnet sur la tête, rédigeait son prône pour le prochain dimanche ou bien alignait de longues colonnes de chiffres. On l'entendait marmotter tour à tour des bribes d'homélies et des paroles mystérieuses où des noms propres se mêlaient à des quantités déterminées de mesures cubiques ou superficielles.

Pendant les quelques minutes qui suivaient le le retour de M. le curé l'angoisse était générale. Toutes les bouches étaient muettes, tous les cœurs serrés. Chacun au presbytère, mademoiselle Rose elle-même, se demandait quelle était l'humeur du maître.

Son pas rapide, ses mouvements plus ou moins brusques, tous les bruits qu'on entendait à travers le plafond planchéié, servaient déjà de premiers indices pour des oreilles exercées à analyser les moindres manifestations de l'ennemi. « Notre ennemi, c'est notre maître, » a dit La Fontaine. Mais la révélation n'était complète qu'après le souper, lorsqu'on pénétrait dans sa chambre.

On ne l'apercevait que de dos tout d'abord, assis devant un petit bureau de bois blanc, placé entre la fenêtre et la cheminée, tout au fond de la pièce. Il était inutile d'en voir davantage pour être informé. En se poussant dans l'escalier étroit et sombre, les gamins l'un à l'autre se disaient : — A-t-il son bonnet de soie noir ou son bonnet de coton ?

M. le curé ne mangeait avec ses élèves que le dimanche, au dîner qui avait lieu à midi. Quelquefois mademoiselle Rose, qui servait son frère le soir chez lui, redescendait souvent à la cuisine, le visage soucieux et disait : — M. le curé a mis son bonnet de soie noir. — Tout le monde tremblait.

En effet, le bonnet de soie noir était le signal de sévérités parfois cruelles, en général excessives. Au contraire, quand l'abbé se coiffait du bonnet de coton, on pouvait espérer quelque indulgence. Il était satisfait de sa journée, avait obtenu ce qu'il souhaitait, se proposait de se mettre au lit de bonne heure. L'examen du soir était bref : — Toi, disait-il à Gaston, je suis sûr que tu n'as encore rien fait aujourd'hui. C'est bon. Va te coucher, Nous verrons cela demain.

Il était rare que l'abbé se coiffât de son bonnet de coton plus d'une fois par semaine; il n'arrivait peut-être pas trois fois dans l'année qu'il le fît deux soirs de suite.

C'est contre Gaston que s'exerçait d'habitude la méchante humeur où le jetaient les déceptions du jour, les résistances de M. de Valhébert, les railleries du marquis de Rostain, la parcimonie des fidèles. Pourquoi ? Parce que l'abbé Serneuve se rappelait alors les recommandations de M.. de Chanly. Parce que, plus âgés, plus avancés que Gaston, les autres enfants s'acquittaient mieux d'un travail qui leur était plus familier. Parce que ceux-ci, appartenant tous à des familles de la commune ou des communes limitrophes, voyaient souvent leurs parents et se seraient plaints à eux moins des coups reçus, — on est dur aux coups dans nos campagnes, — que d'injustices trop criantes. Voilà pourquoi Gaston était la victime élue du curé.

Il devint bientôt le souffre douleurs de la bande, le bouc émissaire de toutes les fautes.

Tous ces jeunes rustauds éprouvaient une basse joie à infliger leurs brutalités de paysans à ce petit noble, à ce petit Parisien, de santé chétive, sans force apparente contre le nombre, qui ne parlait pas leur patois, ne traînait point l'accent chantant sur les finales des mots, qui n'était pas de leur race, et leur paraissait à eux-mêmes, à eux surtout, d'une race supérieure.

Un livre était-il égaré? Gaston le dernier y avait touché. Gaston avait-il un œil poché? il avait porté le premier coup. Le plus grand des élèves, chargé de la surveillance en l'absence du curé, — il avait bien douze ans, — était-il en retard pour ses devoirs? il avait dû s'occuper de Gaston qui ne voulait pas travailler. Gaston ne comptait d'amis au presbytère que mademoiselle Rose et Briffaut, la servante et le chien du curé.

Mademoiselle Rose mettait volontiers un peu plus de beurre sur ses tartines ; quand il était condamné au pain sec, lui glissait dans la main une jeune tige d'oignon vert; intercédait pour lui quand il était puni; le prenait sur ses genoux quand il suffoquait par trop et le grondait doucement, mais sans savoir, la pauvre fille, comment venir en aide à son favori.

Quant à Briffaut, il témoignait de sa tendresse pour l'enfant en le tirant par sa blouse afin de l'inviter à courir de compagnie aux heures de récréation, en lui léchant les mains et le visage lorsqu'il avait été battu, en allant avec lui, malgré le froid, se blottir sur le palier noir où le curé mettait l'élève en pénitence. Couchée devant le feu, le museau allongé sur les pattes, la bonne bête, sans bouger la tête, ouvrait un œil obliquement quand Gaston comparaissait à son tour devant son juge. S'il prenait aussitôt la parole et récitait couramment, Briffaut refermait l'œil avec paresse et, tant que son ami parlait, agitait doucement sa queue qui battait de petits coups sur le plancher. Si Gaston restait muet, si la voix de l'abbé s'élevait, Briffaut se levait sur ses quatre pattes raidies, se secouait avec un large bâillement, et se glissait la queue basse par la porte entr'ouverte pour l'expulsion de son ami malheureux.

Mais à Briffaut Gaston ne pouvait que raconter ses peines. Briffaut l'écoutait, le regardait avec affection, prenait un air triste. Au bout de quelques instants Briffaut se mettait à gambader devant son camarade pour le distraire. Il y arrivait parfois, pas toujours.

Ni Briffaut, ni mademoiselle Rose ne réussissaient à ouvrir le caractère fermé, concentré de cet enfant qui n'avait pas connu même une heure d'épanouissement depuis la mort de sa blanche, et blonde, et belle, et si douce maman.

VIII

NATURE

Une telle vie, en ce milieu dur et hostile, n'était point faite pour développer les heureuses qualités de Gaston. Sa douceur native était taxée de couardise, sa soumission d'hypocrisie, ses longues contemplations de paresse, et de sottise l'absorption de sa pensée au foyer intérieur. Cette flamme qui passait dans ses yeux quand il était forcé de ployer devant l'involontaire iniquité de l'abbé ou devant l'agression de ses camarades ligués contre lui; ce regard qui avait quelquefois immobilisé le prêtre et fait reculer les enfants : on y voulait voir la manifestation inconsciente d'un méchant naturel et des pires instincts.

— Ah! mauvaise tête! Ah! sans cœur! je t'arracherai ton masque! lui dit un jour, en le frappant rudement, le curé qu'un de ces regards venait de cingler comme un soufflet.

Lui, Gaston, sans cœur !

Depuis, les polissons qui avaient retenu le mot, ne l'appelaient plus autrement que « le masque, le vilain masque, le méchant masque. »

Il s'isola de plus en plus. Il en demeura, pour le reste de ses jours, silencieux et même clandestin.

A ce régime de compression morale, ses instincts de rébellion, loin d'être domptés, d'année en année s'accusèrent. Le feu gagnait du terrain au dedans, quotidiennement alimenté par tous ces brandons de haine. Un jour ou l'autre il devait éclater au dehors.

Toutefois, ce refoulement constant avait enseigné à Gaston la dissimulation. Au moment où il était atteint par une blessure nouvelle, toutes ses anciennes plaies se rouvraient. Il caressait alors des plans de vengeances fous ; et puis, par bonté ou plutôt par certain don de nature, il finissait par oublier. Il ne pardonnait point, il oubliait bien réellement. Il lui restait à l'égard de tous, mademoiselle Rose exceptée, un vague sentiment d'indifférence et de dédain. Il se réfugiait alors, loin de la réalité mal faite, dans son rêve intérieur et dans la contemplation de l'œuvre de Dieu.

Au printemps, il partait en compagnie du chien Briffaut. Il allait, vaguant à petits pas, longeant les haies des jardins du village, haussant les épaules au sifflement de quelque pierre lancée dans sa direction par « un camarade », tirant sa casquette à M. le géomètre-arpenteur qui lui imposait avec son air de l'autre siècle : habit et culotte en drap gris, bas bleus chinés, souliers à larges boucles d'argent, la queue au collet, courte et raide sous le tricorne, canne à pomme d'ivoire ; — il faisait un détour pour ne point passer auprès de l'idiot du pays qui beuglait des sons inarticulés au rebord de quelques talus et dont les yeux bordés d'un ourlet rouge lui faisaient peur, saluait gentiment l'aveugle musicien, donnait une tape amicale à son caniche et rappelait Briffaut qui s'attardait. Il gagnait ainsi l'orée des bois en contournant les grands fossés plantés d'ormes, de chênes et de hêtres qui servent d'enceinte aux fermes normandes.

Arrivé au terme de son expédition du jour, — il n'allait jamais très-loin, — Gaston s'étendait sur le sol, à plat-ventre. Dans cette posture, il oubliait. Il fouillait du regard les plaques de mousses desséchées par l'hiver, leurs retraites, leurs labyrinthes, leurs cavernes, comptait les mille aiguilles qui se hérissent à la hampe sinueuse des lichens attendait l'éclosion des primevères jaune pâle qui semblent emprunter leur douce coloration à la lumière pâle des soleils de mars, ou des primevères brunes aux pétales veloutés, au cœur jaune d'or, épanouies dans leurs lits de fortes feuilles épaisses en chair.

Toute l'imperceptible vie des insectes, les petites mouches naissantes, les fourmis qui s'éveillent en grappe du sommeil de la saison morte, les bêtes à bon Dieu avec leur armure orange ou pourpre piquée de deux points noirs, les araignées agiles tendant leurs fils ténus d'un brin d'herbe à l'autre ; et, dans les buissons bas, les nids tapissés de duvet soyeux où reposaient des œufs bleu-turquoise ou gris de lin, tachetés de piqûres brunes : toute cette vie des infiniment petits de la création le retenait pendant de longues heures, immobile de corps, très-agissant par la pensée ; en son cœur, très ému.

Il leur parlait à ces bestioles ; il leur disait : — Moi aussi, je suis petit. Et je vous aime parce que vous êtes de petites bêtes qui ne faites point de mal à Gaston. Vous le savez bien, que je ne suis ni un vilain, ni un méchant masque, vous, mes chéries. — Et il leur souriait.

Puis il tirait un morceau de pain de sa poche. En le mangeant, il l'éparpillait dans les herbes, offrant à sa façon une sorte de sacrifice à Cybèle, abandonnant à ses amis les prémices de son repas frugal. Comme autrefois à la table de saint Remy, les oiseaux venaient à sa table rustique en voletant, enlevaient délicatement du bout de ses doigts les miettes qu'il leur tendait, et d'un brusque coup d'aile le portaient à la couveuse ou à la nichée qui piaillait dans le coudrier voisin. Ou bien c'était un orvet qui apparaissait au bord des mousses, glissait sa tête grise, plate, réticulée, géométrique, avec un léger balancement, et rampait en de molles ondulations, les yeux fixes, luisants comme deux clous noirs, au-devant de la part qui lui était offerte.

Une gorgée d'eau puisée dans le creux de la main à quelque filet de source courant dans un fossé, sous les feuilles sèches, arrosait le goûter de l'enfant.

Alors, suffisamment repu, il s'étalait sur le dos, tout de son long, pour contempler l'immensité bleue à travers le réseau irrégulier des branches rajeunies, gonflées par la sève printanière qui perçait l'écorce tendre et lisse et y déposait par places, dans un ordre symétrique et aux pointes, ces petits bourgeons visqueux si poétiquement nommés par Bernardin de Saint-Pierre des « gouttes de verdure. »

Comme saint Bernard, il disait plus tard qu'il n'avait pas eu de meilleurs maîtres que les chênes, et appelait les hêtres ses amis.

Les heures de l'après-midi s'écoulaient ainsi en de longues songeries qui ressemblaient à des prières.

Parfois les jeux de Briffaut avec le chien de l'aveugle le tiraient brusquement de son rêve. Il voyait alors, assis à quelques pas de lui, le bonhomme qui revenait de faire sa tournée hebdomadaire au village. Il se levait et s'approchait.

— Bonjour, Pierre! disait l'enfant. Eh bien! êtes-vous content, aujourd'hui?

— Ah! c'est vous, monsieur Gaston? Vous n'êtes donc pas au presbytère, à cette heure?

— Faut croire, Pierre. Dites-moi, voulez-vous me jouer un de vos airs que vous jouez si bien, un beau *Noël*.

— Pourquoi pas, monsieur Gaston?

Et le vieux Pierre, la face réjouie, tirait son violon de dessous son bras, l'accordait lestement, le fixait sous son double menton, et, les yeux vides, ouverts tout blancs vers le ciel, attaquait, l'archet résolu, un air de contredanse.

Gaston battait la mesure.

— Encore, Pierre, encore! disait-il, quand

l'aveugle faisait mine de s'arrêter. Un cantique maintenant!

Et Gaston, comme s'il s'adressait à son petit monde d'amis ailés, rampants, grouillants, ajoutait : — Attendez, chéris, nous allons vous donner un joli concert.

Délicatement il cueillait deux fleurs de primevère, les détachait de leur calice ; il en goûtait avec délices le suc sucré. Puis, Pierre, élevé à la dignité de chef d'orchestre et de premier violon, jouait en sourdine les premières notes d'un *Noël*, en disant : — Y êtes-vous, monsieur Gaston?

Alors Gaston, d'une fleur d'abord et de l'autre alternativement, ou de toutes deux ensemble, à peine pressées entre ses lèvres, par de légères succions rhythmées et réglées, tirait de graves petits sons de trompette dignes de célébrer les noces d'Obéron et de Titania, et il accompagnait ainsi la partie principale.

Bientôt l'aveugle lui mit son violon en main et lui communiqua toute sa science. Gaston devait plus tard dépasser son premier maître, et de beaucoup. Il n'en perdit jamais le souvenir.

Le concert fini, Pierre relevait son bâton, appelait son chien et continuait sa tournée dans les villages des alentours. Gaston suivait longtemps du regard le vieux ménétrier. Mis en verve d'action, il construisait parfois de petites cages avec une douzaine de branches sommairement équarries, dans lesquelles il enfilait des bouts de fil de fer, et puis retombait dans sa chère immobilité.

De cette immobilité bienheureuse par l'oubli du réel, et traversée par l'indéterminé des songes, il glissait parfois dans le vrai sommeil. Il fallait, l'heure se faisant tardive, que Briffaut prît sur sa responsabilité de chien de l'en tirer. La bonne bête, qui avait dormi, elle aussi, poussait d'abord en *crescendo* un long bâillement, se levait, s'étirait en raidissant ses quatre pattes, et cambrant ses larges reins, se secouait de tout le corps, puis approchait de l'enfant, le regardait longuement en son sommeil, poussait à petits coups, du bout de son nez glacé, une main inerte et pendante, posait à plusieurs reprises une patte onglée, après l'autre, sur la poitrine de Gaston, mais voyant ses efforts inutiles, saisissait avec ses dents blanches le bas du pantalon de son maître d'adoption, se rejetait en arrière d'un bond, en aboyant, et revenait à la charge, et recommençait son manége jusqu'à ce que Gaston fut éveillé.

C'était le moment critique, celui du réveil. La nuit approchait. On devait rentrer au presbytère. On reprenait fort abattu, la tête un peu basse, le chemin parcouru le matin dans la sérénité de l'affranchissement.

Que dirait l'abbé? A coup sûr il serait informé; non par mademoiselle Rose, la bonne fille, mais par les camarades. La soirée apparaissait alors à Gaston dans une perspective, hélas! trop prochaine, chargée de taloches, de coups de règle, de pensums, de punitions dont la moindre était la privation de souper.

Il allait payer son incommensurable félicité de quelques heures. — Est-ce qu'en ce monde il ne faut pas que le moindre bonheur s'expie comme un larcin!

Gaston, quoi qu'on en pensât, était un honnête garçon et brave; il allait hardiment au devant de l'expiation. Cette loyauté encore lui était imputée à mal et passait pour de l'impudence.

Cependant le châtiment, de faute en faute, devint si rude que, pour s'assurer des relais de bonheur et de liberté moins troublés, Gaston en vint à choisir les jours. Il calcula, ne s'abandonna plus désormais au gré de son caprice immédiat, et fit coïncider ses sorties avec certaines sorties de l'abbé Serneuve.

IX

LA MARE

Jamais, lorsqu'il sortait, le curé de Linzy ne disait quand il rentrerait ni même s'il rentrerait. Mais parfois ses devoirs ecclésiastiques périodiquement le retenaient, et pour de longues heures, éloigné du presbytère. C'est ainsi que le premier lundi de chaque mois il passait la journée à la conférence des curés du canton, chez le doyen. Il y dînait. A de certaines dates aussi il était appelé à Rouen, à l'archevêché. Les enfants connaissaient la destination de la plupart de ses grandes sorties, comme s'il la leur eût révélée. Ces jours-là, M. le curé endossait sa soutane neuve, ceignait sa belle ceinture à franges de soie, prenait un mouchoir blanc au lieu du mouchoir de Cholet qu'il portait d'habitude et se chargeait d'un gros rouleau de papiers dont le bout sortait de sa poche par derrière. Dès le matin Lacheray, le fermier de M. de

Chanly, venait avec son boc et son bidet chercher l'abbé.

Et puis il avait tout à la fois l'air soucieux et content. Il allait et venait par la chambre d'un pas inquiet. Chaque fois qu'on entendait grincer la grande barrière de la masure roulant sur ses gonds énormes, il soulevait le rideau de la fenêtre pour voir si ce n'était point Lacheray qui arrivait. Ou bien, déjà habillé, le chapeau sur la tête, — un chapeau de haute forme, s'il vous plaît, c'est l'usage du diocèse de Rouen, — il soulevait la partie inférieure de la croisée à guillotine, étendait la main au dehors, les ongles en dessus, pour juger, au contact, de la densité du brouillard ou de la pluie.

Aussi longtemps que durait l'attente, les enfants, les yeux fixés sur leurs cahiers ou le nez dans leurs livres d'étude, simulaient à merveille le travail le plus zélé. En réalité, pour le moins autant que l'abbé lui-même, ils étaient impatients.

Celui-ci descendait enfin l'escalier, montait dans le boc, s'asseyait, le parapluie entre les jambes, à la gauche du fermier. On entendait un coup de fouet, un *hue!* un *dia!* puis, sans bruit, sur l'herbe élastique, l'équipage, contournant les branches basses des pommiers, s'éloignait au pas. Mademoiselle Rose l'accompagnait jusqu'à la barrière pour l'ouvrir et la refermer sur son passage. On entendait le retentissement des roues entraînées à une plus rapide allure et résonnant sur les cailloux du chemin creux qui conduit à la route départementale. Les enfants, en silence, tendaient l'oreille jusqu'à ce que le bruit fut tout à fait éteint.

Alors les plumes cessaient d'écrire, les bustes se redressaient, les yeux se relevaient. On se regardait. Une voix disait : — M. le curé est parti pour Rouen.

Tout le monde respirait.

Chacun savait que l'abbé ne reviendrait que fort tard dans la soirée. Chacun pourtant se tenait encore à peu près bien jusqu'au dîner de midi. Mais alors, c'en était fait de l'étude pour le reste de la journée.

Les grands allaient polissonner dans le village ; Gaston partait pour ses expéditions solitaires. Il n'ignorait point que le lendemain serait terrible. Que lui importait ! N'entrait-il pas en possession de longues heures de liberté? N'avait-il pas toute la nuit pour prolonger dans le rêve son rêve du jour ? Le lendemain n'arriverait jamais.

Tous les troubles et toutes les perversions de moralité envahirent peu à peu cette jeune intelligence inconsistante et flottante, et y poussèrent, y entre-croisèrent leurs végétations parasites de façon à y étouffer toute lumière. Cela devait être, en un tel isolement.

Gaston passa par les états d'âme les plus inquiétants sans que personne autour de lui s'en aperçût, sauf peut-être Briffaut. Mademoiselle Rose disait bien en son langage : — Il a que'que chose, c'paur tit (ce pauvre petit). Mais comment la sainte fille eût-elle soupçonné les horribles idées qu'il agitait, le monstrueux péché qu'il méditait?

Battu par l'abbé, maltraité par les petits paysans ses condisciples, son refuge le plus prochain, quand il n'osait faire la grande école buissonnière, était un groupe de saules qui descendait en pente rapide vers la mare.

Là, le cœur gonflé de colère, il sentait de mauvais instincts s'éveiller dans sa conscience et la corrompre, le solliciter à la délation, ce crime des écoliers, aux vengeances perfides, son impuissance paraissant lui interdire les vengeances à face ouverte. Et puis ces bouillonnements de pensées venimeuses, qu'il s'étonnait lui-même de voir sourdre en son âme, peu à peu s'apaisaient, y laissant comme un arrière-goût de persistante amertume et de dégoût profond.

A la tombée du jour, de toutes parts autour de lui, des touffes d'herbe voisines, des flaques d'eau croupie dans les empreintes laissées aux abords de la mare par le passage du bétail, il s'élevait tout à coup une note sonore, puis deux, puis dix, enfin un bruyant concert de voix joyeuses. C'était le chœur du soir des petites raines.

Alors l'irritation de l'enfant étant un peu calmée, sa pensée se concentrait sur lui-même. — Qu'ils sont lâches ! se disait-il. Que leur ai-je fait ?

Ses regards erraient sur les milliers de petites lentilles vertes, serrées, tassées les unes contre les autres et dont l'agglomération formait un tapis fragile à la surface de l'eau dormante.

Et il pensait : — Si je tombais là-dedans pourtant,... je mourrais,... je ne serais plus battu. Ils seraient bien contents, eux tous. Et moi, je serais bien heureux aussi... J'irais revoir maman, puisqu'elle est morte... — Un soir qu'il songeait ainsi, immobile, écrasé, et que le vertige de la mort tintait avec une monotone persistance, comme le battant d'une cloche funèbre frappant d'une tempe à l'autre, entre les parois de son cerveau, un caillou détaché de la berge par la ruade d'un poulain folâtre tomba brusquement dans la mare en trouant de ses larges rejaillissements la nappe verte des conferves.

Gaston tressaillit. Puis quand il vit l'eau noire à travers cette grande déchirure, il frissonna, il eut peur. Et ce fut avec la joie de la délivrance qu'il entendit la voix de mademoiselle Rose qui rappelait les animaux de la basse-cour, fermait en les claquant les portes des poulaillers et jetait son nom, à lui, dans la nuit naissante. Il courut à elle, lui sauta au cou et l'embrassa en froissant les larges tuyaux de son bonnet blanc.

Néanmoins ces funestes idées le reprenaient souvent. Pour se familiariser avec cette eau sombre dont l'aspect sans fond l'avait effrayé, de temps en temps, à son tour, il y jetait des pierres, des pommes tombées des arbres, à demi-pourries. Il en sondait la profondeur.

Un dimanche, à vêpres, à l'occasion du suicide d'un pauvre vieux charpentier du bourg, sorte de roi Lear de village, qui s'était dépouillé pour ses enfants et que ses enfants laissaient mourir de faim, le curé de Linzy prit pour texte de son sermon le cinquième commandement de Dieu :

> Homicide point ne seras,
> De fait ni volontairement.

Parmi les lieux communs accoutumés, nécessaires, excellents, l'abbé Serneuve affirma que tous ceux qui se tuaient de leur propre volonté étaient condamnés au feu éternel. Il partit de là pour faire une effroyable description de l'enfer.

Avec une violente et brutale éloquence, il évoqua l'image des supplices éternels : chaudières de poix bouillante, marmites de plomb fondu; grils, broches, crochets rougis au feu; fourches, tridents, lances, lames, ongles de fer, déchirement des membres et de tout le corps ; chevalets et poulies de torture, brisure des os; puanteur insoutenable, soif inextinguible; cris de fureur des démons éthiopiens, noirs, cornus, velus, griffus, quelques-uns revêtant les formes animales du chien, du singe, du pourceau, du chat; grimaces horribles, grincements de dents effroyables ; bruits de chaînes énormes ; flammes et feux, attouchement de bêtes immondes : toutes les férocités que peut inventer la malice des Esprits de ténèbres furent mises en mouvement et présentées par le prêtre à l'imagination de son auditoire terrifié.

Quand il descendit de la chaire, malgré la péroraison de miséricorde et sur ces mots : « C'est la grâce que je vous souhaite ! » personne n'osa lever les yeux sur l'abbé. Il alla droit, de son grand pas, le surplis froissé, l'étole à peine rajustée sur ses épaules, traversa la nef, et, debout au bord de sa stalle, entonna lui-même dans le silence général, d'une voix ferme et dure, le psaume qui précède la bénédiction. C'était le rôle des chantres. Ils l'avaient oublié. Le serpent fit un *couac*, et quelques voix en petit nombre dirent les répons.

Ce tableau avait fait impression sur l'enfant. Mais ce qui avait frappé le plus vivement son esprit, c'était bien moins le spectacle des supplices et des épouvantements infligés aux damnés que le fait même de la damnation.

Dans ses pensées de suicide il subissait deux impulsions distinctes : le désir d'échapper aux mauvais traitements de ses camarades et de l'abbé, mais aussi le désir de retrouver sa mère.

Le sermon sur l'enfer le fit réfléchir. Sa double combinaison était déjouée. D'une part il allait, en se tuant, au-devant de tortures pires que celles dont il souffrait au presbytère. D'autre part, il serait à jamais séparé de la morte bien-aimée; car, elle, il n'en pouvait douter, cette sainte, cette martyre, elle était entrée élue, glorieuse, éblouissante de vertus et de beauté dans les splendeurs du paradis.

A partir de ce moment, Gaston ne jeta plus de pierres dans la mare. Il fit des efforts de travail soutenu, se rapprocha davantage de mademoiselle Rose et l'écouta en ses humbles et naïfs et pieux conseils. Au lieu de sortir seul, il s'attachait à la jupe noire de la vieille fille, l'accompagna dans les courses que l'abbé lui faisait faire à la nuit, par tous les temps, l'envoyant porter quelque médicament à de pauvres malades du village.

La bonne femme et l'enfant partaient tous les deux se tenant par la main, secouant de temps en temps leurs sabots sous lesquels la neige gelant à mesure s'amoncelait en patins arrondis. Gaston balançait la lanterne avec son auréole jaune et ses larges ombres sur l'immensité blanche et obscure de la campagne. Il retrouvait des joies de son âge.

Il noua aussi de nouvelles amitiés. Jusque-là il s'était ennuyé aux longs offices; il se prit d'affection pour l'église et, dans l'église, trouva bientôt à qui faire confidence de ses chagrins, que ne comprenaient qu'imparfaitement mademoiselle Rose et Briffaut.

X

MYSTICISME

La pauvre église carlovingienne de Linzy était placée sous l'invocation du grand saint Martin. Dans le tableau disposé au-dessus du maître-autel, l'apôtre guerrier, sur son cheval blanc, coupant son manteau rouge d'un grand coup d'épée, avait un air rébarbatif qui n'attira pas du tout Gaston.
Mais l'autel de la Vierge était surmonté par une reproduction en plâtre de la *Vierge* de Notre-Dame des Victoires à Paris. C'est à cette statue que l'enfant désormais adressa ses plaintes et ses vœux. Il l'aimait et la priait d'une façon quelque peu idolâtrique, la regardait dans les yeux en lui parlant, et parfois dans le demi-jour de la chapelle vivifié, animé par le jeu mouvant des colorations de la verrière, il lui sembla que les yeux de l'image lui renvoyaient son regard, que ses lèvres lui souriaient lorsqu'il restait seul, dans

l'église, agenouillé sur la première marche de l'autel.

Alors il ne songeait plus à se tuer ; il songeait aux moyens d'être heureux, — comment? il l'ignorait, — ou à mourir doucement, de maladie, pour être emporté par les anges, comme la sainte Catherine de B° Luini, du musée Brera, à Milan, dont il voyait la gravure dans la chambre de mademoiselle Rose, et rendu par la bonne Vierge à sa douce mère au cœur d'or.

En un coin du cimetière qui entourait l'église, Gaston choisit un petit tertre touffu où se balançaient parmi les herbes hautes de grandes marguerites blanches « au cœur d'or », elles aussi. Il y ficha une croix façonnée avec deux branches de sureau dépouillées de leur écorce et rattachées par quelques brins de jonc. La consolider davantage lui eût été facile; il s'interdit de le faire, s'imposant ainsi l'obligation de la visiter chaque jour, afin de resserrer ces liens fragiles ou les remplacer.

Il y venait tous les matins, en effet, se complaisant dans la bénévole et touchante illusion qu'il priait sur une tombe où sa mère et lui-même étaient ensevelis. Gaston avait imaginé cette forme idéale de rapprochement, dès ce monde, avec sa mère tant aimée. Il y puisait une force de résignation étrange.

Quand le curé levait et laissait retomber sur lui sa main lourde, quand il était abreuvé de tristesse, saturé du dégoût de la vie : — Ce n'est pas moi qui souffre, disait-il. Moi, je suis au cimetière avec maman. Je suis bien tranquille, bien heureux, je me câline avec mère. Nous dormons là tous les deux. Nous ne pleurons plus. *Ils* peuvent bien me battre tant qu'ils le voudront... qu'est-ce que ça me fait ?

Gaston cependant grandissait. Il avançait dans sa dixième année, et devait faire sa première communion à l'Ascension prochaine. On était à l'Avent. Ce fut le temps de sa plus fervente piété. Soit qu'il travaillât mieux, soit que l'abbé Serneuve eût reconnu le danger de sa dureté constante, inique parce qu'elle était passée en habitude, Gaston fut moins maltraité pendant quelques mois. Bientôt il fut élevé à la dignité d'enfant de chœur.

La soutane rouge lui seyait. — Est-il glorieux ! disaient les bonnes femmes en le voyant, la taille bien prise dans sa large ceinture, la queue de sa soutane traînant en pointe, se diriger vers l'autel, le cou raide, la tête haute, et précédant le curé qui portait le calice. Déjà artiste, il acquit rapidement les grâces dévotes et les élégances de sacristie. Il s'entendait comme pas un aux génuflexions de l'autel, à faire tinter la sonnette en cadence pendant l'élévation, à porter le lourd missel du côté de l'épître au côté de l'évangile sans trébucher, à présenter les burettes, à passer entre les rangs des fidèles, pendant le *Credo*, la bourse de quête dans la main droite, son mouchoir bien proprement tamponné sous le bras gauche, à l'imitation des vieux chantres qui prisent. Il avait de petits bonis, des dragées aux baptêmes, et aux relevailles des petits pains dorés à l'œuf.

A Noël, la messe de minuit — qui l'avait jusque-là trouvé engourdi par le sommeil et le froid — le vit alerte, vif, gai, plein de foi, plein de zèle. L'entrée des pains bénits le ravit. Les grands plateaux circulaires entourés d'un double étage de petits cierges qui brûlaient parmi les hautes tiges d'asperge au feuillage délié, tout garni de fruits rouges et de rubans de paillon clinquant, avançaient, ondulaient dans la pauvre nef sur les épaules des garçons du village. A droite et à gauche, les fillettes en voiles blancs, un cierge à la main, tenaient de longues faveurs de toutes les teintes. A l'entrée du chœur, autour du lutrin, les enfants dans leurs longues aubes, la petite calotte rouge en arrière, attendaient un signal. Dès qu'il fut donné, Gaston, d'une voix de soprano aigu, entonna avec ivresse le chant de l'*Adeste fideles* repris en masse chorale par l'assemblée. Cette fête fut complètement joyeuse pour le « méchant masque. » Elle lui fut bonne en le rassérénant.

Désormais il s'appliqua gentiment à observer maintes pratiques de menue discipline morale. Un jour il avait boudé la sœur du curé pour une légère gronderie méritée. Vers le soir, au moment où elle se penchait sur l'âtre de la cuisine pour y allumer la chandelle, il la tira par sa jupe d'un air contrit : — Mam'selle Rose, dit-il, le soleil est déjà couché. — Il s'était souvenu du précepte de l'apôtre et l'appliquait.

Quand vint le carême, il voulut observer l'abstinence avec la même rigueur que le curé lui-même, à l'exception du jeûne que mademoiselle Rose lui interdit. Pendant les quarante jours, il ne mangea que du pain, du beurre, des légumes,

du laitage, et parfois un peu de hareng, quand le
« mareyeu » passait dans le pays.

De tous ses devoirs religieux un seul lui coûtait
à remplir : la confession ; non par une honte
excessive du péché, mais parce qu'il lui paraissait
cruel d'avouer ses fautes d'écolier au prêtre qui
était aussi son maître, qui lui imposait, en tant
que prêtre, des pénitences insignifiantes, et le
châtiait, en tant que maître, de si leste façon.

Ce fut un douloureux conflit que celui de ces
deux âmes, celle de l'enfant et celle du prêtre.
Sous sa rigueur apparente, l'abbé Serneuve était
vraiment bon, humain, charitable, dévoué sans
réserve. On l'avait vu passer des jours et des nuits
au chevet des cholériques et des varioleux. Cette
année-là, il s'était jeté, en janvier, dans un trou,
sous la glace épaisse d'une mare où une fillette
avait disparu. Il la sauva, mais y gagna une dangereuse fluxion de poitrine. Une autre fois, il
s'était fait descendre dans un puits infecté. On
l'avait remonté à peu près asphyxié, sans qu'il eût
lâché le corps du pauvre puisatier qu'il avait tenté
d'arracher à la mort. Mais son robuste tempérament imposait le devoir et ne permettait pas
qu'on le discutât. Il ignorait l'art de manier les
délicatesses maladives de la femme et les sensibilités de l'enfant.

Le malheureux Gaston ! Méconnaissant les trésors de mansuétude que confère le caractère apostolique aux cœurs les plus rudes, il croyait, lui, deviner derrière ce sombre grillage du confessionnal
l'ennemi ou, sinon l'ennemi, l'indifférent. Toutes
les effusions dont son âme était pleine à déborder,

il les gardait, les refoulait au dedans de lui-même. Pour rien au monde, en ce lieu sacré, il n'eût osé leur ouvrir une issue. Ses confessions furent toujours sincères, toujours aussi elles furent sèches.

On approchait du jeudi de l'Ascension. Les enfants qui devaient communier furent mis en retraite. Ils apprirent toutes les évolutions, marches, contre-marches et manœuvres du grand jour, avec des simulacres de cierges en bois tourné. Gaston avait été désigné par le curé pour prononcer, au nom de tous les communiants, les paroles qui renouvellent les vœux du baptême. Il attendait son père qui avait promis d'assister à la solennité et d'arriver à temps pour prendre part à la cérémonie de la bénédiction.

Cette cérémonie était vraiment touchante.

Au prône, le dimanche précédent, le curé de Linzy avait invité d'une façon tout à fait pressante les parents des enfants à se réunir à l'église le mercredi matin, à l'ouverture de la retraite. Il les avait prévenus qu'il ne les retiendrait pas plus d'un quart d'heure, qu'ils devaient venir avec leurs habits de travail pour retourner aussitôt à leur labeur quotidien, à peine retardé de la sorte ou suspendu.

Tous les intéressés furent fidèles au rendez-vous. L'abbé, du haut des marches du cœur, fit placer les communiants dans la nef et pria les parents de se ranger circulairement autour des bancs, chacun devant approcher autant que possible de son enfant. Dans cette foule, tous les rangs étaient confondus. A côté du fermier, dans l'habit de drap bleu qu'il avait hérité de son père, on voyait M. de Valhébert en élégante tenue de ville ; auprès de celui-ci un berger, le dos courbé dans sa vaste limousine à raies brunes et blanches ; un manœuvre en blouse courte rougie à l'épaule par le frottement de la brique ; des journaliers aux reins raidis ; puis les femmes, jeunes et vieilles, mères et grand'mères, dans leurs vastes capes d'indienne doublées de flanelle et coupées en forme de chasuble à plis froncés dans le dos ; puis la pauvresse en guenilles, son bissac à l'épaule, et la fille aînée de M. de Valhébert en robe de soie. Tous les cœurs battaient d'une même émotion, toutes les distinctions sociales étaient effacées pour un moment.

M. le curé monta en chaire. Alors, avec une abondance et une onction de paroles sincèrement évangéliques, il rappela les magnificences du sacrement d'amour et de sacrifice que les enfants allaient recevoir. Mais aussitôt il évoqua la majesté de la famille comme l'image même de la divinité dans la société chrétienne. Et s'agenouillant, s'humiliant, parlant au nom des enfants agenouillés, humiliés comme lui, courbés sur leurs bancs comme il était courbé sur le bord de la chaire, il demanda solennellement pardon aux parents, restés debout, des afflictions, peines et chagrins que les petits avaient pu leur causer jusqu'à ce jour.

On entendait des sanglots dans l'église.

Le prêtre se releva. Il étendit la main. Tous les parents étendirent la main. Et l'homme de Dieu prononça les paroles sacrées de la bénédiction, au nom du Père, du Fils et du Saint-Esprit.

Un frisson sacré passa sur l'assemblée. Les genoux fléchissaient, les larmes coulaient de tous les yeux, et quand on entonna le cantique qui termina la cérémonie, bien des voix tremblaient.

Puis il se fit un grand bruit de mouchoirs, bientôt suivi d'un grand bruit de souliers ferrés, de galoches et de sabots. Les parents se retiraient et prenaient sous le porche de l'église les outils et autres instruments de travail qu'ils y avaient déposés en arrivant.

M. de Chanly n'était pas venu à Linzy. Le matin même de la première communion, l'abbé Serneuve reçut sa lettre d'excuse. Gaston ressentit un mouvement d'humeur bientôt réprimé. Il alla se prosterner longuement sur le tombeau fictif de sa mère, implorer d'elle le pardon de ses fautes et sa bénédiction. C'était son culte particulier. Il se releva résolu à demander également un pardon spécial à l'abbé Serneuve pour toutes les colères qu'il avait soulevées en lui, et revint au presbytère. Déjà les autres enfants partaient pour l'église; M. le curé pas encore. Sans doute il donnait un dernier coup d'œil à son sermon. Enfin, d'un pas rapide il descendit.

Au moment de franchir le seuil de la porte, il se sentit retenu par un pan de sa soutane. C'était Gaston qui pliait le jarret et l'arrêtait.

— Mais laisse-moi donc, petite bête ! s'écria l'abbé en détachant d'un coup sec la main de Gaston. Qu'est-ce que tu fais là ? Tu vas être en retard.

En retard lui-même, l'abbé n'avait pas compris le mouvement généreux de l'enfant. Celui-ci se raidit, alla prendre sa place au chœur, et, le moment venu, mangea de propos délibéré le morceau de pain bénit que, par maladresse, on avait distribué avant la communion. Gaston n'avait pas voulu approcher du sacrement de l'Eucharistie dans l'état d'irritation et d'amour-propre froissé où il se voyait. Il ne communia que le surlendemain, seul, à une basse messe qu'il servit, et pleura beaucoup.

XI

LE MOINE

En raison des circonstances qui l'avaient accompagnée, la première communion n'apporta au fils de M. de Chanly aucune joie nouvelle, extraordinaire. Le souvenir qu'il garda de cet acte exceptionnel fut celui d'un devoir irrégulièrement accompli, utile et bon, mais rien de plus. Il n'éprouva point les célestes délices dont l'entretenaient les livres de piété, les enivrements que célèbrent les cantiques. Il fut étonné de sa tiédeur et même un peu inquiet. Cela le fit songer.

Peu de temps après, survint un autre incident qui acheva de porter le trouble dans son âme.

On chantait le *Kyrie* à la grand'messe, un dimanche. Les chantres et le serpent se tenaient debout autour du lutrin; les chantres raides dans leurs chasubles fleuries, le serpent en surplis, son bonnet conique en arrière, et soufflant dans son instrument de cuir bouilli ; les enfants de chœur, les bras croisés, étaient assis en file sur leurs petites stalles ; le prêtre, à l'autel, tournait les grands feuillets du missel à l'aide de larges signets de diverses couleurs disposés de place en place. Dans cette habituelle ordonnance de l'office, tout à coup, il se produisit un événement insolite.

Un moine de l'ordre de la Trappe pénétra discrètement dans le chœur par la porte de la sacristie, fit une génuflexion profonde en passant devant le tabernacle puis alla se prosterner à deux pas de Gaston. Pendant toute la durée du service divin, le moine demeura ainsi, le front posé sur les dalles, dans la plus rigide immobilité.

A l'issue de la messe il rejoignit dans la sacristie le curé de Linzy qui, après l'échange de quelques paroles, l'emmena au presbytère.

Tous les dimanches, l'abbé Serneuve réunissait à sa table, au dîner de midi, le fermier Lacheray, qui remplissait la fonction de premier chantre, et le sacristain, qui était à la fois serpent, fossoyeur et, de son état, menuisier. Gaston, le seul parmi les élèves du curé qui n'eut pas sa famille dans le pays, y était également admis, ainsi que mademoiselle Rose qui se levait pour servir. C'est à la place la plus humble, entre mademoiselle Rose et l'enfant, que s'assit le moine. A ce repas dominical qui se composait invariablement du pot au feu, de bœuf bouilli, de confitures ou de fruits, selon la saison, et se terminait par un doigt de vin, l'hôte du curé Serneuve ne mangea que du pain et ne but que de l'eau.

Son austérité n'était point maussade. Il était petit, maigre ; ses traits allongés et délicats portaient dans leur pâleur de cire la trace de sévères macérations; mais, sous d'épais sourcils, l'œil noir et d'une extrême vivacité jetait des regards doux et subtils; ses lèvres rouges s'agitaient avec volubilité sous le voile d'une barbe grise, flottante, fine et soyeuse qui se soulevait légère au mouvement de sa parole rapide, enjouée, souriante.

Aux vêpres, le trappiste reprit la même attitude que le matin à la messe. Il s'aplatit, les genoux reployés sous lui, contre le sol. Dans ses amples vêtements il formait sur les dalles comme une grande tache brune bordée de blanc, où l'on ne voyait d'humain qu'un crâne bleuâtre rasé circulairement et reposant sur deux mains longues et transparentes.

Il y avait, ce jour-là, grand salut. L'autel était doublement illuminé, et par les fusées de lumière diversement colorée que le soleil couchant envoyait à travers les vitraux, et par une double rangée de grands et de petits cierges de mesure décroissante étagés en triangle. Au centre, resplendissaient l'or et le cristal de l'ostensoir. C'était, autour du tabernacle, comme un incendie de rayons rouges, jaunes, bleus, violets, verts, et d'éclairs, et de scintillations blanches.

Au moment de la bénédiction, enivré par la couleur, par les parfums de la cire et de l'encens, par la majesté de l'Eucharistie, par le magnétisme ascétique qui se dégageait de ce moine, de cette masse qui ne faisait qu'un avec la poussière, Gaston se sentit envahi par une soudaine résolution. Quand la voix grave et chantante de l'officiant jeta par accents syllabiques sur tous les fronts inclinés le *Be-ne-di-cat vos om-ni-potens De-us*, son âme s'éleva vers les hauteurs avec les spirales d'azur des encensoirs. Il se dit : — Je serai moine.

Dans la soirée, Gaston s'attacha aux pas du trappiste, l'interrogea, timide, hésitant; puis soudain, coupant le câble, d'une voix émue, résolue aussi, l'informa de sa vocation subitement révélée et lui demanda son concours. Prenant sur ses genoux l'enfant qui se considérait déjà comme tout sanctifié par ce familier contact, le moine, avec de petites caresses de sa maigre main sur la tête de Gaston, d'abord le félicita de sa jeune piété. Ensuite il lui fit le tableau de la rude vie de son ordre, lui dit qu'il fallait commencer par être novice, servir tout le monde, laver la vaisselle, éplucher les légumes, coucher sur la dure, se relever la nuit à plusieurs reprises, souffrir du froid, se soumettre à l'obéissance aveugle, ne faire usage de froment, ni de vin, ni d'huile, ni de sel, ni d'aucun assaisonnement, sacrifier tous ses goûts, toutes ses préférences, aller au devant de tous les renoncements.

Parmi les paroles du religieux bien des mots engendraient de nouvelles hésitations dans la volonté du néophyte. Cependant il en triompha, maintint fermement son désir et obtint du moine la promesse que celui-ci le réveillerait le lendemain à l'heure du départ et l'emmènerait avec lui.

Durant de longues heures le ravissement tint l'enfant éveillé. Il songeait avec enthousiasme aux jouissances de la solitude, de la méditation, de la prière, de la vie claustrale. Fort tard et de fatigue il s'endormit pourtant, confiant dans la parole donnée.

Lorsqu'il ouvrit les yeux, le lundi matin, il faisait grand jour, il était sept heures ; il y en avait deux que le moine était parti, seul, en dépit de sa promesse, et balayait de l'ourlet de sa robe la poudre des grands chemins.

Gaston courut à sa chambre, elle était vide. Il s'élança pieds nus sur la route, elle s'étendait toute blanche, sans un point noir, à perte de vue. Celui qu'il avait nommé son « frère », quand son cœur disait mon « père » l'avait trompé.

Immense fut la déception. Tous les mauvais levains germèrent aussitôt dans l'esprit de Gaston. Il fit cette réflexion terrible : — Les prêtres peuvent donc mentir !

A partir de ce moment, sa confiance étant ébranlée, sa foi le fut et alla de jour en jour oscillant et s'affaiblissant. Il avait lu, en parcourant la bibliothèque ecclésiastique de l'abbé Serneuve, nombre d'anecdotes effroyables sur le châtiment immédiat infligé aux impies, aux athées, aux profanateurs. Ce n'était que paralysies partielles ou totales, membres desséchés, combustions instantaneés, morts subites, enlèvements par quelque démon. Le mensonge du moine resté impuni éveilla le doute dans son esprit. A son tour, il voulut tenter le châtiment. Il cessa de faire ses prières du matin et du soir. Il cessa de se signer à la vue des éclairs.

Au plus fort de l'orage, il appela, défia la foudre en blasphémant. Il fit plus encore.

Un jeudi, resté seul au presbytère, il médita de commettre un sacrilège... pour voir. — Les vases sacrés restaient enfermés dans une gaîne placée sur la table de travail de l'abbé. Gaston, tenté par le Malin, s'aperçut que la clé de l'écrin était posée dans la serrure. Cette clé à facettes luisantes, brillantes, sollicitait en lui mille suggestions perverses; elle lui parlait, l'appelait, l'attirait. Avec toute sorte d'appréhensions, d'une main tremblante, comme s'il sentait peser sur lui le regard de Dieu, mais incrédule en même temps et décidé, il souleva le couvercle, allongea le bras et d'un geste brusque porta le bout du doigt sur le calice.

Il s'attendait à tomber foudroyé sur-le-champ. Comme il n'en fut rien, Gaston perdit tout à fait la foi. Chez les enfants la foi n'est faite que de superstitions.

Dans cette disposition d'esprit, il devait encourir les justes rigueurs de l'abbé Serneuve. Elles ne le trouvaient plus du tout résigné. Il les bravait, en éprouvait une sorte de joie amère, y cherchait un prétexte à caresser de nouveau ses anciens projets de vengeance. Sous les coups, il rêvait d'incendie.

Un samedi, le curé était allé à Rouen, en était revenu de bonne heure, mécontent, et montrait une grande irritation dans ses moindres paroles. Avant le souper, il fit monter les enfants dans sa chambre. Son bonnet de soie noir enfoncé jusqu'aux sourcils, l'œil dur, la parole brève, il interrogea chacun des élèves tour à tour. Ils avaient tous compté qu'ils seraient examinés seulement le lundi et, dans l'intervalle, rattraperaient le temps perdu. Ils ne savaient pas leurs leçons ; l'abbé envoya les plus grands se coucher sans souper.

Quand arriva le tour de Gaston, Gaston vint à lui le regard fixe et dit d'un ton singulier, agressif, qui déplut à l'abbé :

— Moi je sais mes leçons.

— C'est ce que nous allons voir ; mais baisse les yeux d'abord.

Gaston ne bougea pas.

— Veux-tu baisser les yeux ! s'écria l'abbé en lui donnant un soufflet.

— Vous me battez, je ne les baisserai pas. Vous n'avez pas le droit de me battre.

— Si, démon ! j'ai le droit de te battre, répliqua l'abbé, et j'en use. Ton père t'a livré à moi corps et âme.

— Vous aurez peut-être mon corps, cria l'enfant entre deux gifles, mais vous n'aurez jamais mon âme.

L'abbé Serneuve amena à lui la pièce de bois équarri qui servait à soutenir le battant d'une table ronde placée au milieu de la chambre et leva l'énorme règle au-dessus de l'enfant. Gaston, voulant parer, haussa le bras et reçut dans l'articulation du coude le coup violemment lancé.

Il tomba sur le plancher. Perdant toute mesure, s'animant au mal par le mal même qu'il avait fait, le curé repoussa Gaston à coups de pied jusque sous son lit en l'injuriant.

— Ah ! monstre ! ah ! damné ! criait-il, tu ploieras ou tu rompras !

Le chien Briffaut s'était glissé en rampant auprès de son ami et commençait à lécher sa pauvre figure inondée de larmes. L'abbé, tremblant, pâle de fureur, avait repris sa place devant le bureau. Soudain, Gaston se releva, se précipita d'un bond sur lui et lui enfonça les ongles dans la figure.

Mademoiselle Rose, venant au bruit, enleva le petit, le déshabilla, le coucha, borda son lit, mais ne le baisa au front que lorsqu'il fut endormi.

A la grand'messe, le lendemain, chaque fois que le prêtre à l'autel se retournait vers les fidèles en disant : *Dominus vobiscum!* de la place qu'avait occupée le moine, où Gaston avait été condamné à rester agenouillé pendant l'office, l'enfant contemplait avec une joie sauvage les longs sillons rouges que ses ongles avaient tracés sur le visage de l'abbé Serneuve et murmurait ce mot : — Bourreau !

On était en septembre. Huit jours après, Gaston fut reconduit à Chanly par Lacheray. Il ne put, avant de partir, embrasser mademoiselle Rose qui était à la messe et priait pour lui quand le fermier vint le chercher. En passant devant le cimetière, il jeta un coup d'œil au petit coin abandonné où il avait tant prié. Briffaut lui fit la conduite pendant une lieue. Un peu plus loin, lorsque Gaston se retourna pour lui jeter un cri amical, il vit le chien déjà éloigné, trottant, la queue basse, dans la direction de Linzy. Il l'appela. Briffaut hésita un moment, secoua la tête et reprit sa course vers le presbytère.

XII

ENTRE QUATRE MURS

Tout à ses pensées, à ses craintes, à ses révoltes, à son endurcissement intérieur, pendant le trajet de Linzy à Chanly, l'enfant n'échangea pas quatre paroles avec le fermier indifférent qui sifflotait. Les moindres choses l'irritaient. Quand le bâton de cornouiller que Lacheray portait suspendu par une lanière de cuir au bras droit venait à battre sa jambe, il le repoussait d'un coup de pied. Il ne devait conserver aucun souvenir de la route faite, cette fois, par une matinée de clair soleil, et dont tous les aspects de nuit, vus trois années auparavant, s'étaient à jamais imprimés dans sa mémoire.

Lorsqu'on approcha du château, à la hauteur d'Anceaumeville, le bruit naguère familier de la forge qui ouvre son hangar sur la route, le tira de ses réflexions. Il eût bien voulu ralentir la leste allure du bidet. Cinq cents mètres plus loin, il reconnut la branche de pin qui se balançait au-dessus de la porte d'une pauvre maison couverte en chaume. Dans un parallélogramme informe, blanchi à la chaux sur la façade en pisé, il lut ces mots : *Cidre à dépoteyer*.

— Dans cinq minutes nous serons arrivés, dit-il.

— On voit déjà en haut de la côte la pointe des arbres de l'avenue et la girouette du colombier, répondit Lacheray insouciant, et qui talonna le cheval.

Quand on coupa de biais, au pas, la saignée ménagée pour l'écoulement des eaux, à l'entrée de la grande avenue de hêtres, Gaston tremblait un peu. Il s'attendait à trouver son père au seuil du château. En effet, M. de Chanly y était arrivé la veille, venu de Paris en poste, sur une lettre de l'abbé Serneuve. Comment allait-il recevoir le rebelle? Les choses se passèrent tout autrement et beaucoup mieux que celui-ci n'eût osé l'espérer.

A sa descente de voiture, il fut reçu par un domestique inconnu, qui le conduisit tout droit dans une nouvelle chambre, au dernier étage, et l'y enferma. On lui monta du potage, un morceau de pain, du cidre, de la lumière, et on le laissa seul. Il ne vit pas son père ce soir-là, le lendemain non plus. Une semaine s'écoula ainsi. Cette solitude, après tant d'émotions, ne lui était en aucune façon désagréable ni pesante. Elle lui fut plutôt salutaire. Il fit, pour lui, en rêvant, en regardant les premières brumes d'automne assises sur les collines, un examen de conscience approfondi,

— C'est pourtant vrai que j'ai été méchant ! pensa-t-il.

Cette réflexion le calma, lui fit du bien. Il était plus heureux de se croire coupable que victime.

Dans les premiers jours d'octobre, le domestique qui le servait lui dit :

— Si monsieur Gaston veut réunir ses livres et ses effets, je vais revenir préparer sa malle.

— Pourquoi ? reprit Gaston.

— Monsieur part demain.

Et ce fut tout.

Quarante-huit heures plus tard, l'enfant entrait comme interne au collége de Versailles, et recommandé de bonne sorte au proviseur. Il fit le trajet de Chanly à Paris sur l'impériale de cette diligence qui l'avait tant occupé, tant amusé dans ses premières années ; son père dans le coupé. Aux repas, M. de Chanly lui désignait sa place d'un mot sec et ne lui adressa la parole, de toute la route, que pour lui dire :

— Mettez-vous ici ! — Couchez-vous ! — Levez-vous !

Au moment de se séparer de son fils, dans le cabinet du proviseur, M. de Chanly conclut ainsi :

— Gaston, je vous donne un dernier témoignage d'indulgence en vous confiant aux soins de monsieur.

Et d'un geste il montra le proviseur qui plongea le menton dans sa cravate blanche.

— Je vous préviens que si vous vous conduisez mal, que si vous vous faites renvoyer du collége, je n'aurai d'autre ressource que de vous embarquer comme mousse. Et je le ferai. — Si, au contraire, vous vous comportez d'une façon convenable, si vous travaillez, vous pouvez encore vous concilier le cœur de votre père cruellement ulcéré contre vous. — Allez!

Gaston de Chanly fut remis par le proviseur aux mains d'un garçon d'étude et s'enfonça dans la perspective des longs couloirs, les dents serrées pour ne pas pleurer. Ni le père ni le fils ne se retournèrent.

Il demeura cinq ans enfermé entre les quatre murs de l'établissement fondé par la reine Marie Leczinska, dont un bon portrait en pied, peint par Nattier, se voyait dans le parloir. Ce fut une période de travail inerte, de laideur physique, d'abrutissement apparent, de lent apprentissage des lettres anciennes. Il se maintint sans effort dans la moyenne honorable de sa classe, quoiqu'il négligeât ses devoirs et ses leçons ; mais il était attentif à l'enseignement oral des professeurs. A l'étude il songeait ; en classe il écoutait. Il ne donnait que par à-coups, au gré de son courant d'idées intérieures, la mesure réelle de son intelligence qui néanmoins se développait à l'exercice de la patiente gymnastique universitaire.

De loin en loin le vieil artiste Cardan le faisait sortir. Il était bien changé, le bonhomme ! La petite maison de la rue Amelot avait perdu sa lumière et sa joie. Cardan, souffrant d'une façon à peu près constante de cruelles névralgies faciales, était grognon, impatient. Il était resté bon, donnait de l'argent de poche au fils d'Edmée. Mais on ne voyait plus rire ses bonnes grosses lèvres sous les bandeaux de soie noire doublés d'ouate dont son visage était presque toujours enveloppé.

Dans ces cinq années de collége, dans cette vie disciplinée, froide, lourde, dans cette longue suite de semaines grises, incolores, l'ancien élève de l'abbé Serneuve, le coude renversé sur son pupitre d'écolier, se surprenait à regretter la liberté accidentée de taloches du presbytère de Linzy. Derrière les planches noircies d'encre, derrière les murailles sombres de l'étude, il voyait, comme par une trouée magique, les ciels mouillés du pays normand, les vastes plaines sillonnées par les charrues, les forts attelages et les buées qu'ils faisaient dans le brouillard, les grands vols de corbeaux noirs dispersés par le coup de fusil d'un garçon de ferme, les champs de trèfle incarnat, les colzas jaunes, les épaisses fumées des feux de feuilles et d'herbes sèches allumés par les petits vachers et s'échevelant dans les alignements réguliers des hautes hêtrées, agrafées par le pied à la pente des collines rapides. Des murs, et des grilles, et des visages murés par l'ennui, et des regards qui se dérobaient derrière les grilles redoublées d'une égoïste indifférence, il ne vit que cette face des choses et des hommes dans sa longue soumission au régime universitaire, un bagne et des forçats : — élèves, pions et professeurs, tous forçats.

Il passa pourtant, dans sa triste vie d'écolier, un rayon de clair soleil. Les derniers mois de son séjour au collége en furent illuminés.

Un dimanche de sortie, — il était déjà grand garçon, — son bon papa Cardan lui remit deux volumes enveloppés avec soin, en lui recommandant de les porter et de les remettre en main propre au baron van Hove. C'était le très-curieux exemplaire de l'édition dite des Fermiers généraux des *Contes et Nouvelles en vers* de La Fontaine, avec les dessins originaux des figures d'Eisen et des fleurons, vignettes et culs-de-lampe de Choffard. Diplomate au service des Pays-Bas, le baron van Hove était un bibliophile spécialement en quête des belles éditions des petits poëtes. Tous les amateurs se connaissent à Paris; il connaissait donc Jacques Cardan et lui avait demandé communication de sa récente conquête. Retenu au logis par une de ses crises de douleurs névralgiques, le bon papa Cardan n'avait voulu confier qu'à son petit-fils un si précieux fardeau.

Le baron habitait avec sa femme et sa fille un entresol du faubourg Saint-Honoré, largement éclairé sur les jardins de l'avenue Gabriel. Quand Gaston eut sonné, une jeune voix répondit de l'intérieur:

— C'est toi, maman? je vais ouvrir.

Le collégien se demandait s'il devait dire qu'il n'était pas du tout la maman attendue; mais aussitôt la porte en effet s'ouvrit. Dans l'éblouissement du soleil d'avril, qui fouettait d'une lumière de vif-argent les parois lisses et les meubles bas d'une vaste antichambre, apparut toute blonde et bouclée, toute rose avec de grands yeux bleus, et toute blanche une fillette de dix ans, le cou et les bras nus, ne portant que ses courts jupons empesés et une guimpe qu'elle nouait en hâte sur son petit corsage de dessous.

Un moment, les deux enfants restèrent face

à face, interdits : lui, gauche, empêtré, son paquet sous un bras, son lourd chapeau de collégien dans une main, la bouche bée et muette, les yeux arrondis ; elle, confuse et rougissante. Mais aussitôt la mignonne partit d'un éclat de rire espiègle, puis, se sauvant, elle poussa la porte entrebâillée du salon, et, toute légère, disparut en criant : — Entrez-là, je reviens !

Gaston entra, et quelques instants après la petite fille le rejoignit au salon. Elle avait revêtu à la hâte une grande blouse du matin. Elle lui expliqua comment elle était seule, que le baron était sorti, la baronne à la messe, le valet de chambre en course, la domestique à deux pas, où elle l'avait envoyée chercher du ruban pour se faire une ceinture. Plus la jolie petite parlait, dévidant son aimable ramage plein de bonne grâce et de gaieté, plus l'écolier se troublait et se guindait. A son tour, il exposa l'objet de sa démarche. Coup sur coup, la bonne, la baronne et le baron revinrent. C'était l'heure du déjeuner. Le baron van Hove fit asseoir Gaston à table, à côté de sa fille Hélène, et lui remit une lettre de remerciements pour Jacques Cardan.

L'image de la fillette blonde, rose et blanche se présenta depuis, bien souvent, dans les rêveries moroses du collégien. Cette claire et joyeuse apparition dispersait la brume des heures maussades. Et les enfants qui prirent sa place à l'étude, l'année suivante, trouvèrent son pupitre historié de profondes entailles au canif qui avaient la forme d'une H.

XIII

FLORA SIGOULANS

« Vous avez quinze ans, mon cher Gaston, vous n'êtes plus un enfant, je puis vous parler de choses sérieuses. Vous n'avez pas de fortune, mais vous avez un beau nom. Dans ces conditions, vous ne pouvez attendre la clientèle d'avocat ou de médecin ; vous ne pouvez être que prêtre ou soldat. Prêtre, je crois que vos anciennes velléités de vie cénobitique n'ont point reparu. Vous serez donc soldat. Je ne vous remettrai pas dans un collége. Vous allez recevoir une éducation spéciale en vue de Saint-Cyr. Il vous faut deux années de bon travail pour être en état de subir les examens avec succès ; je vous en accorde trois. Si dans trois ans vous n'êtes pas reçu, vous aurez dix-huit ans, alors vous vous engagerez. Votre avenir est entre vos mains. »

C'est en ces termes que M. de Chanly informa

son fils de la détermination à laquelle il s'était arrêté.

Rien dans la vie militaire n'attirait Gaston d'une façon très-impérieuse. Il n'eût pas été Français si l'uniforme, le clinquant, les panaches, les paillettes, les fanfares guerrières, le rhythme retentissant des tambours, la martiale mélopée des commandements longuement répétés, si tout ce qui brille, bruit ou flamboie au soleil un jour de revue, n'avait exercé sur lui le prestige national.

Mais en cette année 1848, de tristes spectacles avaient passé sous le regard de Gaston et l'avaient singulièrement troublé dans l'opinion que l'histoire lui avait faite du rôle de l'armée. Navré, il avait vu des milliers d'hommes, des régiments entiers passés en revue, désarmés, sur l'avenue de Saint-Cloud, à Versailles, par le gouvernement qui s'était imposé la veille. Adolescent, il avait rougi à cette honte : une manifestation officielle, commandée dans le but d'honorer une lâcheté insigne, tournant à la confusion même de ces troupes qui défilaient par compagnies, sous le mépris de la population, et sous le mépris à peine contenu de ceux-là même qui présidaient au défilé, qui saluaient et criaient officiellement : « Vive la ligne. »

Ces hommes, ces officiers avaient rendu leurs épées et leurs fusils à l'insurrection. Gaston ne comprenait pas de la sorte les devoirs du soldat.

Une telle humiliation avait humilié tous les cœurs un peu hauts qui en furent témoins. Pendant quelque temps, l'uniforme en garda comme une tache aux yeux de Gaston.

D'autre part, au mois de mai, à Rouen, le jeune

homme avait assisté à cette horrible bataille des rues, l'armée contre le peuple, c'est-à-dire peuple contre peuple, qui fut le prélude des journées de juin. Il vit un escadron de dragons chargeant, sur la place Saint-Ouen, une foule où il se trouvait autant d'enfants et de femmes que d'hommes. Il vit dans la rue Grand-Pont un cavalier frappé d'une balle à la nuque s'abattre avec fracas, il vit le casque de cuivre rouler le long du trottoir, et le front de l'homme, un jeune soldat, rebondir par deux fois sur le pavé.

Quels temps que les nôtres! soupira le peintre Landry qui nous racontait cette biographie d'un suicidé. Où est le bien? Où est le mal? Rendre ses armes avait semblé à Gaston une infâme désertion. S'en servir dans ces conditions, les mettre au service des rebelles de la veille contre les rebelles du lendemain lui parut un fait effroyable, monstrueux, infernal.

Gaston de Chanly, cédant néanmoins à l'autorité paternelle entra dans une école préparatoire pour Saint-Cyr. C'est là que je le connus, dit Landry. Il avait quinze ans, moi seize. Si à quinze ans la perspective d'être soldat ne lui répugnait pas d'une façon absolue, il ne sentait pas néanmoins qu'il fut attiré vers la carrière des armes par un de ces appels intérieurs irrésistibles qu'on nomme la vocation. Il avait bien essayé de discuter sur ce point avec son père. Mais on ne discutait pas avec M. de Chanly. Dans son habituel absolutisme, celui-ci décida de la vie de Gaston sans le consulter.

On n'eût pu dire sans injustice, cependant, que

M. de Chanly fut un méchant homme. C'était un homme léger d'esprit, dès lors accessible à tous les entraînements; vaniteux, dès lors sensible à la flatterie; faible et par faiblesse éternisant, quoique sans plaisir, des habitudes mauvaises.

Voilà ce qui l'avait forcé et le forçait toujours à tenir son fils éloigné de lui. Voilà, — plutôt encore qu'un ressentiment sérieux ou tout au moins durable contre les révoltes muettes de son fils, — ce qui l'avait conduit à livrer l'enfant d'Edmée d'abord à l'abbé Serneuve, puis à le mettre comme interne successivement au collége de Versailles et dans une école préparatoire pour Saint-Cyr. Voilà pourquoi il ne l'avait jamais fait venir au château, même pendant les vacances. La présence de Gaston auprès de lui l'eût gêné. Il se passait, en effet, à Chanly, des choses dont il était préférable que le jeune homme ne fût pas témoin.

M. de Chanly avait vieilli. En vieillissant sa réputation d'homme à bonnes fortunes — réputation facile à qui ouvre la main sans compter — baissa au niveau de ses revenus réduits à presque rien. Sept ou huit ans après la mort d'Edmée, il était ruiné de toutes les façons, ruiné de santé, de cœur, d'intelligence même, comme d'argent.

Il avait vendu pour cent mille francs l'hôtel de la rue de la Pépinière, avec ses collections et son mobilier, à l'un des administrateurs du chemin de fer du Havre; excellente affaire pour celui-ci qui, dix ans plus tard, fit à l'hôtel Drouot une vente des œuvres d'art seulement, dont le produit dépassa cent cinquante mille francs.

D'autre part, il avait cédé ses bois de Linzy à

M. de Valhébert, et les terres à Lacheray, son fermier, devenu adjoint au maire de la commune et marguillier de la paroisse. L'argent que lui avaient rapporté ces diverses opérations, rapidement s'était trouvé croqué par les quenottes blanches de l'un des jolis animaux rongeurs tapis dans les entre-sols du quartier Bréda.

En 1848, il ne restait plus au père de Gaston, outre la goutte et de nombreux rhumatismes, que le château de Chanly et ses dépendances. Le château, avec son jardin à la française par devant, son grand parc et son étang, eût constitué une lourde charge pour le propriétaire, s'il avait voulu l'entretenir avec soin ; mais il y avait renoncé depuis longtemps. Convenablement affermés, les biens qui en dépendaient et descendaient en pointe jusqu'à la vallée de Monville, rapportaient, tous frais déduits, de huit à dix mille francs de rentes.

Malgré l'âge et les infirmités, M. de Chanly conservait cependant un assez grand air. Sa façon de s'habiller restait jeune. Il teignait ses favoris, dissimulait sa calvitie sous les hardiesses d'un toupet du plus beau brun. A distance on ne savait trop si le tic nerveux qui lui faisait plisser la paupière et relever le coin de la lèvre du côté gauche n'était pas un mouvement volontaire de la physionomie, comme une manière de dire familièrement : « Bonjour, bonjour. » Un monocle à la Girardin, incrusté sous l'arcade sourcillière, atténuait d'ailleurs par la compression et éteignait sous ses reflets l'énergie de ce tic vibrant.

Quand, renonçant à la vie de Paris à laquelle

ses revenus ne suffisaient plus, M. de Chanly décida de fixer sa résidence définitive à Chanly, le vieux beau put encore exercer quelque prestige dans le pays, depuis les Cambres jusqu'à Monville.

Tous ces débris tentèrent la convoitise d'une aventurière qui, après maintes et maintes chutes, était venue échouer dans une position plus que précaire à Monville même. Elle se faisait appeler madame de Sigoulans.

Flora Sigoulans avait dépassé quarante-cinq ans, en avouait trente-deux et, en déshabillé, en portait tout près de soixante. Elle était fille adultérine d'une dame Sigoulans et du sieur Fisquet, petit homme d'affaires normand qui, le mari mort, un ancien avoué d'Elbeuf, avait épousé la veuve. Les quarante mille francs de Sigoulans, longuement convoités, fructifièrent pendant quelque temps entre les mains habiles et malhonnêtes de Fisquet et lui permirent enfin de réaliser l'ambition de sa jeunesse. Paris, où il avait été jadis premier clerc d'huissier, lui apparaissait comme l'unique marchepied de la fortune pour un homme comme lui, peu scrupuleux, qui se croyait rompu à toutes les manœuvres de la chicane et de l'usure. Il ouvrit un cabinet d'affaires rue Cadet. Au-dessus de la porte de la petite allée noire par où l'on pénétrait dans la maison, il avait fait disposer, comme des panonceaux, deux plaques de cuivre estampé et doré, de forme ovale, où se lisait le mot : *Contentieux*.

Mais le sieur Fisquet eut à lutter contre forte partie. Ses finasseries de procureur normand ne le défendirent point contre la savante et formidable voracité des hommes de paille, des prête-noms et des intermédiaires. Il mourut peu d'années après laissant ses affaires en très mauvais état et louches à ce point que sa veuve et sa fille, Flora Sigoulans, habilement intimidées par les intéressés, s'estimèrent heureuses de sauver du naufrage leur mobilier et une dizaine de mille francs dont on leur remit la moitié en espèces, la moitié en titres de créance d'un recouvrement incertain.

Flora sortait du Conservatoire où elle avait galamment obtenu un second prix partagé, dans une classe de chant, quand la mort de son père la mit sans ressources sur le pavé de Paris. Elle était belle, grande, élancée, bien faite; ayant de qui tenir ne se connaissait pas de scrupules, trouva un protecteur qui la fit engager et débuter à l'Opéra dans le rôle du page des *Huguenots*. Les véritables artistes répugnent aux travestis. Flora Sigoulans accepta le sien avec joie, l'ayant sollicité. De l'art elle n'avait nul souci, mais avait grand souci de la misère et l'évita par la galanterie. Paresseuse, elle renonça tout de suite à l'ambition du talent, cabotina, descendit en peu d'années tous les degrés de la hiérarchie des théâtres où l'on chante, et finit, après avoir fait la navette dans les plus décriés, par échouer dans un café-concert. En vain elle avait subi, recherché, bravé toutes les hontes pour s'y enrichir. Elle vieillissait, se sentait lasse, aspirait au repos, à la sécurité et crut un moment l'avoir trouvée.

Un vieux chef de bureau aux Finances, le bonhomme Baillet qui demeurait sur le même palier que Flora Sigoulans, à un quatrième étage de la rue des Dames aux Batignolles, conquit aisément ses faveurs, lui fit quitter les planches et lui obtint par un tour de passe-passe administratif un bureau de tabac à Monville. Le préfet de la Seine-Inférieure postulait auprès de l'administration centrale une recette buraliste de quinze à dix-huit cents francs pour un de ses protégés. Baillet s'y prit de façon à ce qu'on la lui accordât en échange de la nomination de Flora Sigoulans à ce bureau de Monville dont le produit était inférieur à mille francs; cette nomination étant dès lors dans les attributions du préfet.

Tant que le père Baillet vécut, elle fit gérer son bureau. Le bonhomme suffisait aux besoins de Flora que la peur du pire rendait modeste. Elle se contentait de deux toilettes par an, son loyer payé. Vieux garçon, Baillet jusque-là mangeait dans une pension bourgeoise. Flora lui fit un intérieur, fut bonne fille, le cajola, mit dans sa vie la chaleur de ses chansons, de son mouvement, la lumière de son élégance et de sa beauté déjà mûre sans doute, mais encore avouable. Le vieux chef de bureau était enchanté de la promener au Bois, le dimanche, en voiture découverte. Ils allaient ensemble aux « premières » des petits théâtres, elle lui nommait les actrices et les filles présentes dans la salle, critiquait les chanteuses et leur envoyait des sourires. Le lendemain, le vieux chef de bureau avait des airs gaillards au milieu de ses cartons verts. Mais tout cela coûtait relativement cher, et les économies de Baillet s'égrenaient peu à peu.

Fidèle serviteur de tous les pouvoirs jusqu'alors, il devenait frondeur, accusait devant ses subordonnés la politique du gouvernement, critiquait en omnibus l'assiette et le mode de répartition de l'impôt, menaçait de se désabonner des *Débats*. Flora, elle, butinait pendant ce temps-là et amassait quelques billets de banque.

A la mort de Baillet, elle éprouva une amère déception : il ne laissait point de testament. Mais en fait de meubles, possession vaut titre. Elle hérita de l'argenterie et de quelques meubles, en effet, introduits dans son propre appartement pour les commodités de la vie commune. Elle prit le parti de renoncer à Paris. Le bail de gérance de son bureau de tabac expirait un an plus tard. Alors, elle le gérerait elle-même pour rentrer en possession de son revenu intégral, estimé à huit cents francs environ.

Flora Sigoulans fit emballer son mobilier et vint tout de suite à Monville, estimant avec raison qu'elle y ferait durer plus longtemps qu'à Paris les économies qu'elle avait réalisées pendant la trop courte durée de son concubinage avec le bonhomme Baillet.

C'est alors que M. de Chanly la rencontra.

XIV

VIEUX DÉBRIS

En arrivant à Monville, Flora Sigoulans descendit au *Cheval-Blanc*, fit causer Lesueur, l'aubergiste, et, sur les indications qu'elle en sut tirer, commença des visites dans le pays. Elle déplut.

Ses toilettes de très jeune femme, trop décolletées sous un corsage transparent de grenadine noire, ses coquetteries de vieille chatte amoureuse auprès des hommes, ses affectations de réserve et de hauteur avec les femmes, la sécheresse de son verbe quand elle adressait la parole aux gens de service, son fard, ses faux cheveux, ses bottines à hauts talons, ses élégances de marchande à la toilette, sa grande taille, son cou qui se flétrissait, son visage qui s'aiguisait en lame sous le voile soigneusement baissé, l'expression banale du sourire figé sur ses lèvres minces, l'incertitude du regard fuyant et glacial, rien de tout cela ne réussit. Le bon sens normand en fit prompte justice. Elle ne le connaissait point, la pauvre Flora, ce bon sens terriblement ironique. Elle ne savait pas non plus que les Normandes, sous leur simplicité extérieure, étaient au fond bien plus hautaines qu'elle-même ; elle ignorait également que les Normandes sont dames souveraines dans leur intérieur, de maîtresses femmes qu'une Parisienne ne roule point.

On ne lui rendit pas ses visites. Elle ne se montra pas blessée de ce manque d'égards et en réalité ne le fut point. Inaccessible aux piqûres d'amour-propre, parce que dans toute sa conduite désormais elle ne procédait que par calcul, elle ne se découragea pas pour un échec ; elle en avait essuyé tant d'autres dans sa vie ! Comme les vrais joueurs qui ne sont pas humiliés pour rencontrer une mauvaise carte dans leur jeu, elle n'était pas sensible aux insolences. Ses amants avaient toujours dit d'elle : — Oh ! Flora, elle est bonne enfant !

Cette insensibilité résolue était une de ses forces dans la bataille ; elle en avait une autre encore, l'opiniâtreté, une persistance de volonté inébranlable. Malheureusement Flora Sigoulans ne comprit pas tout de suite combien dans l'esprit de gens positifs, pratiques, ne sacrifiant rien aux apparences, devait lui nuire l'attitude maladroite qu'elle avait adoptée, celle d'une fausse grande dame sans le sou et, de plus, coquette. Mais si Flora Sigoulans manquait de réelle intelligence, sa patience imperturbable, l'énergie froide, toujours armée en guerre et sur le *qui-vive*, de sa ténacité lui tenait lieu de finesse. Dans la cécité de son esprit obtus, elle pouvait longtemps se cogner à l'obscurité des choses ; mais, comme une mouche qu'un écolier a enfermée dans une boîte en papier, elle finissait à la longue, à force de tâtonnements et d'efforts, par découvrir une issue.

Il ne se trouva que M. de Chanly dans le pays pour accueillir avec une politesse réelle la nouvelle venue. Il parla de Paris non sans plaisir avec une personne qui, autant que lui-même, avait connu, expérimenté, pratiqué la vie parisienne. Quand Flora se leva du fauteuil où elle était assise, M. de Chanly lui dit gracieusement ce mot : — Déjà ? — puis, lui offrant son bras, la reconduisit par la grande avenue et même sur la route jusqu'à une certaine distance du château. En le quittant, elle ne pouvait assez lui exprimer combien elle s'estimait heureuse d'avoir, contre toute espérance, rencontré dans ce trou peuplé d'êtres grossiers et où elle allait s'enterrer, un homme d'une intelligence si distinguée. Elle le consulta aussi sur le choix d'une habitation et lui demanda comme une faveur de la venir voir dès qu'elle serait emménagée. M. de Chanly promit.

Pendant qu'elle descendait vers le bourg, Flora dressa ses batteries sans plus tarder; sa longue face blême sous le fard s'élargissait dans une sorte de rictus joyeux qui trahissait son contentement et déjà de secrets espoirs.

Sur l'indication de M. de Chanly, elle visita une petite maison vacante, située à l'extrémité du bourg, à l'angle de la route des Cambres et de la route de Clères. La maison appartenait à l'aubergiste du *Cheval-Blanc*. L'ayant louée, Flora la décora de son mieux. A Monville, le mobilier de la rue des Dames parut somptueux. Contrairement à tous les usages des quelques notabilités bourgeoises du canton, elle ne fit point du salon une pièce de parade. Elle le disposa au premier étage, à côté de sa chambre à coucher, l'orna avec une élégance un peu suspecte, y mit son piano, et y vécut.

Son installation lui prit du temps. Elle fit venir un ouvrier tapissier de Rouen, se ménagea ainsi de nouveaux ennemis dans le pays en froissant les amours-propres de clocher, et présida, inactive mais attentive, à l'arrangement intérieur qu'elle dirigeait, en déshabillé, de son fauteuil. Pendant toute la durée de ce long travail, la porte de Flora demeura hermétiquement fermée. Impatientée de telles besognes, elle savait bien qu'elles manquaient de poésie, et que son caraco fané, son jupon de dessous sali, les pieds en des pantoufles éculées qui montraient les reprises de ses bas au talon, que les cheveux défaits, le visage terne, les mains pleines de poussière, elle manquait elle-même de prestige. Elle sortait à la nuit pour faire ses provisions et rentrait en toute hâte. Une grande semaine fut employée à cette fastidieuse occupation. Pourtant elle en vit le terme.

Le lundi suivant, jour de marché à Monville, elle rencontra M. de Chanly sous la halle. Dans la prévision de cette rencontre, Flora s'était faite belle. Du plus loin qu'il reconnut son ombrelle marquise en soie gorge de pigeon, le vieux beau se dirigea vers elle la salua et l'aborda. Il faisait chaud. Flora tenait de sa main gantée un panier, brodé, il est vrai, mais rempli jusqu'aux bords par des paquets d'épicerie dans leurs enveloppes de gros papier gris. Il la déchargea avec empressement, porta le panier dans son cabriolet et lui demanda la permission de la reconduire jusqu'à sa porte. Flora, qui ne formait point d'autre vœu, accepta. En route, on causa Paris, théâtre, opéra, musique. Une discussion soulevée par une contradiction préméditée de Flora s'engagea sur le duo du *Pré aux Clercs;* pour éclairer le litige, il fallait avoir la partition sous les yeux. Quelques minutes après on descendit de voiture, on entra chez Flora. Deux heures plus tard, le cheval de M. de Chanly, encore attaché à la barrière du jardin, occupait son impatience en coupant les jeunes pousses de la haie d'épines.

Quoique sans jeunesse, par un reste de beauté, par un semblant de talent, par une certaine prestance, par ce reliquat d'élégance que conservent longtemps les grandes femmes et les femmes galantes, Flora Sigoulans réussit aisément à séduire M. de Chanly. Celle qui conduisait l'attaque y mit assez d'art pour avoir l'air de succomber. Cependant le châtelain des Cambres ne vit d'abord dans cette prouesse facile qu'une aventure sans conséquence. Il ne connaissait pas Flora. Pour cette rouée, pour cette affamée de repos, la proie était belle, digne de convoitise, inespérée à cet âge. Elle ne la lâcha point.

Trois mois ne s'étaient pas écoulés qu'elle entrait au château pour y demeurer.

Cynique en ses flatteries impudentes, cynique en ses complaisances pour les caprices érotiques de l'ancien viveur, habile à les faire naître autant qu'à les surprendre, humiliante d'humilité, admirable d'ostensible abnégation, Flora tint lieu de tout à M. de Chanly qui se dégrada vite à ce régime. Elle lui tint lieu de femme et de femme de charge, supporta sans sourciller toutes les mauvaises humeurs de cet homme devenu vieux, morose et quinteux ; l'exalta à ses propres yeux, le proclamant toujours jeune, toujours beau, toujours séduisant, irrésistible; pansa ses plaies, sans intelligence, mais sans dégoût ; accueillit avec des paroles de soumission canine, avec de petits mots d'amour et des baisers — répugnants entre ces deux êtres flétris également, et, l'un et l'autre, également sceptiques — les brutalités, les insolences, les hautaines condescendances du gentilhomme. Elle courbait la tête pour laisser passer les terribles colères qui l'emportaient hors de toute mesure, quand par hasard il revenait pour un moment au sentiment de sa dignité compromise, pis que cela perdue. Les injures, les mots orduriers glissaient sur elle sans l'émouvoir au fond ; elle ne pleurait que des larmes feintes. D'une patience d'archange que sa mollesse naturelle lui rendait facile; inerte en apparence et passive, cette créature dont toutes les vertus, tous les vices, toutes les pensées, tous les gestes, tous les mots étaient calculés en vue du même objet, — s'implanter à Chanly, — d'abord tolérée, s'était en trois mois rendue nécessaire.

M. de Chanly la méprisait comme la boue du chemin, et cependant, sauf par à-coups inattendus quelque éclair de révolte sans second, il en était arrivé, peu à peu, à ne plus voir que par les yeux de Flora, à n'agir qu'à la guise de Flora. Flora, sous la forme tendre de bons conseils, décidait de ses sorties, de ses promenades, de leur itinéraire. Il la soupçonnait bien de galanteries avec le receveur des contributions indirectes de Monville, un gros garçon joufflu, solide, nommé Lambalais, qui rimait, soupirait la romance, parlait aux dames par métaphores et se faisait fort plat devant lui; mais il fermait les yeux. Madame de Sigoulans était devenue indispensable à l'existence même du vieillard dont elle abrégeait la vie ou ruinait au moins l'intelligence.

Flora rongeait son frein dans les fonctions de gouvernante, car elle n'avait encore pu décider M. de Chanly à lui donner son nom; mais on ne cherchait même plus à sauver les apparences. La table et la chambre étaient communes. Et les domestiques, en parlant de Flora, disaient tout court : « Madame. »

Dans ces conditions, il était bien impossible que M. de Chanly ne tint pas Gaston rigoureusement éloigné du foyer paternel.

XV

FRUIT SEC

Avec indifférence, sans déplaisir comme sans joie, Gaston se soumit à la volonté de son père, qui voulait faire de lui un saint-cyrien. Au début, il ne trouva que de nouvelles amertumes dans le régime de l'école préparatoire. Il arriva chez Barthe (on désignait l'école par le nom du directeur) un dimanche soir à dix heures. J'y étais déjà depuis un an. Je le vois encore entrer. La plupart des élèves étaient couchés. En traversant le dortoir à la suite de l'adjudant qui le conduisait à sa place, il distinguait, dans la faible lumière des quinquets exagérant les ombres portées, des profils de dormeurs qui l'inquiétaient, de longues moustaches découpant leur virgule noire sur le bord des draps blancs, remontés jusqu'aux lèvres; des têtes coiffées d'un bonnet de police et qui ouvraient un œil sur lui. Il se coucha et longtemps appela le sommeil en vain.

Le lendemain matin, il se réveilla en sursaut ; le tapin attaquait, au pied de son lit, un formidable roulement de tambour dont la retentissante sonorité, décuplée à l'intérieur du dortoir, le fit bondir. C'était là une des petites misères de la vie commune.

Dès le premier jour, on se rendit compte du caractère de Gaston. Aux premières épreuves, on reconnut qu'il était par nature un révolté. Il devint aussitôt l'objectif préféré de toutes les vexations, et, plus qu'aucun autre conscrit, fut en butte aux brimades.

Vous ai-je dit que j'étais « son ancien, » plus spécialement chargé de faire son éducation et de lui former le caractère? Il résista, mais avec une telle résolution qu'au bout de huit jours nous dûmes nous battre. Il avait appris l'escrime au collége et déjà y était d'une certaine force, comme à tous les exercices du corps. Ce fut un duel mémorable et qui fit époque parmi les élèves de toutes les écoles versaillaises.

Le motif était futile, et au fond rien de plus qu'un prétexte voulu. Un jour que j'étais à la salle de police, où l'on nous enfermait aux heures de repas et de récréation, Gaston manqua délibérément à l'usage imposé aux melons ou conscrits de jeûner au profit de leur ancien et de lui réserver la *carne* (c'est ainsi qu'on appelait la viande) de leur dîner. Il reçut mon admonestation d'un tel ton que cette niaiserie prit aussitôt de l'importance. Au plus vif des propos échangés, il leva la

10.

main sur moi. Bien qu'on se fut entremis, le soufflet fut considéré comme donné et reçu.

Anciens et conscrits se partagèrent en deux camps, ceux-ci ayant déclaré, pour soutenir Gaston, que dès ce moment ils nous refusaient formellement obéissance. Après maints pourparlers, le duel à l'épée (nous n'en pratiquions pas d'autre) fut résolu et adopté par les deux partis, comme le seul moyen de trancher la question.

Nos adjudants, informés, étaient au guet; ils prévinrent M. Barthe. Le jeudi suivant, il devait y avoir une sortie libre. Ces jours-là, qui revenaient à peu près une fois par mois, les élèves avaient en effet la liberté de sortir en ville sans surveillance, entre le déjeuner et le dîner. M. Barthe, la veille au soir, à l'issue du réfectoire, fait former le cercle et nous annonce que dans l'état de division où est l'école, il ajourne la sortie libre. Personne ne souffla mot. Nos quatre témoins, après en avoir causé avec nous, décidèrent qu'on passerait outre, et firent circuler le mot d'ordre.

A la promenade du lendemain, sous la conduite d'un adjudant, quand l'école, qui marchait sur quatre files, arriva au carrefour de Montreuil, tous les élèves se dispersèrent comme une volée de moineaux effarouchés, laissant l'adjudant pétrifié, seul, au milieu du carrefour. On gagna au pas de course les deux gares de chemin de fer ; les plus prudents allèrent à pied jusqu'à la station de Viroflay, et l'on partit pour Paris. Rendez-vous était pris pour le lendemain dans le Palais-Royal, au café des Mille Colonnes.

Ceux qui n'avaient point le gousset garni avaient emporté leurs timbales et leurs couverts d'argent, et les vendirent. En 1848, l'orfévrerie Christofle n'était pas répandue comme elle l'est aujourd'hui.

Ce départ en masse avait été calculé pour faire partager à tous la responsabilité, sinon du duel, au moins de la sortie illicite et immédiate qu'il exigeait.

L'achat des épées, le choix du terrain ayant pris toute la journée du vendredi, on ne se battit que le samedi, à neuf heures du matin, au bois de Vincennes. Gaston fut blessé au bras droit, profondément mais sans gravité. Sur le terrain, nous nous embrassâmes, et il fut décidé, pour maintenir le principe salutaire de la brimade, que pendant une semaine encore les conscrits de l'année continueraient leur service de chambrée, c'est-à-dire feraient les lits de leurs anciens. Alors ils seraient désormais affranchis de toute corvée.

C'est de ce jour que date notre amitié, qui depuis ne s'est point démentie, sans avoir jamais été très-expansive. De son enfance comprimée, en effet, de son séjour chez le curé de Linzy, Gaston avait conservé une habituelle concentration de sentiments qui le rendait un peu sauvage.

Il travaillait avec intelligence, mais sans suite, par boutades ; son travail n'allait point au but proposé. Pendant des mois, il paraissait suivre une pensée intérieure, se livrer à une application intellectuelle très-évidente, mais n'ayant aucun rapport avec nos études spéciales. Il lisait les philosophes, Descartes, Leibnitz, Malebranche ; il lisait encore Byron, Shakespeare, les premiers romans de Victor Hugo : *Han d'Islande*, *Notre-Dame de Paris*; ne pouvait souffrir Racine, Corneille à peine, Lamartine pas du tout, sauf les *Girondins*. Par contre, il s'adonnait avec zèle aux sciences exactes, qu'il considérait comme la clef des sciences hermétiques.

Enclin au merveilleux, il y eût versé complètement, n'eût été la réaction, pour lui salutaire en ce sens, d'une éducation rationaliste. Enfant, n'avait-il pas écrit de son sang une offre de pacte avec le diable qui n'avait pas daigné y apposer son seing fourchu ! Si les railleries du *Dictionnaire philosophique*, feuilleté chez le père Cardan, avaient achevé de paralyser en lui la foi catholique, si la lecture des philosophes, même déistes, avait jeté le trouble dans ses intuitions religieuses, il y trouvait cependant d'excellentes raisons en faveur du surnaturel et les appliquait au merveilleux. Le grand problème, à ses yeux, c'était l'existence de Dieu. Dieu admis avec Descartes, avec Rousseau, avec Voltaire, il admettait volontiers le miracle. Le plus incompréhensible des miracles n'est-ce pas Dieu lui-même ? Dès lors, si la raison l'acceptait, s'y soumettait, elle pouvait aussi se soumettre à l'attrait puissant, se livrer à la recherche enivrante de l'inconnu, de l'ignoré, du mystère. De là ses méditations, ses lectures, ses expériences secrètes, provoquées parce qu'il avait pu recueillir des sciences magiques, pratiquées sans interruption dans l'humanité depuis l'Inde et l'Egypte jusqu'à nos jours. Julien l'Apostat, les cabalistes du moyen âge et de la Renaissance; au dix-huitième siècle Mesmer, le diacre Pâris; depuis, le magnétisme, la chiromancie, le spiritisme qui venait de naître, en Normandie même, par les faits merveilleux du presbytère de Cideville, à quelques lieues de Monville : tout cela le détournait de ses études réglementaires et absorbait la plus grande part de ses efforts.

Seule, dans l'ordre des travaux imposés, la cosmographie, qui ouvrait à son imagination des perspectives sans limites, le passionnait. Comme les Phéniciens, il eût pu suivre sa route les yeux fixés sur cette immense carte que chaque nuit déroule au-dessus du troupeau humain.

Les heures de récréation, il les passait étendu sur le pavé de la cour, aux soleils de printemps et d'hiver, le bonnet de police sur le visage, isolant sa pensée dans cette obscurité et fortifiant son corps au contact de la terre. L'été, il branchait dans un des grands tilleuls de la cour ou s'allongeait sur un des bancs de bois dans l'ombre d'un petit hangar. Ou bien il se réfugiait dans une pièce isolée et, là, passait des journées entières, le dimanche ou le jeudi, à jouer du piano et à faire des exercices sur le violon. Il n'était à tous et avec tous qu'aux exercices du corps; à la salle d'armes, où il devint le meilleur élève du père Trébillon, ancien maître d'armes des pages de S. M. Louis XVIII; aux bains froids, où il traversait le grand bassin des Jambettes entre deux eaux; à la gymnastique, où il montrait toutes les souplesses et toutes les audaces; aux classes de dessin, où il ombrait le groupe du Nègre et du Pacha, de Girodet, à faire pàlir d'envie le père Huë, notre professeur, un ancien élève de David.

Avec ses condisciples, depuis que les brimades avaient cessé, il était moins sauvage ; avec ses maîtres, doux et docile à la douceur, mais ne s'appliquant jamais, n'en faisant qu'à sa tête. A la pression sympathique il résistait par la force d'inertie, à la pression violente par la violence ou par le dédain qui se peignait sur son visage avec une soudaineté extraordinaire. Cette puissance d'expression avait le don d'exaspérer ceux qui la provoquaient.

Un matin M. Barthe, à la répétition du matin, arrivant au tableau de Gaston qui était dans une de ses veines de paresse déclarée, lui dit ces simples mots :

— Et vous, monsieur, il est bien inutile que je vous interroge, n'est-ce pas ?

Gaston ne dit rien. Mais, sans desserrer les dents, il répondit par un regard à ce point chargé d'insolence que le digne homme en rougit comme d'une injure et lui infligea quatre jours de salle de police.

Dans ses fautes, son humeur hautaine était vaincue par le pardon sans ostentation, par un mot bienveillant qui le relevât. Il lui fallait la conscience du devoir librement accompli ; le devoir imposé le trouvait rebelle.

Ses années d'école s'écoulèrent ainsi en de nébuleuses flâneries d'intelligence, en mille velléités d'action pour lesquelles il se passionnait, rêvant de la vie héroïque avec les héros de Byron, alimentant son imagination aux romans de Walter Scott et de Cooper, pensant aux expéditions lointaines, à l'expatriation, à la vie de fortune et d'aventures dans les républiques de l'Amérique du Sud. Le récit des cruautés de Rosas et de sa générosité légendaire le faisait songer.

En somme, il passa chez Barthe un temps d'activité intellectuelle effective mais non ordonnée.

J'avais quitté l'école quand il se présenta aux examens de Saint-Cyr. Déclaré admissible, il fut refusé. Après avoir subi une épreuve très-brillante en mathématiques, il échoua à plat dans les autres interrogations.

A ce terme des trois années, il écrivit à son père une longue lettre pour lui demander de me rejoindre à l'Ecole des beaux-arts où j'étais entré depuis un an.

M. de Chanly eût fléchi. Mais Flora Sigoulans, qui entrevit parmi les conséquences de ce projet une longue suite d'années improductives, qui avait d'ailleurs intérêt à séparer le père et le fils, sut le décider à maintenir sa première décision. Avec des mines hypocritement douloureuses, elle lui démontra que Gaston était un paresseux, qu'il ne ferait jamais rien, que sa seule ambition était de mener la vie de bohème, qu'en tout cas il déshonorerait son nom en se faisant peintre, rapin, qu'il fallait sans tarder l'envoyer dans un régiment. Elle mena cette campagne avec tant de perfide habileté que la demande du jeune homme fut repoussée sans miséricorde, et son père, avec qui il eut une entrevue chez le bonhomme Cardan lui dit en se frappant le poignet gauche du tranchant de la main droite :

— J'aimerais mieux me couper le poing que de consentir à vos folies. Vous êtes un fruit sec et resteriez toute votre vie un fruit sec. Vous serez soldat.

XVI

AUX HUSSARDS CHAMBORAN

Depuis 1870, le ministère de la guerre a ramené à un type uniforme la variété de costumes qui permettait autrefois de distinguer entre eux les neuf régiments de hussards. A ne considérer que la gestion des deniers publics, il se peut — quoique je ne le voulusse pas garantir — que cette mesure rigoureuse produise quelques pauvres économies budgétaires. Mais on n'a pas tenu compte de la sorte de déchéance à laquelle on condamnait ainsi cette arme charmante. La suppression de la pelisse en sautoir, du talpack et de son cordon tressé dont les glands se suspendaient flottants à l'épaule, de l'écharpe amaranthe qui ceignait la taille de si coquette façon, de la sabretache, qui battait et rebondissait avec élégance sur la jambe gauche; la suppression plus grave encore des couleurs qui symbolisaient la tradition familiale de chaque régiment; ces décisions égalitaires ont enlevé à nos hussards le prestige qui attirait dans leurs rangs le plus grand nombre des engagés volontaires, de ceux qu'on appelle « les fils de famille. » Dira-t-on que cet attirail suranné était inutile et gênant? Soldat, il faut savoir supporter la gêne et on s'y accoutumait fort bien. D'autre part, il n'est pas inutile d'être fier de son régiment, car tout se tient, tout s'enchaîne dans la vie militaire : le jeune cavalier glorieux de son uniforme est un soldat soucieux de sa tenue, et — ne criez pas au paradoxe — tout soldat propre est un bon soldat. J'en appelle à l'expérience des officiers.

Contraignant son fils à entrer dans l'armée, M. de Chanly cependant le laissa libre de choisir son corps. La Sigoulans ne faisait point le mal pour le mal, tout ce qui ne menaçait pas ses intérêts la trouvait indifférente. Elle voulut donc que, le 2 septembre 1851, Gaston signât son engagement; mais elle permit qu'il s'engageât dans la cavalerie légère, au 2ᵉ hussards, les hussards Chamboran. Il avait à peine dix-huit ans. D'autres causes que l'attrait de l'uniforme — dolman et pelisse marron, tresses blanches, pantalon bleu de ciel — l'avaient déterminé à faire ce choix : en première ligne, la séduction du cheval; puis, le régiment était en garnison à Carcassonne. Pour le rejoindre, il voyagerait, il verrait le Midi, déjà plus voisin de ces pays du soleil dont la lumière d'or avait éclairé les rêves de son imagination juvénile. En outre, un ami du bonhomme Cardan lui avait promis une lettre de recommandation pour le capitaine instructeur. Cette lettre, il l'eut; mais souvent, depuis, il m'a dit que de tous ses chefs, ce capitaine, qui, d'ailleurs, fit de lui un excellent cavalier, était celui qui l'avait puni avec le plus de rigueur et parfois sans justice appréciable.

Malgré l'impression de tristesse profonde que lui apporta, dès le premier soir, la mélancolique sonnerie de l'*extinction des feux* retentissant et se perdant en échos affaiblis dans la nuit des grandes cours du quartier, il supporta vaillamment les duretés, les fatigues et les misères des mois de classes. Il y faut, en effet, quelque courage pour tout jeune homme qui n'a jusque-là fait œuvre de ses mains. Sans atténuer les souffrances physiques de l'école du cavalier à pied, du maniement des armes en hiver, des moulinets exécutés avec le sabre à bras tendu, l'onglée aux doigts, et cruellement prolongés par quelque instructeur facétieux; ni celles des premières leçons à cheval avec leurs inévitables blessures qui ne guérissent que sur la bête; elles sont peu de chose pourtant si on les compare aux impatiences, aux lassitudes et aux écœurements des corvées imposées aux conscrits : corvées de propreté aux écuries avant le réveil, plaques de litière humide et chaude, qu'il faut enlever malgré leur suffocante odeur d'ammoniaque et transporter à brassées au fumier — c'est le philtre ou l'absinthe du matin; — civières chargées à outrance par les gardes d'écurie pressés d'en finir et si pesantes qu'elles glissent et s'échappent des doigts distendus, trop faibles pour les retenir en de longs parcours; corvées de quartier, corvées de vivres en ville; corvées d'avoine, d'où l'on revient le corps moulu par les charges trop lourdes portées à des distances trop grandes; corvées de fourrage, où il s'exaspérait en voyant s'éparpiller sur le pavé raboteux des rues provinciales les quatorze bottes de foin qu'il ne savait pas encore lier d'un tour de main prompt et solide, où il maudissait le poids mal équilibré sur sa tête de l'immense colback de paille dont la pesanteur l'entraînait en avant et précipitait sa marche, ou qui lui descendait peu à peu jusqu'aux épaules, ou dont les rudes fétus l'aveuglaient et lui chatouillaient le visage couvert de poussière et de sueur sans qu'il le pût essuyer; premiers rancœurs de la gamelle à cinq où chacun taille sa part et s'éloigne quand les cloisons de pain trempé s'effondrent, les goulus bénéficiant des restes; premières appréhensions des pansages, des gardes d'écurie et des familiarités qu'il y faut prendre avec les chevaux vicieux; premières et désespérantes impuissances dans l'art de paqueter une selle à l'ordonnance; premières nuits passées sur le bois nu en plan incliné de la salle de police, où l'on est envoyé par toutes les températures sans autre vêtement que la veste d'écurie et le pantalon de treillis, les pieds à cru dans les sabots sans paille; là, nuits blanches où il attendait avec impatience le premier frisson de l'aurore montrant son pâle visage à l'étroit carreau masqué par un auvent en forme de hotte, et qui lui rappelait ses points du jour en diligence, sur les grandes routes, dans un voyage qu'il avait fait en Suisse avec son bon papa Cardan. Tout cela fut bravement accepté par ce rêveur, ainsi que les punitions souvent injustes et pourtant d'une injustice nécessaire. Fort, agile, adroit, il fut bientôt maître des difficultés des débuts et en prit gaiement son parti.

Avec moins de philosophie, n'étant pas encore « monté, » il fit à pied, le manteau en sautoir, le sabre et le porte-manteau à l'épaule, blessé au tendon d'Achille par les lourdes et larges bottes d'ordonnance, les quelques étapes qui séparent Carcassonne de Perpignan, où son escadron était envoyé en détachement. Quelques semaines après, il était l'un des quatre porteurs qui conduisaient au champ de l'éternel repos, un jeune soldat comme lui, qui avait été son « camarade de lit » pendant la route et était mort de nostalgie à l'hôpital de Perpignan.

Quand il fit enfin partie de l'école d'escadron, moins écrasé de labeurs, il fut pris par l'oisiveté de la vie de garnison, et sous ce beau ciel du Midi dont l'azur, baignant à l'Ouest la cime neigeuse du Canigou, se confond au levant avec l'azur de la Méditerranée, il traversa les bas excès des cabarets de soldats, les grosses ivresses au vin noir et soufré du Roussillon bu à la régalade, et les trop faciles amours, cette ineffaçable et si fréquente souillure à l'entrée dans la vie. Il lui en vint bientôt de profonds dégoûts, et y échappa en se réfugiant, aux moments de liberté, dans une petite chambre en ville où il retrouvait ses livres, un piano loué au mois et son violon.

Au milieu de cette vie de régiment sale et vide, Gaston pourtant rencontra de belles heures que son imagination romanesque parait de vive poésie.

J'ai conservé les lettres qu'il m'écrivait alors, où il me disait l'enivrement des grandes manœuvres d'été aux premières heures du jour. Il voyait en poète et en peintre.

« ... Un à un les escadrons ont franchi la haute porte du quartier en froissant du fer le pavé de la voûte sonore où piaffent et se tassent épaule à épaule, fesse à fesse, les chevaux en gaîté. En face, sur l'esplanade, au pied de la vieille cité romantique des ducs de Narbonne, le régiment est disposé en bataille sur deux rangs entre les officiers et les serre-files, le lieutenant-colonel et le petit état-major seuls, au centre, vis-à-vis. L'alignement est rectifié. A peine çà et là le geste d'un cheval heurtant du sabot quelque fourreau de sabre, jette-t-il un bruit métallique dans le silence et l'immobilité générale. Une voix s'élève : « Garde à vous ! — Sabre ! — Main ! » C'est le commandement qui signale l'arrivée du colonel sur le terrain. Il avance, la pelisse au vent, cuirassé d'argent, magnifique, au petit galop de son cheval arabe dont la queue balaye la poussière ; il prend le pas devant les chevaux gris, les instruments de cuivre et les lourds colbacks de la musique, passe majestueux sur le front des escadrons, à son tour va se placer au centre, et, de sa belle voix ample et de longue portée, commande : — « A droite par quatre ! — Marche ! » Les trompettes sonnent la *marche*. D'un seul mouvement, le régiment s'ébranle, traverse la grand' rue de la ville au son d'un pas redoublé qui attire tout le monde aux portes ou aux fenêtres, et prend le chemin du Champ-de-Mars par les promenades ombragées de platanes. Et là, trois heures durant, — sauf un repos pendant lequel la musique, placée en cercle au milieu du terrain, joue des valses, des quadrilles et des motifs d'opéras favoris, — les évolutions, les manœuvres, les développements, les concentrations, les formations en colonne de route, en colonne serrée, en colonne avec distance, les formations en bataille, dans l'ordre régulier, dans l'ordre inverse, les marches directes, les marches de flanc, diagonales et obliques, les marches circulaires, les contremarches, les ruptures, les déboîtements, les conversions par l'aile droite, par l'aile gauche, les ploiements et déploiements en tirailleurs, les charges, les ralliements, les passages d'obstacles et de défilés, se succèdent à toutes les allures, au bruit des commandements, des cliquetis du fer, des sonneries crépitantes, et se terminent par un glorieux défilé devant l'aigrette blanche du colonel qui, en tête du régiment, ramène noirs de poussière, blancs d'écume, hommes et chevaux au quartier.

« Ce que je trouve superbe en ces grands mouvements de cavalerie, ajoutait Gaston, c'est l'admirable union de tant de volontés abdiquées; toutes, celles des bêtes comme des gens, concourant d'un égal effort au but commun, inconnu de la plupart, mais avec la même confiance, le même zèle intelligent, le même entrain, et arrivant à la capiteuse satisfaction que causent à l'artiste les œuvres bien faites. Ce qui me grise, c'est le vertige des vives allures réglées par le cerveau; ce qui me cause d'inexprimables sensations de joie, c'est la volupté du cheval. Tu ne peux t'imaginer les grâces infinies du noble animal, ses gaités d'enfant au départ; au retour, la fierté de son port de tête et de son regard en feu; sur le terrain, sa souplesse au premier avertissement des jambes qui épousent ses flancs délicats, sa docilité si rapide que, seulement instantanée, on la croirait spontanée, et qu'elle explique la belle conception du centaure des anciens. Ce qui m'enchante, c'est toute cette élégance dans la force, c'est la richesse des uniformes de nos officiers en tenue solennelle, c'est la belle et constante jeunesse du régiment, reverdissant toujours à la hampe de son vieux drapeau. »

XVII

ESTAGEL.

Aux jours de garde, Gaston emportait dans son inutile sabretache un remède contre le cruel ennui des longues heures inoccupées : un album, un crayon et tantôt Hugo, tantôt Musset ou Gautier. Imaginez-vous les *Burgraves, Rolla,* la *Comédie de la Mort,* les *Orientales, Don Paëz,* la *Symphonie en blanc majeur* lus en de tels milieux, en ces corps de garde noirs, sales, carrelés, humides, froids, au coin d'un poêle de fonte, à la lueur d'une chandelle fichée en plein goulot de bouteille ; dans une infecte odeur de suif, de mangeaille, de vin, de tabac, d'hommes agglomérés ; en contact avec la saine grossièreté du paysan, avec la faconde de l'ouvrier parisien devenus cavaliers, avec la suffisance du vieux brigadier chevronné. Qu'ils étaient loin les jours bénis des grandes parties de jeu avec sa chère maman ! Imaginez tous ces beaux vers redits mentalement pendant la durée des factions de nuit où le terrible mistral s'entonnant dans le canon du mousqueton en tirait des sons aigus, comme ceux que devait tirer de leur fifre géant le souffle robuste des petits dieux au vieil Olympe. Eh bien, le viatique était suffisant. — Saturé de lecture, il dessinait. La dextérité de son crayon qu'il rehaussait de pastel ou d'aquarelle, lui valut bien des adoucissements aux rigueurs du métier, la sympathie du « marchef » très précieuse pour les permissions de l'appel du soir, et la faveur des officiers.

Grâce à cette bienveillance, la première année de son séjour au régiment fut supportable. A la fin de 1852, les choses changèrent d'aspect. Dans ce coin du Midi les populations étaient insoumises, animées d'un sourd esprit de révolte qui se trahissait de toutes manières et cherchait les occasions d'éclater. Jusque-là les relations avec l'habitant avaient été possibles quoique tendues et sur la défensive. Dès lors, les gens du peuple commencèrent par les rues à insulter le soldat en leur patois catalan; dans les cabarets, on se battait; le vin et le sang rougissaient également la grosse toile des devants de chemise; Gaston, lui, n'évita un coup de couteau qu'en cassant le maxillaire inférieur d'un assaillant avec le pommeau de son sabre relevé, sans dégaîner, d'un geste violent plus prompt que l'attaque. Un ordre vint de la place qui interdit aux hommes de sortir isolés.

A peu de jours de distance, je reçus de lui deux lettres où il me rapportait quelques épisodes, dans lesquels il avait joué un rôle.

« Hier, mon ami, sur le coup de midi, assis au pied de mon lit qui est placé contre une fenêtre, tout en astiquant ma giberne à la cire et au bouchon — un exercice que je te recommande pour tuer le temps — je regardais cette diable de ligne bleue de la Méditerranée qui me fait penser à un tas de choses pas du tout à leur place ici, à Venise, à Florence, à Rome, à tous ces pays enchantés que tu verras à coup sûr, toi, futur prix de Rome, et que je ne verrai jamais, moi, à moins que nous n'allions un jour faire campagne en Italie. Je baisse les yeux par hasard et vois, dans la cour du quartier, un petit frisé d'officier d'état-major qui parlait avec animation au maréchal-des-logis de garde. Bien sûr l'ordre qui nous l'envoyait l'avait surpris les pieds dans ses pantoufles, car tout en parlant il vissait des éperons dorés aux talons de ses bottes, et, un instant après, son ordonnance lui amenait un cheval. Aussitôt, coup sur coup, sans respirer, le trompette de garde sonne le *boute-selle*, le *boute-charge*, *à cheval*. C'est un remue-ménage d'enfer dans les chambrées, dans les escaliers, dans les écuries ; on selle, on charge, on bride, on monte à cheval, et voilà l'escadron parti au grand trot, le petit frisé en tête de la colonne. Nous filons comme ça, sans souffler, pendant une petite demi-heure, jusqu'à une gentille maison blanche à volets verts, à gauche et à cent mètres de la route de Port-Vendres. On nous fait sauter le fossé, cerner la maison. Le petit frisé met pied à terre, entre... — Personne ! — Les oiseaux que nous allions pincer au nid étaient envolés. Nous avions troublé un fameux déjeûner, la table servie était tout en désordre, les serviettes trempaient dans les plats encore chauds. On revint moitié rageant, moitié riant. »

La seconde lettre était plus sérieuse.

« Après la comédie, le drame.

« Jeudi dernier, à minuit, les hommes dans le pieu, ronflant, pionçant, renâclant, une vraie musique, tout à coup une sonnerie fiche tout le monde à bas du lit. — A cheval ! — à cheval ! — Comme depuis le joli four du déjeûner, les selles restaient paquetées à l'écurie, derrière les chevaux, la chose est vivement faite. C'est l'affaire de quelques jurons. Et nous voilà en un rien de temps sur la place, devant la citadelle. Nous prenons position à la gauche d'un tas de fantassins qui étaient déjà là rangés en bataille; une batterie d'artillerie prend notre gauche, à nous, et, sans tambour ni trompette, en route.

« Où nous allons, quelqu'un le sait ; pas nous. Un clair de lune superbe dans une poussière d'astres. Il fait un tantinet frisquet. Nous passons devant l'église Saint-Jean noire, lourde et magnifique ; nous franchissons la porte du Castillet, de bizarre architecture, quelque chose de mauresque ; nous enjambons le Tet où il n'y a pas cinquante et une gouttes d'eau, et nous entrons dans cette triste campagne du Midi où la terre n'est que de la poudre qu'on laboure avec l'ongle ; çà et là de belles vignes où le muscat se sèche et se blanchit de sucre suinté sur le cep ; le long de la route, des amandiers sauvages. Nous marchions depuis trois quarts d'heure, nous allions atteindre un bois d'oliviers rabougris, au feuillage d'un vilain gris vert; trois notes de trompettes : — *Halte!* On nous forme en bataille sur un des bas côtés de la route, les croupes des chevaux au fossé, et l'on nous fait charger mousquetons et pistolets. — Tiens, tiens! Ça devient sérieux, pensons-nous. Il me sembla que le froid était plus froid. J'avais le cœur serré et je crois bien que j'étais blanc; au moins les camarades avaient-ils l'air pâle. Après tout, c'était peut-être la lune, toute ronde et s'en allant se coucher, qui leur donnait cet air-là.

« On nous remet en marche. Et puis on commence à dire dans les rangs que nous allons désarmer les gens d'Estagel, un tas de brigands à ce qu'il paraît; je ne sais pas, moi. Toujours est-il que les brigands ne sont ou pas méchants, ou pas malins. En approchant de ce fichu pays nous défilons, pendant un bon bout de route, à mi-côte d'une colline aride toute parsemée de grosses roches; il n'y avait qu'à nous les pousser sur la tête pour nous écraser tous et nous jeter en capilotade dans le ravin qui plongeait à pic sur notre droite, et au fond duquel chantonnait et cascadait un petit cours d'eau qui porte un nom charmant : l'Agly. Mais les brigands ne pensent pas à tout et nous passons sans encombre. C'est égal j'ai traversé là un satané quart d'heure.

« Au bout du défilé on arrête l'infanterie, nous prenons la tête de la colonne et quelques instants après nous arrivons à l'entrée d'Estagel. La lune avait disparu. Une longue rue ouvrait devant nous, de l'autre côté d'un petit pont, un grand trou sombre où s'agitaient des ombres noires. Le capitaine nous fait mettre le sabre à la main; puis, au trot d'abord, et ensuite au galop, et au galop de charge, nous pénétrons dans le trou sombre. On se permet bien un peu de fantasia dans ces moments-là, quand on est jeune cavalier. C'est ce que je fis. J'ai failli le payer cher. Ma rosse avait la mauvaise habitude de se gonfler comme une bourrique quand je lui sanglais la selle sous le ventre à l'écurie. D'ordinaire j'en étais quitte pour la ressangler d'un ou deux crans au premier arrêt. Va te faire fiche, dans mon émotion — nécessairement inséparable d'un premier début — je négligeai totalement cette prudente mesure. J'avais pris la position de « contre infanterie à droite, pointez. » Comme ceci, vois-tu. (Et Gaston avait dessiné un joli croquis dans sa lettre). Le poignet en quarte près de la hanche droite, la pointe du sabre dirigée théoriquement à hauteur de la poitrine d'un homme à pied, j'allongeais au galop le plus vite, le corps incliné à droite et pesant sur l'étrier du même côté. Patatras! ma selle tourne, je n'ai pas le temps de crier : — A moi mon lieutenant! que j'étais déjà par terre. Je me relève un peu froissé... rien de cassé! L'escadron était loin, moi j'étais seul avec mon poulet d'Inde, fort penauds tous les deux. Aussitôt, des profondeurs d'une ruelle transversale, je vois venir des sihouettes confuses d'hommes armés de fourches et de faux; le trac me prend, je m'adosse au mur, tire la bête à moi, et le sabre suspendu au poignet par la dragonne, le mousqueton armé, j'attends. Les hommes avançaient toujours. Heureusement que par la grand'rue avançait aussi une troupe au trot. Je lâche mon coup de mousqueton en l'air pour la presser. C'était un petit peloton de gendarmes, ils m'entourent, je resselle mon cheval et nous partons. J'en étais quitte pour la peur.

« Nous nous formons en rectangle sur la jolie place verte d'Estagel. L'infanterie occupe toutes les issues du pays. Au point du jour, l'ordre est donné aux habitants d'apporter leurs armes sur la dite place, avec interdiction absolue de sortir de la ville. Une demi-heure après, dans la brume du matin, le curé d'Estagel, le premier, ouvrait la marche et venait déposer au milieu du carré de troupes une paire de pistolets dits coups de poing qui disparut bientôt sous un monceau de ferraille menaçante, apportée pièce à pièce par des hommes de fière allure, le sourcil froncé sous le bonnet rouge du paysan catalan.

« Ça, ce n'était pas drôle. Au retour j'étais tout chose. Heureusement nous n'avions pas tiré un seul vrai coup de feu dans cette expédition. Quelques jours après, l'infanterie retourna deux fois encore à Estagel et le sang coula. Par bonheur je n'y étais pas. »

XVIII

LIBRE!

En 1854, j'occupais un petit atelier dans une des vieilles maisons de la rue Visconti, celle précisément où mourut Adrienne Lecouvreur. Je m'étais logé là pour être à proximité de l'Ecole des beaux-arts, du Louvre, de l'atelier de monsieur Ingres qui demeurait sur le quai Voltaire et aussi du numéro 6 de la rue Furstenberg qu'habitait Eugène Delacroix. Mon respect pour l'enseignement classique et sévère du vieux maître romain n'a jamais été chez moi exclusif d'une très-vive admiration pour le peintre de *l'Entrée des croisés à Constantinople* et de la *Noce juive*.

Un jour de décembre, je sortais du Louvre où je copiais la *Prédication de saint Etienne* de Carpaccio ; il était quatre heures, l'heure crépusculaire en cette saison. Le collet droit, les mains dans les poches, les passants traversaient d'un pas vif le pont des Arts; les femmes, la jupe relevée, marchaient en claquant du talon, les bras croisés, le buste en avant, et se tassaient dans leurs châles fortement serrés et bridant aux hanches; leur haleine, au travers de la voilette bien tendue sur le visage, faisait dans l'air froid des fumées chaudes, des vapeurs qui se posaient par fines gouttelettes, en rond sur le tulle, autour des lèvres. Parmi le brouillard épais et condensé sur le fleuve, çà et là des points lumineux s'allumaient au long des quais gris, au-dessus des ponts, avec symétrie s'espaçaient et s'élargissaient en auréoles rougeâtres au sommet des becs de gaz. La funèbre sensation qui se dégageait de l'heure, de l'atmosphère, de la saison, des maisons sales, des devantures vitrées de la rue de Seine mouchetées de boue, des trottoirs gluants, du pavé gras, mouillé, noir par places et par places luisant, étouffait dans mon cerveau la noble lumière dont la peinture de Carpaccio avait empli mes yeux durant tout le jour, et l'éteignait. Ce triste aspect de la ville — jusqu'aux lions-fantoches du Palais Mazarin qui pleuraient — me mettait en tête toute sorte d'idées pas gaies, je sentais le poids de la solitude. Quand j'arrivai rue Visconti il faisait nuit, ma clef n'était pas accrochée au clou, comme d'habitude, dans la loge. Je montai vivement, heureux de penser que j'allais trouver chez moi quelque camarade qui mettrait un regard vivant parmi les regards sans yeux, les regards blancs de mes plâtres. En effet. Et c'était Gaston, — Gaston que je n'avais pas vu depuis trois ans et qui n'avait pas répondu à une de mes lettres depuis un an. Il m'embrassa.

— Oui, mon cher, c'est moi, me dit-il. J'ai rendu mes galons de brigadier au ministre de la guerre, empli d'or les poches d'un cavalier de première classe qui me remplace là-bas, qui va s'ennuyer en conscience pour moi pendant quatre ans, qui en est enchanté et moi aussi. J'en avais jusque-là, fit-il, et il se passa la main en tranchant au-dessus de la tête.

— Me voici libre, libre enfin ! Et j'ai payé ma liberté assez cher pour respirer à pleins poumons. Tu ne sais pas ce que j'ai fait ?.... Eh bien, j'ai marié papa.

— Marié ton père !

— Oui, tu sais, la Sigoulans. Je t'ai parlé de ça dans le temps. Je vais tout te dire.

— Mais qu'es-tu devenu depuis un an ?

— Oh ! depuis un an, bien des choses.

— Il y a un an, nous étions encore à Carcassonne, mangeant des figues à un sou l'heure et buvant de la blanquette de Limoux à tire-larigot. Au mois de mars arrive l'ordre de partir pour Beauvais. Trente-cinq ou trente-six étapes, rien que ça ! C'était assez crâne. Nous traversons de beaux pays comme la Dordogne, de sales pays comme le Limousin, où on logeait nos chevaux sous des toits à porcs ; des villes bourgeoises, des villes aristos, des villes bêtes, des villes intelligentes, des villes mortes, des villes industrielles ; nous voyons beaucoup de chaumières, des baraques en plâtre et brique, des châteaux comme à Blois, des cathédrales comme à Chartres ; nous rencontrons de braves gens qui nous font souper avec eux et nous cèdent leur lit, de mauvaises gens qui nous reçoivent comme à

coups de fourche et de qui il faut exiger la place
due au feu et à la chandelle, sur les routes de
drôles de gens, entre autres une troupe de bohémiennes superbes avec leur peau de cigare, leurs
cheveux épars et leurs beaux yeux de bête; tout ça
noir, sale et en guenilles, poussant une voiture
qui poussait un vieux squelette de cheval gris sans
queue; avec le troupeau, des moucherons beaux
comme Bacchus enfant, et un homme, mon cher,
un homme en demi-bottes, pantalon de vieux
velours verdâtre, une chemise jaune comme le
jaune des doges de Véronèse, et coiffé d'une calotte
rouge... Superbe! Admirable! J'en ai fait une
aquarelle. — Nous sommes mouillés par la pluie,
séchés par la bise, brûlés par le soleil, remouillés,
rebrûlés, resséchés. A Brives-la-Gaillarde, le
colonel me nomme brigadier, et quarante-cinq
jours après avoir quitté la vieille cité de Carcassonne, nous défilions sur une place carrée au pied
d'une grande femme de bronze qui pose un soulier
sur une échelle et brandit de la main droite une
formidable hache; nous étions à Beauvais, patrie
de Jeanne Hachette.

« On croit qu'on va se reposer, ah, ouiche! Nous
allons passer l'été à la campagne, comme des mylords, aux environs de Boulogne-sur-Mer. Nous
nous attendions à embarquer pour Bomarsund.
Au lieu de cela, nous manœuvrons raide tout le
temps, pendant deux mois, entre Saint-Omer,
Boulogne et Calais.

« C'était amusant d'ailleurs. Nous étions cantonnés chez l'habitant, buvant de la bière brune à
la paille, restant huit jours dans un village, quinze

dans une autre, en partant quelquefois sans dire adieu à nos hôtes, emmenés par les quatre appels sonnant dans la campagne à des deux heures du matin, faisant de temps à autre de petites journées de quinze heures de cheval, campant sous la tente, les chevaux à la corde, sans vivres parfois et parfois sans eau. Dans le va-et-vient des troupes, je reconnais souvent d'anciens camarades de chez Barthe, officiers maintenant, qui passent à côté de moi sans me voir et que je n'arrête pas, comme tu penses, pour leur dire : « Mon lieutenant ! » Est-ce qu'un jour que nous défilions par un chemin creux dans un pêle-mêle de voitures marchant lentement, je ne reconnus pas aussi mademoiselle Hélène van Hove avec son père et sa mère, qui avait suivi en calèche et à distance les évolutions du jour ! Elle était toujours blonde, rose et blanche. Mon cœur se serra et je détournai la tête, ému, peut-être heureux, mais rêveur, à coup sûr, et un peu triste. Les grandes manœuvres terminées, mon escadron est désigné pour le détachement de Rouen. En route, mon cheval se blesse au rognon... un faux pli de couverte. J'entre dans Abbeville en le conduisant par la figure : puni, je couche à la garde du camp. Abbeville était tout illuminé, c'était le jour de la fameuse mystification du Tartare annonçant un peu prématurément la prise de Sébastopol aussitôt démentie. Pas d'espoir de campagne. Tout cela me dégoûte du métier. Pour comble de bénédiction, je pince la variole en arrivant à Rouen. Vlan ! deux mois d'hôpital. . un fleuve de tisane, des bonnes sœurs admirables de bonté, très-belles dans leur costume de laine blanche, avec une grande croix rouge et leur chapelet à tête de mort qui leur pend avec des clefs à la ceinture et fait clac, clac, et leurs manches de linge retroussées sur les avant-bras. Et c'est à l'hôpital que se joue la grosse partie de mon remplacement.

« J'allais mieux. J'étais bien dorloté, malgré ma figure en pomme cuite, dans mon dodo tout frais, tout blanc, par la chère sœur Sainte-Marie qui, la sainte créature, me laissait lire des tas de mauvais livres. C'est là que j'ai lu l'*Emile* et la *Nouvelle-Héloïse* : on ne m'y reprendra plus. « Vous allez vous fatiguer, numéro dix-sept, » me disait-elle en passant, avec son bon sourire ; ou bien : « Si vous voulez être sage aujourd'hui et ne pas trop lire, mon brigadier, vous aurez une aile de poulet, de la confiture et du pain à discrétion. »

« Un jour elle m'appelle : « Une visite pour vous, « numéro dix-sept. » Je croyais que c'était mon vieux chacal de camarade de lit, avec ses grosses paupières et sa tête d'aigle déplumé, qui venait passer dans mes rideaux toutes ses heures de liberté et, pour me pousser à boire, payait d'exemple, le pauvre vieux, en absorbant lui-même la moitié de mon pot de tisane avec ma timbale de varioleux. Et il ne devait pas trouver ça fameux, car il estimait le vin, lui qui, une fois qu'il était allé chercher deux amphores de gros bleu à la cantine pour une bienvenue, se sentant glisser sur le verglas dans la cour du quartier, eut la courageuse présence d'esprit de soulever les cruches à bras tendus, préférant se casser le coccyx que de perdre une telle quantité de nectar. — Ce n'était pas lui, c'était mon père.

« Guindé, sec, un flacon de sels sous les narines, un mouchoir à la main, ganté, assis à distance sur une chaise que la chère sœur lui avait approchée et qu'il avait vivement reculée, après quelques banales paroles de compassion sur mon état :

— Ah ça, Gaston, me dit-il, vous n'avez pas eu grand avancement jusqu'à ce jour ?

Moi. — En effet.

Lui. — Et tenez-vous toujours beaucoup à l'état militaire ?

« L'ironie était cruelle.

— Mais, père, lui répondis-je, je tiens surtout à ne pas contrarier vos volontés. Et si vous me permettiez de quitter la sabretache pour prendre la palette, vous me rendriez bien heureux.

« Alors il me fit entendre qu'il ne voulait que mon bonheur, que lui-même songeait à modifier sa vie, qu'il se sentait vieillir, qu'il avait besoin d'un intérieur, qu'il avait de grandes obligations à madame de Sigoulans, que cette dame s'intéressait vivement à moi, Gaston, qu'elle serait enchantée de venir me voir et de causer ; que cette conversation pouvait amener d'excellents résultats pour tous... puis, que déjà il était las de son petit voyage de Monville à Rouen, que l'heure avançait, qu'il me demandait la permission de se retirer et d'envoyer prendre de mes nouvelles par madame de Sigoulans, un ange de dévouement.

« Sa visite avait duré six minutes. Elle me fit réfléchir en m'ouvrant des perspectives imprévues. Si quelque chose peut témoigner de l'empire que Flora Sigoulans exerçait sur mon père et sur elle-même, c'est assurément cette démarche. L'avoir envoyé, lui qui appréhendait la contagion jusqu'à la terreur, auprès de moi varioleux ; s'être exposée aux conséquences d'une telle visite qui pouvaient être la mort intestat... Evidemment elle jouait son va-tout.

« Plus maigre, plus sèche, plus laide, plus vieille que jamais, et plus que jamais jeunette de coiffure et de costume malgré la raideur de ses articulations, je la vis apparaître, en effet, le lundi suivant. Sa longue face aux pommettes fardées esquissait un grand sourire, audacieux et timide, plein de bêtise et de force.

« Flora avait décidé mon père à me faire remplacer au régiment, à me constituer le capital d'une rente de mille francs en vendant des prairies dans la vallée de Clères, à me laisser libre de vivre à ma guise. La condition de ces libéralités était que non-seulement je ne mettrais pas d'obstacles au mariage de Flora et de M. de Chanly, mais encore que j'y assisterais, pour bien témoigner aux regards de tout le pays de l'honorabilité de ladite Flora et de la santé d'esprit de mon père.

« Tout cela est fort triste, me dit Gaston en terminant ce récit. Je sais bien que j'ai fait, en acceptant, un marché de dupe et en même temps un peu canaille, car c'est une mince excuse de mon consentement que je ne pusse rien empêcher. Que veux-tu ? J'en avais du régiment par-dessus la tête. J'aurais fini par déserter ou aller aux compagnies de discipline. Et puis, tu sais, c'est très gentil des croquis, un bout d'aquarelle ou de pastel par ci par là, mais ce n'est pas de la peinture. Me voici libre. Faudra voir à essayer autre chose maintenant. Nous allons faire la fortune des Goupil, des Petit, des Durand-Ruel et nous couvrir de gloire. »

XIX

ART

Au premier concours de places Gaston fut reçu dans un bon rang à l'École des beaux-arts. Mais il ne s'y fit point remarquer par une assiduité exemplaire. Les contradictions de l'enseignement l'agaçaient. D'une même figure dessinée d'après le modèle vivant M. Ingres lui dit : « Ce n'est pas ça, cherchez donc le style par le trait, par le contour. » — Paul Delaroche, le lendemain : « Ce n'est pas ça. Attachez-vous au détail. Ne faites qu'un œil, si vous voulez, mais que ce soit achevé, fini, parfait. » — Et Horace Vernet passant après : « Ce n'est pas ça. Vous négligez l'ensemble pour le détail, c'est absurde. Qu'on voie d'abord ce que fait votre figure et que tout y concoure à l'action. Votre bonhomme pousse je ne sais pas quoi, une charrette, un camion, quelque chose de lourd. Qu'il pousse donc ! Il doit pousser non-seulement des bras, mais du talon, du jarret, des muscles de la poitrine, des bras, du cou : il faut qu'il pousse même des yeux. Et vous atteindrez au style. Car qu'est-ce que c'est que le style ? Ce n'est pas un fil de fer tordu en silhouette autour d'une figure. Le style c'est le mouvement. »

Gaston de six mois ne remit les pieds à l'école.

Il se fit des méthodes de travail personnelles. Il trouvait le modèle vivant chez Suisse, modèle de profession qui tenait une académie sur le quai des Orfèvres et avait posé pour tous les romantiques : Delacroix, les Devéria, Louis Boulanger, Célestin Nanteuil, Antonin Moyne, Préault, Poterlet, etc. Le soir, il lisait ou dessinait à la lampe. Il se prit, un temps, de passion pour l'antiquité grecque, relut Homère, Hésiode, Eschyle, les tragiques et les petits poètes ; puis d'un bout à l'autre, calqua tous les cahiers des compositions au trait de Flaxman sur des sujets de l'*Iliade* et de l'*Odyssée*. Il s'essayait aussi à la composition pour son propre compte, accumulait esquisses sur esquisses : sujets héroïques, sujets d'histoire, sujets de genre empruntés à des lectures romantiques ; scènes de la vie moderne, comme exercice de mémoire pittoresque : débardeurs, tireurs de sable au bord de la Seine, porteurs déchargeant des bateaux de charbon et se suivant à la file, la hotte au dos, sur des planches au mouvement élastique jetées du bord à la rive en guise de ponton ; voitures au Bois, loges de théâtre, groupes de flâneurs sur le boulevard, et de consommateurs à la porte des cafés ; études de paysages, de ciels sur nature ; effets de lumière dans l'accident des rues de Paris :

tout cela traité selon l'humeur du jour, bâclé, enlevé, avec une fougue étonnante, ou découpé avec la minutie religieuse d'un préraphaëlite.

Tout ce qu'il faisait ainsi, il me le montrait et nous discutions.

— Tu te dépenses en menue monnaie, lui disais-je.

— C'est vrai, me répondit-il, un soir que nous nous reconduisîmes l'un l'autre pendant plus de deux heures pour en venir à terminer la nuit à la halle. C'est vrai, j'ai bien peur de n'être jamais qu'un dilettante. Je voudrais embrasser le monde entier. Je trouve tout si beau, tout m'intéresse tellement que je ne puis me fixer. Nous négligeons autour de nous des quantités de phénomènes pittoresques, étranges, vulgaires, mais admirables. Tiens! Un ruisseau de Paris pendant l'orage, c'est un morceau étonnant à peindre, avec le rejaillissement de l'eau noire fouettée par la pluie et se redressant en milliers de petites pyramides aigües qui filent toutes raides à l'égout en se cognant aux brins de paille, aux bouts de cigare, aux épluchures de légumes. — Une heure après, c'est un coin de ciel immense reflété dans une flaque d'eau entre deux pavés.

Et quels mystères dans les renversements par l'eau!

Vas au Luxembourg vers la mi-novembre, appuie-toi sur la balustrade, à l'entrée de l'allée d'eau qui conduit à la fontaine Médicis, et regarde. Tu verras la merveille!

A tes pieds les grands platanes s'enfoncent tout droit la tête en bas, allongent à l'infini leurs maîtresses branches, comme les nervures d'une dentelle de brindilles qui se tend, s'étend, se distend pour enlacer le vaste ciel nageant tout au fond de l'eau et n'y réussit point. Il y a des ruptures de mailles au filet, de larges trouées au travers desquelles on passerait si l'on tombait dans le bassin. Et l'on descendrait, on roulerait sur soi-même, là, en bas, et encore plus bas, à l'infini, dans l'abîme profond de l'empyrée.

Que de beautés dédaignées !

— C'est très joli tout ça, dis-je en l'interrompant ; mais sais-tu ce qui arriverait ? Il n'est pas un bourgeois qui n'accrochât ton tableau la tête en bas, et nos paysagistes ne sont pas si bêtes que de...

— Les paysagistes, ne m'en parle pas. Ils perdent leur temps à chercher des sujets dans la nature, dans les provinces dites pittoresques, en Bretagne, en Alsace, sur les côtes. Mais comme c'est vite épuisé, les machines tout arrangées, ils vont en Algérie, en Orient. Qu'ils aillent au diable ! Moi je voudrais produire, pendant toute une vie de paysagiste, dans un pays grand comme la main, et ne jamais peindre le même tableau en peignant toujours le même motif, le même, entends-tu, toujours le même.

Et de la voix il s'emportait :

— La variété je l'obtiendrais par la saison, l'heure du jour, l'état de la température. Le vent, la pluie, la chaleur, le froid, le matin, l'après-dîner, les mois d'août à juillet, toutes ces nuances de l'année devraient se préciser avec une exactitude si vivante dans mon tableau, dans la lumière du tableau que le passant le plus inepte criât d'admiration et dit :

« Tiens, il est midi ici ! »

— Si j'envoyais un paysage au Salon, est-ce que tu crois que je l'intitulerais : *Vue* de ceci, *vue* de cela ou d'ailleurs ? Non ! Mais comme il faut mettre une étiquette aux choses et ne pas laisser le public se blouser..., puisqu'il veut être averti quand on joue du Mozart, je dirais : *Juin, six heures du matin,* ou *Automne, après la pluie,* etc... Des titres dans ce goût-là : et les gens, au moins, pourraient me juger.

— Comme tu te montes ! repris-je. Fais donc du paysage, malheureux !

— Moi, du paysage... rien que du paysage... jamais ! Et le reste donc ? Vois-tu, la nature, c'est bien beau, elle n'en finit plus d'être belle pour nous autres qui savons la voir, qui connaissons la richesse infinie de son clavier d'expression, qui sentons sa force, sa grâce, sa tristesse, sa langueur, sa passion, ses heures de sérénité, ses heures de tendresse et d'amour, ses heures de colère ou de simple ennui ; je comprends donc qu'on donne toute sa vie à l'interpréter, cette Sirène, ce Protée femelle. — Mais il y a autre chose pourtant ! Sans que je m'y efforce, quand je lis, quand ma lecture m'émeut, l'œuvre du poète prend dans mon cerveau toute sorte de formes colorées et fait tableau ; je le dessinerais et souvent je le dessine ; mais le peindre... comment peindre ces magies de la conception première ?

C'est Ophélie, c'est Marguerite, c'est Juliette, chères âmes si tendrement aimées de Delacroix et que le monde aimera et refera toujours ; c'est dona Anna si tragique en sa blessure, c'est Imogène, Monime, Pauline, les douces et fières créatures, et tant d'autres que je vois et revêts ainsi des prestiges de la lumière et de la couleur. Les pourpres et les blancs chauds, les noirs soyeux ou crêpelés des chevelures, les blonds, les ors des costumes de velours et de satin, les nacres du teint, ses pâleurs, ses délicatesses de fleur ; l'ombre portée des longs cils, le délicat ourlet des oreilles juste grandes comme la bouche ouverte, les matités ambrées du cou, la grâce de la poitrine, la souplesse de la taille, la forme délicieuse des mains que je voudrais baiser sur leurs ongles polis, l'élégance ou la noblesse du port, du geste ; les attitudes, les mouvements, ce qu'ils disent je le vois, tout cela m'apparaît, me tente, me presse et me crie : « Réalise-nous donc ! »

— Fais donc du tableau de genre, lui criai-je ; mais il ne m'écoutait pas.

— Et nos vieilles légendes nationales : la somptuosité barbare et majestueuse à la cour d'un Charlemagne... les expéditions des Normands... une bataille de Poitiers ! — Les croisades, je n'y pense même pas ; Delacroix les a clouées dans l'art pour l'éternité. — Mais la Vie des Saints, cette inépuisable source d'enchantements, qui est-ce qui y a pensé ? — Les chapelliers ? ah bien oui !...

Par « chapelliers, » Gaston entendait désigner les peintres de chapelles.

— Tu me diras que les sujets religieux, ça n'est pas goûté, que la sainteté en peinture embête le public. Mais pourquoi ? Voyons... pourquoi ? Parce que les pauvres diables qui font ces machines-là sont des fabricants, j'ai presque dit des fabriciens qui n'ont ni art, ni âme, ni foi, qui n'ont que de la patte... quand ils en ont; qui ne voient qu'un sujet à *illustrer*, un pensum à faire, une leçon de catéchisme à réciter, pas même de la peinture, encore moins une émotion à traduire. Rien que la foi leur suffirait pourtant! — Voilà Flandrin, n'est-ce pas? c'est un fichu peintre, hein? un bien pauvre artiste, tu ne diras pas le contraire. — Et il me secouait le bras. — Il avait du talent, mais rien que du talent, pas pour dix centimes de génie. Eh bien, la foi lui a tenu lieu de tout, puisque tout lui manquait et que sa frise de Saint Vincent-de-Paul, vrai, là, ça empoigne. Alors les autres bondieusards, sais-tu à quoi ils réussissent? Oh! ceux-là ils font coup double. Ils font prendre la peinture en horreur aux fidèles et la religion aux artistes et aux gens de goût.

Mais quand un Delacroix s'en mêle, celui-là... Ah! ah! Vois-tu d'ici le drame, l'agonie, la pitié, le divin! Et le chabanais que ça vous fait. — A la bonne heure, je comprends ça. Voilà ce que je voudrais; qu'on ne se mêlât de peindre que pour remuer son monde. Seulement, pour cela, il faut être tout bonnement un homme de génie.

Absolu, indépendant, passionné, Gaston se forma de la sorte un talent singulier, difficile à classer, confinant aux écoles les plus opposées sans appartenir à aucune, dégagé de toutes les formules, aujourd'hui classique, demain romantique, tantôt idéaliste et tantôt réaliste, cherchant ici l'effet par la couleur, par la lumière, par les ensembles et les masses, par la sensation en un mot, et là, poursuivant l'aigu du sentiment par le contour serré, tendu, par l'infiniment petit du détail accumulé, poursuivi dans ses microscopiques réalités, faisant songer tantôt à Rembrandt, tantôt à Memling et à Mantegna, ou à Tiepolo et à Goya, au généreux pinceau de Gros ou au puissant crayon de Daumier. Il déroutait constamment ses amis déconcertés devant l'apparente mobilité de ses procédés, alors qu'il soumettait ceux-ci d'une façon absolue à la loi dominante qu'il formulait ainsi : Toute impression doit trouver son expression.

XX

A LA BEAUTÉ VIVANTE !

Au Moulin-Rouge, le 1ᵉʳ mai 1859, jour de l'ouverture du Salon au palais des Champs-Elysées, nous étions une douzaine d'artistes exposants réunis pour déjeuner dans le pavillon en terrasse qui ouvre sur l'avenue d'Antin. Il n'y avait là que des peintres, qui tous sont arrivés depuis à occuper le public de leurs œuvres, tous alors ou presque tous inconnus :

Lebeau, qui exécutait déjà ses curieuses eaux-fortes sur des scènes de la vie monastique, avait exposé son *Angelus*. Il devait plus tard quitter la France et trouver à Londres la renommée, l'aisance et un foyer.

Majèrus, qui devait à ses origines la superbe et la jactance du sang espagnol en même temps que la ténacité du sang flamand. Il revenait grisé de son premier voyage d'Italie, interpellait bruyamment les **garçons** de restaurant en langue italienne, **portait** en toute saison la *capa* italienne, mangeait à l'italienne, buvait à l'italienne, faisait toutes choses à l'italienne et déployait naïvement toutes les affectations. Il avait exposé un excellent morceau de peinture, son propre portrait.

Hilarion, l'ami de Majèrus, un garçon doué avec une rare profusion de tous les dons de l'art : poète, romancier, humoriste, musicien, entassant scénarios d'opéras sur livrets de féeries, enlevant des aquarelles où la saveur exquise de sa charmante fantaisie rachetait les gaucheries de la main, et modelant entre temps un médaillon d'ami.

Il y avait encore le réaliste Revert, dont les audaces et les luttes vaillantes contre le jury devaient faire, quelques années plus tard, tant de tapage ; — Martin-du-Pont, déjà connu par ses merveilleuses copies de Véronèse et ses portraits simples et graves ; — Prudhomme, qui jalousait la précision de la photographie, et déjà la faisait intervenir dans l'exécution de ses tableaux de genre, qui l'ont mené à la fortune ; — le grand Stendonck, un Belge-Parisien qui ne voyait d'autre raison d'être à la peinture que de célébrer la femme moderne. Il disait avec Musset : « Mon verre n'est pas grand, mais je bois dans mon verre. »
— Chalemel, qui revenait de Rome avec son dernier envoi, la *Sulamite* ; — Vivès, paysagiste et nature-mortiste, un Lyonnais au talent puissant et souple, un peu en surface, mais maniant le ton et la couleur avec une rare et naturelle distinction ;
— Bardin, un vieux romantique, plus amateur qu'artiste, qui s'était mêlé à nous sans qu'on sût

pourquoi ; — enfin, Gaston de Chanly et moi-même.

Ce n'est pas avec une rente mensuelle de quatre-vingt-trois francs trente-trois centimes que Gaston pouvait vivre. La rapidité d'improvisation de son crayon lui avait procuré de nombreux travaux pour les éditeurs de livres illustrés. Tout en maugréant, il y mettait de la conscience. — Faire parfaitement ce que l'on fait, avait-il coutume de dire, c'est, pour les gueux comme moi, une condition de vie. — S'il maudissait de telles besognes, ingrates et maigrement rétribuées, elles lui apportaient cependant un précieux appoint qui de temps en temps lui permettait de faire un tableau.

La première partie du déjeuner fût occupée par les conversations sur le Salon. Chacun se plaignait que sa toile fut mal placée ; on critiqua les peintres arrivés ; on discuta passionnément les huit tableaux exposés par Eugène Delacroix, et devant lesquels il se formait des attroupements de bourgeois scandalisés, irrités ou riant à se tordre. Et parmi ces œuvres savez-vous ce qu'on trouvait ? La tragique *Montée au Calvaire*, le *Saint-Sébastien*, si tendre, si pieux, l'*Ovide chez les Scythes*, un *Hamlet*, les *Bords du fleuve Sebou*, cette merveille de couleur, l'*Enlèvement de Rebecca*. Ces trois dernières avaient le privilége d'exciter d'une façon toute spéciale la fureur ou l'hilarité. C'est là-dessus que la conversation générale s'engagea.

Et Landry avec un talent de mime incomparable nous redit toute la conversation du déjeûner, imitant les gestes, l'accent, le son de voix, le jargon des interlocuteurs, leurs attitudes, et jusqu'à l'expression de leur physionomie.

— Bast ! dit l'un, Delacroix aura pour lui la postérité.

— La postérité ! La bonne blague !... Tu crois à la justice de la postérité, toi... Mais il n'y a que nous qui soyons assez informés pour juger nos contemporains. Est-ce que la postérité connait assez les milieux, les courants d'idée, les conditions accessoires de misère ou d'aisance, de bonheur ou de deuil, de maladie ou de santé, dans lesquelles nous produisons, pour nous mesurer l'éloge ou le blâme avec équité ? Allons donc ! Croire que la postérité est faite pour redresser les torts du présent, c'est un paradoxe ou une ânerie.

— Merci bien.

— Y a pas de quoi. Vois-tu, en fait de jugement, j'aime encore mieux celui des critiques qui nous connaissent que celui...

— Les critiques, les parasites de l'art, des animaux qui se mettent dans la peinture comme les vers dans le fromage.

— Des animaux à qui tu dois de vivre, ingrat. Qui te connaîtrait sans publicité ? Est-ce que ce n'est pas le feuilleton de Théophile Gautier qui t'a mis en lumière ? — Va, tu leur en veux bien plutôt de ne pas parler de toi que de t'éreinter quand tu le mérites.

— Pas de personnalités !

— Qu'ils se mêlent de ce qui les regarde ! Est-ce que je relève leurs fautes de français, moi, qu'ils laissent mes fautes de dessin tranquilles !

— Je n'admets que la critique qui dit du bien de moi... et encore.

— Il te faut des complaisants ou des passionnés, des thuriféraires qui se donnent bien de garde d'aller au fond des choses. Pas moi. Ceux-là, je n'accorde aucun crédit à leurs jugements, et j'en suis blessé quand ils me sont favorables.

— Oh ! toi, tu es un puritain.

— Non, mais je suis de la vieille école...

(D'un autre bout de la table où l'on n'est pas au courant de ce qui se dit dans ce coin) :

— Qu'est-ce que c'est que ça, la vieille école ?

— Une école qui n'a jamais été jeune.

— L'école de Rome.

— Bon, maintenant ! qui est-ce qui dit du mal de l'école de Rome, eh, là-bas ! y êtes vous jamais allé ? où trouverez-vous ailleurs la Sixtine et le Ghetto ?...

— Voilà Chalemel qui s'emballe.

— ... Le sublime et le navrant... Des sorcières de Macbeth à toutes les portes ? Avis aux romantiques ! Entendez-vous, père Bardin ?

— Tiens, vous êtes là, papa Bardin ? Je n'ai pas vu votre tableau.

— Je n'ai pas exposé.

— Bah ! pourquoi ?

— Je suis trop vieux et trop rosse ; je n'ai plus ni pied ni patte.

Pendant cet *a parte*, par incident Chalemel glapissait :

— Rome, l'Italie, c'est la grandeur de la vie antique, noble, pauvre...

— Maisonnette.

— Imbécile... Tout s'y fait à son moment. On n'y connait pas le roman, la passion, la fièvre...

— Et la fièvre paludéenne? Inconnue aussi n'est-ce pas?

— Fiche moi la paix. Pour deux liards par tête on t'y servira un rhapsode qui vous conte des légendes à la veillée. Homère sous le manteau de la cheminée. Rien que ça.

— L'Italie est une rengaîne inventée par les peintres sans yeux qui ne savent pas voir leur pays, par les peintres de l'école Benoîton qui mettent dans leurs tableaux le mobilier de leur talent, mais qui ne s'y mettent jamais eux-mêmes. On fait toc toc sur la toile... Personne. Monsieur est sorti, toujours sorti.

— Vous aurez beau dire, l'Italie, voyez-vous, quand nous arrivons là, nous autres, parvenus de province ou de Paris... mais tout d'un coup nous voilà passés princes... Cette mer, cette nature, ces hommes beaux comme l'antique avec la grandeur de leurs gestes, ces femmes au port superbe... Est-ce que nous avons idée de ça ici ?

— D'accord, mais nous avons idée d'autre chose qui le vaut bien. Tu crois à Rome, toi, et moi je ne crois qu'à Paris. Il n'y a qu'à Paris qu'on lit, qu'on voit, qu'on écoute. Shakspeare, Véronèse, Beethoven, pas un n'est français, n'est-ce pas? eh bien, ils n'habitent que Paris. Rome... tout le monde connaît Rome sans y avoir mis les pieds. Ce qu'on ne connaît pas, c'est Paris où vous êtes censés vivre. Ici on agit. Là bas vous bâillez sous les pins parasols et vous ne fichez rien.

— Ça, c'est vrai, qu'on est pris d'abord, enveloppé, paralysé par le lourd filet d'une sorte d'inaction qui n'est pas de la paresse pourtant ; mais ce qu'il y a de sûr, c'est qu'on ne veut plus rien faire. On croit qu'on ne fera plus rien jamais. Peindre : à quoi bon ? Voir suffit. — Puis on s'acclimate, on emmagasine sans le savoir des tas de choses... Enfin un beau jour, on s'éveille, on éprouve le besoin de faire son petit ménage intellectuel. On est tout surpris de se voir si riche... Et alors quel élan de production...

— Pour les commandes officielles.

— Petit méchant, va. Je te passe bien tes *Œufs sur le plat*, passe-moi le Beau...

— Présent Lebeau ! Le beau, c'est moi.

— Le beau, c'est l'art triomphant, c'est l'idéal...

— Tu vas patauger.

— Le beau c'est l'âme qui...

— Tu nous ennuies avec ton âme. Tu me rappelles une petite société évangélique que j'ai connue dans ma province. On ne s'y abordait qu'avec des « Comment va votre âme ? » On y demandait à la bonne remontant de la cave avec son panier à bouteilles et son flambeau plein de suif : « Votre foi est-elle aussi brillante que cette chandelle ? »

— Qu'est-ce que cela signifie ? En toute foi humaine il faut accorder une part à l'erreur.

— Tu as beau faire, l'art de l'âme ne me dit rien qui vaille.

— Et moi votre réalisme me donne des nausées.

— On ne vous demande pas d'étouffer vos antipathies, mais tâchez au moins de les contrôler.

— Je donne quelquefois des conseils, je n'en reçois pas.

La causerie tournait à l'aigre.

A la longue, le gros bruit insensiblement s'apaisa ; la conversation générale s'éteignit de telle sorte qu'on put entendre une fin de dialogue dans le coin des sages.

— Comment, tu as déjà commencé ton tableau pour le prochain Salon !

— Oui. Une toile signée, j'en attaque une autre tout de suite, ne fût-ce que pour ne pas mâcher à vide. Tu connais cette sensation-là ? D'ailleurs, s'il ne faut jamais travailler en vue du Salon, il faut toujours être prêt pour le Salon.

— Et puis, il est bon de se créer des prétextes pour vivre, ajouta Gaston.

— Si l'on retournait faire un tour à l'exposition, dit l'un de nous, en jetant sa serviette sur la table.

— Un toast avant.

— Ça y est : Au clergé !

— A la noblesse !

— Aux institutions existantes !

— A l'âme de Chalemel !

— Messieurs, soyons sérieux ! dit Prudhomme qui guignait de l'œil un grand marchand d'estampes et de tableaux assis dans le jardin :

— Je bois à la gravure en taille douce qui immortalise nos œuvres !

Un éclat de rire soudain, général, formidable, parti de dix poitrines robustes, largement dilatées par un déjeûner copieux, accueillit la phrase ridicule de Prudhomme. Le pauvre garçon, seul, demeura sérieux parmi les contorsions des convives, assujettit ses lunettes sur son nez busqué, essuya ses lèvres à sa serviette pour prendre une contenance et se rassit en haussant les épaules, assourdi de toute sorte de cris d'animaux : miaulements, chants de coq, aboiements, bêlements, hurlements, qui firent aussitôt trembler les vitres du Moulin-Rouge et chassèrent du jardin une centaine de moineaux épouvantés.

Au milieu du feu croisé des plaisanteries, Gaston, depuis quelques instants se tenait silencieux, renversé sur le dossier de sa chaise après avoir opéré un quart de conversion pour s'éloigner de la table. Ses regards, qui erraient sur la façade du restaurant, se fixèrent tout à coup. Il avait aperçu dans la baie d'une fenêtre ouverte une très jeune femme, peut-être une jeune fille debout près de la barre d'appui.

Le chapeau coquettement posé sur une masse épaisse de cheveux blonds, les yeux tournés vers la terrasse que nous occupions, d'un geste charmant elle se gantait et souriait à tous ces propos ardents, gais, libres, fous, burlesques, mais inspirés par la jeunesse et soufflés par la vive et belle passion de l'art.

A ce moment même, le grand Stenlonck, se hissant sur ses longues jambes et vidant un verre de fine champagne, criait :

— Moi, je bois tout bêtement à la bonne peinture ! Heun ? Il n'y a que ça de beau ! Heun ? La beauté, c'est ça. Heun !

Alors, Chanly se dressant, d'une indication discrête, désigna la fenêtre qu'il regardait et jetant sa cigarette, dit d'un ton de voix singulier :

— Messieurs, à la beauté vivante !

Émus à l'accent de Gaston, tous, subitement dégrisés par l'admiration, nous nous dressons comme lui, et, sans qu'il fût dit un mot, d'un même mouvement, tous les verres furent élevés vers l'inconnue. Avec une soudaineté peut-être un peu familière, mais d'une grâce exquise et d'un charme infini, le teint envahi par une teinte rosée à peine perceptible, la jeune femme salua en inclinant un peu la tête et se retira.

Presque aussitôt on vit passer dans le demi-jour du petit salon la silhouette élégante d'un homme du monde. A ses longues moustaches grises, à son teint bruni, à sa taille haute, à sa rosette d'officier de la Légion d'honneur, à son allure vive et raide, à la coupe dégagée de sa courte redingote, on reconnaissait un soldat qui était un *gentleman*.

— Tiens ! mon parrain, me dit Gaston à demi-voix.

C'était, en effet, M. de Cermont.

XXI

UN MARIAGE DANS LE MONDE

Depuis le jour lointain du baptême de Gaston, le comte de Cermont n'avait jamais revu son filleul ni même entendu parler de lui. Ce singulier parrainage, consenti à la suite d'une partie d'écarté, ne lui laissa pas le moindre sentiment d'une obligation quelconque envers l'enfant, et il l'oublia. Gaston, de son côté, eut tout juste la curiosité de savoir comment était bâti ce parrain phénomène.

Le comte était sénateur.

Assistant à une séance d'ouverture des Chambres pour laquelle il avait obtenu un billet par le secrétaire de la rédaction d'un journal, Chanly se fit montrer M. de Cermont, mais ne se fit point connaître. Depuis, il avait appris le mariage de son parrain par le journaux de *high life*. En lisant le nom de la jeune fille, mademoiselle van Hove, qui allait devenir comtesse de Cermont,

Gaston eut une subite vision de l'apparition blonde, rose et blanche qui avait illuminé les ténèbres de sa quinzième année. C'est quelques mois après ce dernier événement que le comte, ayant amené sa jeune femme à l'ouverture du Salon et, sans doute, se proposant d'y retourner dans l'après-midi, vint déjeuner avec elle au Moulin-Rouge où nous déjeunions nous-mêmes.

Un grand huit-ressorts découvert, capitonné de satin bleu, attendait à la grille du jardin. Les deux carrossiers noirs, le corps immobile, jarrets tendus, mâchonnaient leur mors et secouaient avec leur crinière lustrée les boutons de rose fixés aux bossettes armoriées du frontal. Du bout de sa badine, le comte fit un geste à ses gens et, à pied, se dirigea, la comtesse au bras, vers le palais des Champs-Elysées. Gaston les suivit longuement du regard, pendant que Majèrus roucoulait du haut de la tête une tyrolienne accompagnée avec des contorsions bizarres par Hilarion et Lebeau simulant, l'un le grattement de la guitare, l'autre les sons portés du cor.

La chronique mondaine prêtait à M. de Cermont une existence aventureuse.

Jeune homme, il avait prodigué une fortune patrimoniale immense en témérités de toute sorte. Les journaux de la Restauration avaient maintes fois signalé ses exploits de *sportsman*, de joueur, de duelliste, de nageur. Cavalier, à l'école de Saumur, il avait sauté avec son cheval d'un chemin de ronde sur le toit d'un hangar à six pieds en contrebas, et de là, par le plan incliné des tuiles qui s'effondraient sous ce double poids, sur le sol ; l'exploit lui valut quinze jours d'arrêts. Nageur, en rade de Toulon, il se jeta dans la mer du bord d'un trois-ponts. Les spectateurs, regardant les alentours du point où il avait plongé et, dans le temps normal, ne le voyant pas reparaître, le crurent perdu. Il avait passé sous la quille, remonté par l'autre flanc du vaisseau et venait tout souriant leur frapper sur l'épaule. Duelliste, son sang-froid sous les armes, la correction de son jeu à l'épée, de son tir au pistolet, et son humanité, lui avaient obtenu l'admiration et l'estime de ses adversaires. Au baccarat, quelle que fût la somme engagée, il n'était pas moins maître de lui. L'un des fondateurs du *Jockey club*, il avait, un des premiers, formé une écurie citée, installé un petit haras à Viroflay, et deux de ses élèves avaient remporté le prix du Derby à Epsom.

A vingt-deux ans, sortant de Saumur, il était entré avec le brevet de lieutenant dans la Maison militaire de Charles X. Il venait d'être nommé capitaine quand la révolution de Juillet éclata. Après avoir conduit le roi jusqu'à Cherbourg, il donna sa démission.

Dès lors il parcourut le monde. Un soir, dans l'Afrique centrale, sous l'Equateur, une caravane campée au bord du lac Victoria, et où se trouvaient des voyageurs français, vit approcher de ses feux un personnage inconnu, correctement vêtu, à peine armé. Il s'approcha du foyer. Sur un ton d'aimable politesse, prononça deux mots sans plus :
— Vous permettez ? — alluma un cigare, puis du même pas tranquille et lent qui l'avait amené,

s'éloigna et disparut dans la nuit du désert. C'était le comte de Cermont.

Il vit les deux Amériques, séjourna chez les Mormons, traversa les placers du Colorado, rencontra le comte de Raousset-Boulbon, passa dans l'Inde où, finalement, il attacha sa fortune à celle d'un des rajahs qui résistaient à l'Angleterre. Il y accrut ses richesses et fut fait général. D'humeur guerrière, ce royaliste professait un véritable culte pour la mémoire de Napoléon. S'il résida pendant dix années à la cour du prince indien, organisa son armée à l'européenne, ce fut plutôt en haine de « la perfide Albion », comme on disait alors, qu'afin de satisfaire son goût, très-réel cependant, pour les choses exotiques, pour la magnificence et la toute-puissance de la vie orientale. Le général ne reparut en France qu'en 1852, accompagnant des présents somptueux, armes splendides et chevaux de toute beauté, qu'à sa requête, le rajah envoyait au prince Louis-Napoléon, président de la République française. Il avait connu le prince en Italie et s'était attaché de cœur à ce jeune homme méditatif, aimant et doux, qui portait avec un si grand nom une destinée si grande et si tragique. Après le rétablissement de l'Empire, il devint l'un des familiers des Tuileries et fut un des rares amis désintéressés de Napoléon III qui le fit sénateur sans qu'il l'eût même désiré. Son titre de comte, celui de général qu'on lui conservait par courtoisie et sa fortune considérable lui créaient dans la société française un état qui lui suffisait.

Mondain, il fréquenta les salons de la nouvelle

cour avec assiduité et montra une prédilection particulière pour celui d'une princesse de la famille impériale qui, par sa vive nature d'artiste, curieuse de toutes les choses de l'art et de l'intelligence, appelait à elle savants, statuaires, peintres, philosophes, critiques, poëtes, romanciers, voyageurs, toute cette race d'hommes qui, ayant éprouvé l'humanité, ne parlent pas pour parler, mais pour dire quelque chose, quoique dans le nombre il y ait des causeurs et des gens d'esprit. Elle leur réservait une de ses soirées de la semaine, et n'y étaient admises d'autres femmes que celles de sa plus étroite intimité.

Dans cette noble maison, qui réunissait le charme et la culture de certaines cours italiennes de la Renaissance, on apercevait de temps à autre une jolie enfant de douze à treize ans. On l'appelait Hélène. Frêle en ce temps-là, et nerveuse, sensible, sujette à des effusions de tendresse que comprimait l'inattention de chacun, dans cet âge ingrat sa prochaine beauté déjà s'annonçait éclatante. Elle était la fille unique d'un de ces diplomates hors rang que les gouvernements européens entretiennent auprès des cours étrangères, le baron van Hove. La baronne, Romaine, était une ancienne et sincère amie de la princesse, qu'elle avait connue jeune femme, à Rome.

En 1854, le général de Cermont fit un dernier voyage dans l'Inde pour organiser les envois du rajah à l'Exposition universelle de 1855. A son retour, la jeune Hélène qu'il faisait, avant son départ, sauter sur ses genoux comme une enfant qu'elle était, avait pris les grâces naissantes de la jeune fille. Elle était en grand deuil. Sa mère était morte.

Son père n'avait aucune fortune. Il possédait une petite propriété dans l'avenue de Soisy, à Saint-Gratien, au bord du lac d'Enghien ; une maison à La Haye, son pays natal et son pays diplomatique, et ne vivait que de vingt à vingt-cinq mille francs que lui rapportait sa fonction. Cette pauvre somme était grevée de charges assez lourdes par les frais de correspondance et de déplacement. C'était, sinon la misère, au moins une gêne étroite, surtout avec une fille grandissante. La bonne humeur du baron n'en était pas altérée.

Reportant sur l'enfant la tendre affection qu'elle avait portée à la baronne, la princesse la tenait le plus possible auprès d'elle et finit même par l'y garder tout à fait. Hélène était instruite, lisait avec goût, parlait indifféremment le français ou l'italien, profitait avec joie des cours familiers de littérature que faisait pour quelques intimes un éminent lettré, et bonne musicienne, des leçons d'accompagnement de l'excellent violoniste S... Elle était une charmante compagnie pour la princesse qui, néanmoins, ne pouvait décemment lui donner une fonction salariée dans sa maison. La situation de la jeune fille en ce milieu était donc ambiguë. Sans fortune, elle vivait dans le plus grand luxe ; avec la perspective d'un médiocre avenir, dans la familiarité du rang le plus élevé. Elle était là comme une sorte de parente pauvre, payant en menus services d'assiduités et de petits soins l'hospitalité généreuse de sa protectrice. Certes elle le faisait de tout cœur ; mais à certaines heures elle éprouvait toutes les amertumes de son isolement, quelque sincère d'ailleurs que fût son culte pour la princesse. Celle-ci, dans sa perspicace bonté, comprit, devina, et prévoyante pour l'enfant plutôt que pensant à elle-même qui allait perdre le constant voisinage de ce dévouement jeune et passionné, lui chercha et lui trouva un mari.

Hélène van Hove avait vingt ans quand le général de Cermont l'épousa; il en avait, lui, cinquante-six.

Telle était la femme que de Chanly nous avait fait saluer et qui était alors dans le rayonnant éclat de sa merveilleuse beauté.

Ces détails, je les sus l'hiver suivant. Dans l'intervalle j'avais obtenu le prix de Rome, et en décembre j'eus l'honneur d'être invité à une réception du dimanche chez la princesse, où je reconnus M. et madame de Cermont et retrouvai quelques peintres mes aînés, mes maîtres et mes amis. Ce fut H..., très-instruit du monde, qui me les donna.

Si vous vous en souvenez, j'avais exposé au Salon de la même année un portrait de mon père qui fut remarqué. Le général me demanda un soir si je voudrais faire celui du baron van Hove pour la comtesse sa fille. Je m'excusai en raison de mon prochain départ pour Rome, qui, en effet, était imminent. Il me pria de lui indiquer un jeune peintre, je lui nommai de Chanly.

— De Chanly! me dit le comte. Est-ce un parent de M. Fleury de Chanly ?

— C'est son fils.

— Mais c'est mon filleul ! s'écria le général.

Et il me raconta dans quelles circonstances singulières il était devenu le parrain de Gaston.

— Donnez-moi son adresse, conclut-il, j'irai le voir demain.

Dès le matin Gaston fut prévenu par moi, et en effet, dans l'après-midi du lendemain, il reçut la visite du comte et du baron à son atelier du boulevard Clichy.

Le général, avec sa bonne grâce de gentilhomme, l'aborda, se fit connaître, et coupa court aux explications en lui tendant les deux mains.

Il fut convenu que Chanly ferait le portrait du baron

XXII

L'ISOLÉE

De la première partie de sa vie passée auprès de la princesse avec une situation en quelque sorte subalterne, Hélène van Hove, devenue comtesse de Cermont, avait conservé, dans l'affranchissement que donne la richesse, une grande activité de vie morale. Le spectacle des adulations intéressées, des trahisons discrètes, des abandons d'amitié déguisés sous le couvert d'une ronde franchise ou de la simple plaisanterie ; les intrigues d'ambition, toutes les lâchetés de cœur inévitables aux abords des cours et dont elle avait été témoin, qu'elle avait vues, touchées, pressenties ou devinées, qui s'étaient offertes à la précoce pénétration d'une fille intelligente, pauvre et sans mère, c'est-à-dire forcée de puiser en elle-même des armes pour la lutte sociale; les conditions aussi dans lesquelles son mariage s'était fait, cette disproportion d'âge si considérable et que lui avait imposée son état de fortune ; tout ce désenchantement prématuré, et cette circonspection de tous les instants à laquelle elle s'était astreinte lui avaient laissé, avec un fond d'amertume, une tristesse des choses, une sévérité de jugement sur les hommes, une disposition générale de l'âme qui n'atteignait point son humanité, ni sa charité, ni la bonté de son cœur, mais avait imprimé à son être moral un pli déjà invétéré d'habitudes quasi douloureuses, une passibilité excessive et par suite un excès de tendance à l'isolement intérieur.

Par contre, elle possédait une trop parfaite expérience du monde et une force de volonté trop ferme et sûre de soi pour ne pas réagir, au moins extérieurement, contre cette disposition et en rien laisser voir dans sa manière d'être. Elle était donc d'autant plus enjouée en apparence, d'autant plus aimable, agréable dans ses relations, affable avec tous, camarade avec toutes et bonne enfant. Cela lui était assez facile, puisque son mariage l'avait dispensée de toute ambition personnelle ultérieure, et que désormais elle ne gênait le jeu de personne.

Sous cette bonne grâce d'humeur dont elle se faisait un devoir social, ne fût-ce que pour complaire à son mari qui avait trouvé en elle une maîtresse de maison digne de sa grande fortune, la jeune comtesse, outre sa légère misanthropie causée par les circonstances, cachait une âme romanesque. Volontiers elle se repliait sur elle-même, n'ayant point d'amie de son âge dont le cœur fût ouvert au sien, dont la tendresse s'offrit à sa tendresse.

C'est qu'elle n'avait guère rencontré dès l'enfance, aux catéchismes des paroisses riches de Paris, que de vives compétitions de places, de dignités, et des rivalités de toilette. Pour elle la religion était la pratique d'un devoir honnêtement cultivé; elle y apportait la même droiture calme, la même exactitude, la même ponctualité qu'à tous ses autres devoirs, mais rien de plus, et n'y trouvait aucun refuge, aucun recours dans ses heures d'intime défaillance.

L'église ne lui apparaissait point comme essentiellement différente d'une salle d'opéra. On y entrait à peu près du même pas; elle y reconnaissait les même visages, les mêmes petits coups de tête, les mêmes sourires peut-être un peu plus discrets, les mêmes saluts du bout des doigts gantés, tenant le livre de messe au lieu de l'éventail, les mêmes froissements de soie, les mêmes tapis, les mêmes lumières, des statues, de la peinture, de la musique; seulement il n'y avait pas de vestiaire, on était en robe montante et l'on y voyait moins d'hommes.

Néanmoins elle s'y recueillait.

Sans se l'être dit d'avance, cédant à l'inclination naturelle de son esprit, dans le bourdonnement des offices et des longs sermons, dans les parfums de cire et d'encens, aux bruissements harmonieux des grandes orgues, aux chants de la maîtrise, aux soli des ténors, aux frappements de hallebarde des suisses, aux « Pour l'entretien de l'église ! » des quêteurs en surplis, aux « Pour les pauvres ! » des quêteuses en robe de velours : se levant, s'agenouillant, se relevant, s'asseyant, ouvrant son porte-monnaie quand et comme il le fallait, elle s'abandonnait cependant avec une inconsciente sensation de repos, de douceur, de bien-être moral, de quiétude de l'âme et du corps, à la pente de ses méditations sur elle-même, sur la futilité de la vie mondaine, sur le néant de sa propre existence si occupée, si remplie et si vide à la fois.

Dans le petit pays où elle passait une partie de l'été, en cette humble église de Veulettes, avec son badigeon jaunâtre empâtant les délicatesses et les curieuses inventions décoratives des artistes du treizième siècle, avec ses basses nefs inachevées, sa haute nef ébranlée, ses statuettes barbares grossièrement enluminées, coiffées de couronnes de fausses fleurs poussiéreuses et déteintes, avec ses recoins où l'araignée tapissait sa toile en paix, avec son carrelage humide, verdi, rompu, avec son plain-chant ânonné à contretemps par deux ou trois voix détonnantes, avec ses chantres revêtus d'ornements piteux portés d'une façon ridicule, avec son vieux prêtre, fils de paysan, resté paysan, qui, aux vigiles des fêtes, secouait de ses mains consacrées le pauvre tapis usé de l'autel : là, faut-il le dire ? elle trouvait Dieu plus près d'elle que parmi les somptuosités de la Madeleine.

Ce n'est donc pas dans le sentiment religieux qu'elle avait puisé la force de résister aux tentatives de séduction qui ne pouvaient manquer de se multiplier auprès de la très belle et très jeune femme d'un homme de soixante ans. Mais elle se souvenait. Elle n'avait pas oublié que ces mêmes hommes qui l'entouraient désormais de leurs assiduités, qui prodiguaient devant elle les hypocrites grimaces de l'adoration, qui jouaient avec une habileté à s'y méprendre leur rôle de soupirants et mimaient la passion en comédiens consommés, l'avaient parfaitement dédaignée alors qu'elle était fille à marier et sans dot.

En outre, la comtesse Hélène avait dans l'âme un fonds d'honnêteté, de droiture que rien ne semblait pouvoir entamer. Était-elle vertueuse au sens chrétien du mot ? Elle l'ignorait elle-même, n'ayant jamais eu à lutter contre un penchant personnel, n'ayant point connu les belles approches, la fascination, la fausse douceur du péché.

Ces jeunes gens qui l'accompagnaient de leurs galanteries, elle les jugeait comme d'aimables cavaliers, d'agréables danseurs, des causeurs spirituels, mais vains, légers, superficiels, diseurs de riens ou médisants, car l'esprit ne va point sans méchanceté, inutiles à eux-mêmes et aux autres, et ne valant pas, dans toute leur jolie personne, la centième partie de ce qu'était ou avait été le général de Cermont, cet homme si aventureusement prodigue de toutes ses forces, de son intelligence, de son audace, de son courage, de sa fortune, et qui goûtait auprès d'elle, par elle, en elle, la quiétude légitime d'un corps vieilli avant l'âge, sans doute, mais usé dans une activité noble et nullement dans l'écœurante et niaise banalité de ce qu'on nomme les plaisirs.

Femme maintenant, eût-elle pu se dire qu'elle aimât son vieux mari d'amour ? Se l'était-elle seulement demandé ? Oui. Certaines heures, désormais sans retour, de sa vie d'épouse lui avaient paru singulières à tout le moins, et avaient déposé dans sa conscience comme un limon d'humiliation. Cette épreuve même, peut-être, avait contribué à la détourner — à jamais, pensait-elle, — de toute propension pour les entraînements, les convoitises et les coulpes de la volupté. Elle en connaissait le mécanisme, hélas ! et n'y avait trouvé qu'une secrète honte à laquelle s'exposer de nouveau lui eût paru un attentat contre elle-même. En ces périls qui l'entouraient et la guettaient, que de sauvegardes encore ! primant tout, sa reconnaissance pour le comte qui lui avait donné son nom et l'avait affranchie des subordinations de la semi-pauvreté. Ce sentiment, cette gratitude, c'était cela l'amour. Oui, oui, elle aimait son noble époux. Elle l'aimait pour l'affection tendre et paternelle qu'il lui portait, pour toutes les attentions dont il ne cessait de l'envelopper, et, plus que tout cela, pour l'aveugle confiance qu'il lui témoignait. Eût-elle été d'humeur coquette, elle ne se fût pas permis l'apparence d'une coquetterie ni pardonné la plus petite, la plus insignifiante légèreté, rien qui pût troubler la généreuse sérénité du général.

Cette absolue confiance du comte en sa femme ne provenait point d'une sotte présomption chez cet homme qui avait trop pratiqué la vie sous toutes les latitudes pour être dupe de lui-même. Pouvait-il ignorer ce que les fatigues de la vie l'avaient fait ? pouvait-il oublier son âge, celui de sa femme ? Il n'oubliait rien, n'ignorait rien. Mais il avait vu Hélène enfant, déjà pénétrée d'honneur, pure de tout mensonge, affectueuse, tendre avec la princesse, avec sa mère, attentive au respect et aux égards envers son père; il l'avait retrouvée jeune fille, toujours la même, franche, loyale, bonne, dévouée et de plus merveilleuse de beauté. Il s'était dit qu'une telle jeune fille serait l'honnête femme de celui qui la monterait au rang pour lequel les qualités de l'intelligence et du cœur en même temps que cette beauté rare semblaient la désigner. Son expérience cosmopolite de la nature humaine ne lui avait-elle pas appris d'ailleurs que la femme ne puise ci ne trouve de défense contre elle-même qu'en elle-même ?

D'autre part, si la pratique des premières rencontres du mariage avait atteint chez la comtesse ce qu'il y a de plus délicat, de plus sensible, de plus susceptible de souffrir dans la mystérieuse dignité de la femme, la vérité est cependant qu'elle s'était méprise. Elle s'était fait illusion sur le sentiment que le comte lui avait inspiré. Dans sa chaste ignorance de l'amour, elle avait pu prendre pour de l'amour la douce émotion que lui avaient causée les égards, les attentions, la sollicitude d'un tel homme s'adressant pour la première fois à son cœur délaissé. Elle avait pu confondre avec un attrait plus puissant et ignoré l'inclination de sa sérieuse intelligence pour cet esprit sérieux. La curiosité de son cerveau romanesque avait été surprise par le héros très entouré, très fêté, de tant d'aventures peu communes. Il lui était venu quelque fierté de se voir ainsi remarquée, appréciée par un homme de cette valeur, qui l'estimait assez, pauvre et jusqu'alors dédaignée, pour solliciter comme une grâce de partager sa fortune avec l'isolée.

Aimait-elle son mari ? Qui le sait ? Mais à coup sûr elle croyait l'aimer.

XXIII

LA CRISE

Fin, spirituel, galant et, en raison de son âge, on peut dire galantin, conservant en son excellente mémoire une très riche bibliothèque de conteurs français qu'il savait citer à propos, possédant sur le bout du doigt les petits poètes de ce dix-huitième siècle libertin qui a fourni cependant de si grands exemples de passion : Desgrieux, Aïssé, Lespinasse; l'imagination vive et le verbe léger; chuchotant volontiers à l'oreille des femmes sur le retour des propos qui les faisaient rire, se renverser sur leur chaise et jouer la confusion derrière l'éventail; toujours rasé de frais et ne portant pas un poil de barbe; les cheveux, qu'il avait coiffés jadis en toupet, ramenés en touffes grises des deux côtés de la tête; les yeux lestes et malicieux, le nez busqué, plissé en long, la lèvre inférieure épaisse et conquérante; resté fidèle à l'escarpin, au pantalon gris perle, à l'habit bleu à boutons d'or et à larges basques, à la cravate blanche pliée haut et soutenant le menton : tel de première apparence était le baron van Hove, père de la comtesse.

Aux plaisanteries qui accueillaient ses citations poétiques, l'aimable épicurien ripostait :

> Loin de nous censeur hypocrite
> Qui blâme nos ris ingénus !
> En vain le scrupule s'irrite,
> Dans ma retraite favorite
> J'ai mis le buste de Vénus.

Il valait mieux pourtant que l'apparence.

Juriste éminent, son *Traité de droit international*, œuvre de sa jeunesse, faisait encore autorité dans les chancelleries. Il ne croyait qu'au droit et à l'honneur comme l'entend le monde, mais y croyait fermement ; c'était à ses yeux la vraie religion des peuples civilisés. Aussi, pour si peu qu'il fût intervenu dans l'éducation morale de sa fille, lui avait-il inculqué, à défaut d'autre religion, celle de l'honneur et du devoir.

Sans avoir rappelé la visite qu'il lui avait faite douze ans auparavant au faubourg Saint-Honoré, sans avoir évoqué le souvenir de la vision blonde, rose et blanche d'un dimanche de printemps, de Chanly acheva le portrait du baron dans le courant de l'année 1860 et l'exposa au Salon de 1861. Pendant qu'il y travaillait, la jeune comtesse, à plusieurs reprises, accompagna son père et son mari dans l'atelier du peintre. Elle n'avait conservé aucune mémoire de l'écolier, donna son avis sur la pose, fit quelques observations de détail, et finalement félicita Gaston en termes intelligents et sincères.

L'hiver suivant, elle le reçut à dîner deux ou trois fois pendant son séjour à Paris. Rendant les visites d'obligation, il se montrait de temps à autre aux grandes réceptions du dimanche à l'hôtel de Cermont. Il y allait plus volontiers quand, arrivé au terme de quelque rude travail d'éditeur ou d'un travail personnel important, il éprouvait, — c'était son expression, — « le besoin d'ouvrir les fenêtres de son cerveau et de renouveler l'air de ses idées. » A ces heures de besogne achevée, le plaisir lui semblait sain, la distraction une mesure d'hygiène; il considérait qu'il est sage alors d'accepter l'aliment que « l'extériorité » des choses apporte à l'esprit. Et puis, avait-il coutume de dire, l'homme de pensée, le producteur, artiste ou poète, doit faire de sa vie trois parts distinctes. Il a droit à deux parts pour lui-même, celle de l'esprit et celle du cœur; la troisième appartient à la société. Il doit être sociable, c'est-à-dire humain et habile. Il se doit à son cœur, c'est-à-dire à la famille, à l'amitié, à l'amour. Il se doit aussi à son œuvre, l'œuvre de son esprit et de son âme. C'est une triple action dont les parties sont solidaires dans leur fonctionnement. Le libre jeu de la dernière serait paralysé, entravé, si les deux premières ne fonctionnaient point ou fonctionnaient mal.

A de simples visites de politesse affectueuse s'étaient pourtant bornées les relations de Gaston avec la comtesse Hélène et avec son parrain, tant il craignait les empiètements du monde dans sa vie. Il répétait souvent en souriant la parole de saint Jean : « Mes petits enfants, n'aimez pas le monde. »

A cette même exposition de 1861, où de Chanly exposait le portrait du baron van Hove et un autre tableau conçu après une lecture d'Eschyle, les *Suppliantes*, Cabanel avait envoyé le portrait de la comtesse, une grande toile d'apparat, où elle était représentée en pied, vêtue de satin blanc et de dentelles, décolletée, chargée de diamants et de perles aux poignets, au corsage, aux oreilles et dans les cheveux. Ce portrait occupait la place d'honneur dans un vaste salon au rez-de-chaussée de l'hôtel, à Paris. Le comte désirait en avoir un second pour son château de Veulettes, et le voulait moins solennel. Il offrit à son filleul de le faire. Pour celui-ci, jeune et si peu connu encore, l'occasion était belle de se mesurer avec un peintre célèbre. Sans vanité, mais au premier moment avec une joie qu'il ne chercha pas à déguiser, il accepta.

Le général et la comtesse partaient pour Veulettes après le grand prix de Paris, du 20 au 25 juin. De Chanly fut invité à venir les rejoindre dans les premiers jours de juillet.

Gaston traversait alors une crise assez grave, un de ces relais de découragement que les plus vaillants rencontrent sur leur route, où parfois ils succombent.

Une lettre que je reçus à Rome, après un an de silence, m'émut assez dans ma vieille et profonde amitié pour que j'y répondisse avec quelque vivacité. Il m'annonçait de quelle bonne grâce il était l'objet de la part de M. de Cermont, et ajoutait :

« Tu vas m'accuser d'ingratitude envers la Fortune. Eh bien, je trouve que la vieille divinité est plus aveugle que jamais. Ce jour-là, elle avait posé un triple bandeau sur ses yeux. Il y a tant de gens à qui la commande de M. de Cermont eût fait plaisir. Mais moi... Au premier abord, parbleu, oui ! la proposition de ce bon général m'a flatté. En y réfléchissant, elle m'enchante infiniment moins. Mon parrain m'eût rendu un bien plus grand service en m'achetant à un bon prix d'amateur mon tableau des *Suppliantes*, que je vais vendre à l'Etat pour un morceau de pain. M. de Nieuwerkerke me l'a demandé d'une façon charmante; mais que veux-tu ? il y a tant d'artistes à satisfaire ! Et le budget des acquisitions est si misérable ! Pas tant que moi pourtant. Je me débats dans un essaim de mouches qui me harcèlent sans relâche; c'est le marchand de couleurs, c'est l'encadreur, c'est mon propriétaire, c'est... à devenir fou. Est-ce que les quatre sous que je gagne en dehors de la peinture, il ne faut pas que je les garde comme la prunelle de mes yeux pour payer mes modèles? Celles-là n'attendent pas, les pauvre filles ! Vrai, j'en ai par dessus la tête de cette vie-là !

« C'est trop longtemps lutter contre des difficultés de cette sorte.

« Pour comble de bénédiction, mon cher bon papa Cardan, qui est à même de surveiller les choses là-bas à Monville, par un vieil ami à lui, caissier chez le notaire de M. de Chanly, ne m'a-t-il pas l'autre jour appris que mon père vient de faire son testament. Mon père, comme santé, n'est ni mieux ni plus mal; il a donc cédé à la pression lente et irrésistible de sa femme. Il n'est pas probable que la mesure ait été prise à mon avantage, n'est-ce pas? Quand je vois ça, je suis presque tenté de demander la révision de mon compte de tutelle. Bon papa Cardan prétend que mon quitus présente un vice de forme. Mais je ne ferai pas cela. Il y a eu contrat verbal entre la Sigoulans et moi quand j'ai quitté le régiment. Elle a beau n'être qu'une coquine, et m'avoir joué, peut-être volé, je ne reviendrai pas là-dessus. Elle pourrait dire que, moi aussi, je suis un coquin, puisqu'elle a ma parole.

« Par moments, croirais-tu que je regrette le deuxième hussards? Je suis saturé d'ennuis, las des besognes que je suis forcé d'accepter, las des *illustrations* pour les éditeurs, las des portraits. Ces corvées ne me rapportent même pas le vivre et le couvert. Et puis le portrait... C'est vrai que ce serait bien beau... Oui, si on vous laissait libre de le comprendre comme une œuvre d'art, c'est-à-dire par le caractère, comme le comprenaient nos chers vieux portraitistes français. Mais je vois Largillière aujourd'hui. Ah bien ! on l'enverrait joliment promener avec sa grande et magnifique allure. — Allons, bonhomme, lui dirait-on, soyez correct, soyez convenable, soyez du monde ; pas de grands gestes, pas de mouvements, pas de vie, pas de naturel ! — On ne connaissait pas la photographie au dix-huitième siècle. Aujourd'hui, comme MM. les photographes ont peur de toute libre attitude, parce qu'elle se déforme dans leur appareil, ils ont donné aux bourgeois le goût du portrait gelé. Comme c'est gai pour nous ! Tiens : la comtesse de Cermont, voilà un portrait splendide à faire ; mais, tu verras, on voudra quelque chose de noble et de décent, quand en la prenant par le côté *vie*, on irait droit au chef-d'œuvre...

« Parole d'honneur, si c'est pour en arriver là que j'ai traité avec la Sigoulans, j'aurais mieux fait de rester soldat. Mon droit d'aînesse valait mieux que ce plat de lentilles. Mes anciens camarades ont eu la campagne d'Italie. Qui sait ? la chance me venant, j'y aurais peut-être laissé ma peau. Il est vrai qu'à la rigueur on n'a pas besoin de la balle d'un kayserlich ni de personne autre pour vous rendre ce petit service.

« N'est-ce pas trop bête aussi ! Voilà que j'ai vingt-huit ans, je suis écœuré des amours faciles,

> Je ne fais plus dans nos vallons
> Retentir le nom de Lisette,

comme dirait le galant baron van Hove, et il m'est interdit de regarder une honnête fille en face et de l'amener à mon foyer, puisque je n'ai pas de foyer et qu'au train dont vont les choses je n'en aurai jamais... Le diable m'emporte ! j'allais faire du sentiment !...

« Bonsoir ! »

Je lui répondis aussitôt. Je ne fis guère attention au dernier paragraphe de sa lettre. Ne comprenant pas alors ce que cette nature tendre et refoulée souffrait de la solitude pesante et de l'activité sans but de l'homme qui n'a pas de famille, il me parut en proie à une impatience maladive et dangereuse pour sa raison ; il me parut découragé seulement parce qu'il ne pouvait pas, aussi vite qu'il l'eût voulu, ouvrir toutes les issues à la foule des fantaisies puissantes qui se pressaient dans son cerveau d'artiste.

XXIV

LA ROUTE DE VEULETTES

« Mon cher Gaston, lui répondis-je, samedi, en achevant la lecture de ta lettre si triste pour moi qui te connais bien, j'ai été vraiment surpris et surtout très-affligé de ton abattement. Je reste inquiet. J'aurais voulu être à Paris, auprès de toi, te parler, te secouer. Comment! changé à ce point! Autrefois, ami, si atteint du spleen que tu fusses et si préoccupé d'argent, il te restait quand même je ne sais quelle flamme, un rayonnement de l'âme qui me rassurait. Qu'est-ce devenu? Rayonnement, flamme, pourquoi ce beau feu paraît-il obscurci et comme éteint? Qu'y a-t-il? Que se passe-t-il en toi ou autour de toi? Tu traverses un moment pénible, tu as des créanciers grincheux. Si c'est cela seulement, ce n'est qu'un moment à passer. « Plaie d'argent n'est pas mortelle ». Mais est-ce seulement cela?

« Jadis de telles difficultés eussent été un jeu pour ta vaillance naturelle. Oui, afin de faire face à des engagements excessifs, je te vois forcé d'accomplir des corvées qui ajournent tes grandes entreprises, la mise en œuvre de tes conceptions de peintre. Moi qui sais ce qu'elles sont, je comprends ce que tu souffres de ces retards. Oh! je n'a rien oublié de tes nobles rêves, de tes projets, de tes ambitions. Mais ce ne sont pas de tels ennuis, pour profonds qu'ils soient, qui t'eussent autrefois à ce point découragé. Tu ne te souviens donc plus que tu as soulevé des montagnes? Vainqueur déjà dans tant de luttes, tu n'as pas le droit de désespérer. Je fais appel à ta conscience, à ton énergie, à ta foi. Tu étais un croyant. As-tu perdu ta foi en la providence? N'as-tu plus foi dans notre art? Certes, je n'ignore point qu'en ces combats obscurs contre des choses ou des créatures misérables les forces physiques s'épuisent. Mais nos forces morales peuvent-elles ainsi se laisser entamer et amoindrir? Sont-elles à la merci des mauvais vouloirs d'un créancier ou d'une marâtre? Les artistes désintéressés roulent tous de ces rochers de Sisyphe; mais chaque fois qu'ils gravissent de nouveau la montagne, ils montent plus haut d'un degré, et encore plus haut. Eh bien, avons-nous autre chose à demander? N'avons-nous pas la plus belle part?

« Chalemel m'écrit que ton tableau des *Suppliantes* a paru superbe, vivant, frémissant au Salon. J'en connaissais l'esquisse. N'as-tu donc pas réalisé là quelque chose de plus que dans ta *Mort de sainte Madeleine* du Salon de 1859, remué de plus grandes masses, exprimé avec plus de passion un mouvement plus tragique ?

« On me dit que tu as obtenu la seconde médaille. Est-ce le moment de tomber ? Relève-toi donc. Et, de plus belle, au travail ! *Fata viam invenient* : les destins trouveront leur voie !

« Si tu souffres, si tu es triste : tristesse, souffrance, voilà des éléments de belle et bonne peinture. As-tu jamais cru, par hasard, que l'artiste était créé pour produire dans le bonheur et la sérénité ? Détrompe-toi ! L'illusion serait trop cruelle. — Mais non, tu sais aussi bien que moi que les grands artistes ont toujours payé cher les dons d'exception que Dieu leur a donnés. Ils sont plus que les autres hommes sensibles et sensitifs ; leur cœur et leur chair sont également passibles. Pourquoi ? Précisément parce qu'ils ont mission de traduire par le ciseau du statuaire, par la brosse du peintre, par l'orchestre du musicien, par la plume du poëte, les sentiments, les passions, les douleurs, les joies, les exaltations et les défaillances qui agitent, secouent, troublent et surexcitent l'humanité. Nous sommes comme ces héros et ces rois de tragédie en qui l'on veut, à tort, voir des héros et des rois pour de vrai, quand ils ne sont que des synthèses de la foule humaine.

« Or, pour exprimer les deuils et les ravissements de l'homme, il faut les avoir éprouvés, être en état de les ressentir, et, quand on les ressent, il faut qu'ils poussent dans notre chair jusqu'à l'aigu.

« Je t'aime assez, mon cher de Chanly, pour avoir le droit de t'écrire comme je le fais. Gaston, Gaston, veille sur toi ! Point de mélancolie. Malheur aux tristes ! La mélancolie n'est qu'une rêverie malsaine. J'aimerais mieux une bonne et franche colère que tes lâches regrets. *Facit indignatio versus*. La colère peut être héroïque, mais la tristesse... Les Werther, les René, les Adolphe, peux-tu me dire ce que ça a jamais fait de grand ? Prends donc le chemin de l'héroïsme, mon cher Gaston.

« Tu me diras que j'en prends, moi, bien à mon aise ; que l'hôte de la villa Médicis, choyé, gâté, libre de ses heures et de son œuvre, affranchi des soucis de la vie dans le présent et pour l'avenir, n'a pas qualité pour prêcher la résignation à autrui. Soit ! Et c'est peut-être bien ce qui nous manque, à nous autres, élèves de Rome. Car le plus souvent l'homme ne grandit qu'en raison des difficultés mesquines que la destinée sème sur sa route. Sans obstacles, pas d'élans. »

C'est le sort des correspondances ralenties par les longs parcours : Chanly, quand il lut cette belle épître farcie de latin, n'était plus du tout dans la disposition d'esprit qui l'avait motivée. Ma lettre le poursuivit sur le chemin de Veulettes, où elle arriva peu de jours après lui. Dans ce pays perdu se déroule désormais le roman de Gaston. Cette route de Veulettes, il la parcourut si souvent, dans des états d'âme si divers, qu'il en connaissait les moindres accidents.

C'est par le chemin de fer de Paris au Havre qu'on se dirige sur Veulettes. On descend à la station d'Yvetot. La route d'Yvetot à Veulettes est une des plus pittoresques du pays de Caux. Après avoir passé au-dessous de la ligne ferrée, elle atteint rapidement un fertile plateau où se succèdent les blés, les avoines, les colzas, d'immenses cultures parsemées çà et là de rares bouquets d'arbres abritant quelques mares, et de meules de blé, en septembre, offrant leur ombre au bétail épars dans les grandes plaines après la récolte. A de lointaines distances, et comme des lisières de bois diversement étagées jusqu'à l'horizon, l'on aperçoit les enceintes plantées d'arbres des fermes normandes. Au milieu du plateau, l'on traverse un village, et peu après on descend par une rampe très-adoucie, remplaçant l'ancien raidillon, dans une vallée profonde, au seuil de laquelle se trouve le gros bourg de Saint-Denis d'Héricourt.

Là, de la réunion de deux ruisselets, est formée la Durdent, un délicieux cours d'eau que la route suit désormais dans tout son parcours jusqu'à la mer. Il s'y jette au pied de la falaise qui ferme à l'orient la baie de Veulettes et, sans doute, a donné à la petite rivière son propre nom qui fait image : *Dure dent*.

Claires, froides, poissonneuses, glissant agiles et vives sur leur lit de vert cresson, les eaux de la Durdent reflètent, d'un côté, la bordure aux mille graminées et aux mille fleurs des vastes prés qu'elle arrose; de l'autre, les pentes rapides de hautes collines que recouvrent tantôt des taillis épais, giboyeux, remplis de battements d'ailes, de pépiements d'oiseaux, de bruits d'élytres, et tantôt ces hautes hêtrées si fréquentes en Normandie, et dont les longs fûts argentés, symétriquement, obliquement alignés, prennent dans leur perspective profonde, immobile et muette, le solennel aspect des nefs de nos cathédrales.

De place en place, le courant de la Durdent, étroit et fort, communique la vie à de nombreux moulins dont les roues baveuses font tourner les lourdes meules de pierre des meuneries et soulèvent en cadence les massifs pilons de bois des fabriques d'huile. Aux abords de Cany, après avoir promené et suspendu ses capricieux méandres dans le parc princier des Montmorency-Luxembourg, il alimente quelques filatures de coton pour reprendre aussitôt le charme doux, tranquille, tout agreste de sa diligente et joyeuse allure. Passé Paluel, à une lieue de Veulettes, les petits taillis, les hêtres, les chênes eux-mêmes abandonnent la Durdent à sa course affolée vers la mer. Sur la gauche, les prairies lui restent fidèles, et à droite, la route aussi qui côtoie désormais le versant des falaises aride et tout hérissé de joncs marins à fleurs d'or. Brusquement, enfin, le chemin se heurte à un énorme banc de galets en contre-haut, tourne à angle droit, franchit la rivière sur un pont dit le Pont-Rouge, au moment où elle s'engage en torrent dans la buse qui la conduit, à couvert, au niveau des marées basses. Puis, il file le long de la digue parallèle à la plage qui ferme la large vallée de la Durdent; il passe au pied du petit promontoire des Falaisettes et atteint l'estuaire d'une seconde vallée jumelle de l'autre, mais plus étroite et aussi boisée que celle de Cany, sa voisine, l'est peu, à cette proximité de la mer. C'est la vallée de Veulettes.

Veulettes est un petit port d'échouage qui commence seulement à être connu et recherché des amateurs de bains de mer. Il y a quinze ans, on n'y venait guère que des châteaux les plus rapprochés, ceux de Cany, de Vittefleur, de Janville, de Conteville, de Malleville, d'Auberville, de Saint-Martin-aux-Buneaux.

Au fond du vallon, et le dominant de toute la hauteur du coteau, s'élève le château de Veulettes. Sa construction date de la Renaissance, c'est dire, en pays normand, qu'elle a été faite en pierre et en briques de plusieurs tons calculés pour la décoration des pleins sur les façades. On voit de la mer la fine silhouette de ses pignons aigus, ses girouettes, ses cheminées, la grande fenêtre historiée de sculptures dont les hauts jambages escaladent le toit à pente rapide et soulèvent un vaste cadran. Deux pavillons carrés d'un style plus lourd ont été, dans la seconde moitié du dix-huitième siècle, ajoutés à l'élégant manoir, sans goût peut-être, mais d'une façon très utile pour l'exercice d'une vie large et somptueuse.

C'est là que M. et madame de Cermont passaient, chaque année, les mois de forte chaleur.

XXV

VILLÉGIATURE

En si peu de semaines, l'humeur de Chanly avait passé du noir subitement au rose. Quel charme avait opéré cette transformation ? Voici ce qu'il répondit à mes grandes phrases, et, en le lisant, je rougis un peu de les lui avoir écrites.

A Monsieur Jean Landry, pensionnaire de l'Académie de France, à la villa Médicis, Rome.

Château de Veulettes, 7 juillet 1862

« Mon cher Landry, brave homme, brave Jean.
« Merci de ta bonne lettre. Pour le quart d'heure, la crise est passée. Est-ce ton éloquence qui m'a guéri ? C'est bien possible, car tu n'y as pas épargné ta peine. Sans rire, ta prose et ton latin m'ont fait du bien. Ce n'est peut-être pas tant ce que tu

me dis que j'aime, que la manière dont tu le dis. J'y reconnais la chaleur de notre vieille amitié. Le fond du fond, si tu veux le savoir, c'est que, sans doute, j'avais besoin de quitter Paris et de mouiller un peu mes lèvres au sein de la mère Nature.

« Il n'y a pas de soucis qui puissent tenir devant les enchantements de cette coquette. La saison est fort belle. Aux premiers rayons du soleil, je pars en costume de flanelle, le béret sur les yeux, un fusil suspendu à l'épaule, emportant un très léger attirail de peintre, et je bats le pays. Je vais de préférence à la mer, mais bien souvent aussi je m'arrête au premier coin venu et peins tout bêtement ce que je vois, comme si je n'avais jamais fait que du paysage. Hier, c'était le petit chemin de l'église.

« Ça se compose drôlement, va, en une seule ligne diagonale qui coupe la toile en deux triangles, l'un de ciel, l'autre de terrains et de végétations. — Ombres de Bertin et de Bidault, augustes mânes du Poussin, toutes les lois du paysage historique y sont violées ! Figure-toi un petit gueux de sentier tout parfumé d'herbes mouillées, de pâquerettes et de bouses de vache, qui s'en va se promener avec un bon air tranquille, réjouissant à voir, tout au bas d'une grande colline montant en pente raide et portant, jusque dans le ciel, des tas de cultures maraîchères, des choux d'un vert puissant, de folles asperges, des carrés d'oseille à tige rose, et des coquelicots, des boutons d'or, des myosotis, des millepertuis, des chrysanthèmes et des buissons de roses sauvages. Le tout dévale de là-haut au grand galop et ne s'arrête qu'au bord de profondes excavations en forme de cavernes creusées au pied de la colline et qui donnent à mon petit sentier rustique un faux air Anne Radclife et Ducray-Duminil, romanesque à ce point que les larmes vous en viennent aux yeux. Au bout du chemin s'alignent des peupliers, des hêtres disposés en rideau, et dans les cimes, on aperçoit le clocher roman et l'arête de l'église posée sur la hanche du coteau. La lumière des premières heures empourpre le ciel et donne une valeur singulière à toute la riche gamme des verts humides.

« Un de ces jours, je ferai une étude de l'église elle-même, une très élégante bâtisse du douze ou treizième siècle, dont les bas-côtés n'ont jamais été construits. Si tu savais comme elle fait bien, perdue dans son nid d'arbres et dans son petit cimetière tout penché à ses pieds, rempli de grandes herbes et de fleurs qui enveloppent quelques rares croix de bois noir avec leur *Cy-gist* et leurs larmes blanches tout effacées. Ce sont des tombes de paysans et de marins. Quelques-unes sont entourées d'une ceinture de galets enfoncés debout et côte à côte dans la terre meuble par la main pieuse des veuves et des mères. Et puis, pour clôture, encore des broussailles chargées de liserons et de fleurs d'églantier. A travers tout cela, des escargots qui se traînent dans un sillage d'argent, des papillons qui volètent en emportant sur leurs ailes comme des reflets de vitraux, des oiseaux qui nichent, d'autres qui sautillent, d'autres qui gobent des mouches ou des vermisseaux, et, dans les hautes branches des hêtres, des corbeaux, des corbeaux, encore des corbeaux, toujours des corbeaux. Je n'ai jamais vu tant de corbeaux.

« Et la mer ! mon cher Landry. Je ne puis me rassasier de la voir ni de la poursuivre du bout de ma brosse en ses infinies métamorphoses. Tantôt je fais toute une étude avec une seule vague, une mousse d'écume, rien que du blanc ; tantôt je cherche son étendue sans limites, ses bleus profonds, ses verts couleur d'émeraude dans l'ombre portée par les nuées errantes, ses verts de laitue fraîche dans la lumière, ses violets d'évêque sur les bas-fonds, ses vols de mouettes tourbillonnant à la bouche de la Durdent, et ses nids de corbeaux, encore des corbeaux, aux falaises. Et celles-ci, qu'elles sont fières, avec leur belle ligne verticale toute striée, et leur teinte marneuse, dorée, roussie par places et comme ourlée, tout en haut, d'une frange de végétation verte, pâlie par l'été !

« J'y vais souvent aussi sur le haut des falaises ; tu verras ce que j'ai rencontré de motifs superbes parmi tous ces vallonnements, ces mamelons, ces bordures de joncs marins, ces échancrures au ton d'ocre, ces éboulis, ces coins de criques vus à vol d'oiseau, ces horizons de mer ceintrés en quart de cercle, où se promènent des fumées de steamers, où se suspendent les toiles blanches des grands voiliers ou la misaine rousse de quelque barque de la côte.

« A onze heures, je m'arrache à ce spectacle, qui ne me lasse jamais, et reprends le chemin du château, où je me retrouve avec le comte et la comtesse de Cermont pour le déjeuner, à midi.

Il n'y a personne encore que moi à Veulettes, et il n'y aura pas grand monde cette année ; un petit deuil a empêché les réceptions habituelles plus bruyantes. On attend d'un jour à l'autre le père de madame de Cermont, et, dans quelques semaines, un président de cour à Rouen avec sa femme.

« Le général entretient une fort belle écurie. Après le déjeuner, nous sortons tous ensemble, qui à cheval, qui en voiture ; on revient par la plage où mon parrain a fait installer deux grandes cabines, et l'on se baigne.

« Dans la soirée, M. de Cermont lit les journaux ; sa femme travaille à une tapisserie qui n'en finit plus ; moi je dessine, je tapote au piano où quelquefois je décide la comtesse à prendre ma place. Alors, c'est une bonne fin de journée pour moi, car elle est vraiment musicienne, ma petite marraine. Mes hôtes sont charmants.

« Le portrait n'est pas encore commencé, j'arrive ; mais j'étudie mon modèle. J'espère qu'on me laissera faire un peu à ma tête.

« Bref, mon vieux Jean, me voici remonté, au moins pour quelque temps. C'est la mer, cette folle agitée, qui a calmé mon agitation et ma folie, et la bonne maman Nature, *alma parens* (à latin, latin et demi), qui m'a donné le tour de clé dont j'avais besoin. »

Gaston terminait sa lettre en me parlant de moi et s'informant de mes propres travaux.

Cette douce vie, en ce milieu d'affectueuse cordialité, de quasi-parenté, lui fut excellente.

Les jours passaient sans incident. Ni par le général, non plus que par de Chanly, ni par la comtesse, il n'avait été fait la plus lointaine allusion au déjeuner du 1er mai 1859, aux Champs-Elysées. Ce n'est pas que Gaston n'eût reconnu madame de Cermont. Il l'avait trop regardée de ses yeux de peintre, ce jour-là, pour jamais l'oublier. Mais si l'admiration qu'il éprouvait pour sa beauté n'avait rien perdu, tant s'en faut, à ce qu'il approchât la jeune femme de plus près, elle n'avait point, pensait-il, dépassé les limites d'un jugement tout plastique et pittoresque. A ce sentiment désintéressé ne se mêlait aucun alliage. Le respect, interdisant l'espérance, est exclusif de l'amour. Or, la comtesse, par son caractère, et le général par son âge, par sa bonté, par la virilité de son existence imposaient à Gaston une déférence égale. Jamais il n'avait arrêté ses regards sur madame de Cermont à la façon de la plupart des hommes. Non-seulement sa délicatesse naturelle et sa probité auraient envisagé avec horreur la possibilité de trahir son parrain, mais encore si quelque pensée révoltait sa conception de l'amour, c'était l'idée de partage. Le péché damnable entre tous, le double péché, contre le prochain et aussi contre soi-même, par la souillure consentie qu'il suppose, péché de l'âme et du corps, c'était, à ses yeux, l'adultère.

N'étant point marié, Gaston n'était pourtant pas un ascète. Si le démon de la chair lui faisait sentir la brûlure de son intolérable aiguillon, il l'éteignait, honteux, furtif, dans les eaux mercenaires, et en restait pour quelques jours triste, sombre et muet. Cela n'avait rien de commun avec l'amour.

En amour, n'admettant pas de composition, de Chanly, parmi les hommes qui approchaient la comtesse, était le dernier qui jamais aurait mêlé la jeune femme à la sanie des malsains désirs.

On causait beaucoup à table. Le général volontiers se laissait mettre sur le terrain de ses aventures de jeunesse; mais il ne se faisait point, dans ces anecdotes, la plus large part et aimait à citer les enthousiasmes, les folies dont il avait été le témoin. Un jour, la conversation étant tombée dans cet ordre de sujets, M. de Cermont commença de raconter avec complaisance le toast du 1er mai au Moulin-Rouge. Gaston qui, dans sa droite conscience, n'avait aucun motif de rien dissimuler, termina le récit : — Et je levai mon verre en disant : « A la beauté vivante ! »

— C'était vous ! s'écrièrent en même temps M. et madame de Cermont.

— C'était moi.

La comtesse rougit. Gaston le remarqua, et, en dedans, il fit : — Tiens ! — et n'y pensa plus.

La comtesse aussi remarqua qu'elle avait rougi; mais rentrée chez elle, le soir, elle y pensa.

XXVI

PREMIER TROUBLE

Ce fugitif incident, de si petite apparence, modifia du tout au tout les rapports de Gaston et de la comtesse Hélène, non point — d'une façon très-sensible au moins — leur attitude extérieure, mais cette disposition réciproque, ce mode secret de communiquer d'esprit à esprit, cette façon d'être intérieure qu'on ne saurait définir ou démontrer, que chacun néanmoins comprend et qui ne se révèle pas avec une moindre clarté pour ne se lire que dans les yeux. Dès lors, lui, qui ne l'avait jamais regardée qu'en artiste, l'observa. Elle, confuse de sa confusion de la veille, songea pendant un moment à lui témoigner quelque froideur, à l'éviter même, à lui marquer du mécontentement comme s'il lui avait causé un grave déplaisir; mais ne s'arrêta pas à ce projet et bientôt même se reprocha d'avoir pu seulement en concevoir la pensée.

Ce ne serait pas le moyen de remédier aux choses, pensa-t-elle, mais bien celui de les aggraver en leur donnant une importance ridicule. Etait-il possible qu'il y eût là rien de plus qu'une enfantine ingénuité de sa part, à elle? car, lui, à coup sûr, n'avait pas remarqué sa rapide émotion. Et quand bien même il s'en fût aperçu, qu'en pouvait-il induire ? Le cœur d'Hélène avait résisté à toutes les attaques, le fait était notoire. Sa façon très-simple, très-naturelle, mais non moins nette et formelle de couper court aux galanteries par un mot prompt, décisif, dit sans aigreur, était connue et ne lui avait pas fait un ennemi. Les prétendants, rebutés à la première approche, lui savaient gré de ne les avoir pas laissés s'engager assez avant pour que la défaite les blessât dans leur amour-propre. Pas un homme n'ignorait que lui rendre des soins dans une intention de galanterie c'était perdre sa peine. Jamais, d'ailleurs, le jeune peintre ne l'avait, de si loin que ce fût, considérée autrement que comme une cliente affable que l'on ménage, et comme une hôtesse qu'on entoure d'égards.

Et puis, continuant son monologue intérieur, elle ajoutait : — C'est un être mélancolique par nature, peu attentif à autrui, indifférent à tout ce qui ne se rapporte pas à l'un de ses deux arts de prédilection, la musique et la peinture. Quand je me mets au piano, il est vrai, soit que je lise une œuvre de maître ou que je chante, il se tient auprès de moi, assis ou debout, attentif à tourner les pages, paraissant goûter profondément les compositions que j'interprète, mais n'attacher qu'une médiocre importance au mérite de l'interprétation. Il ne m'a jamais fait un compliment. — Que c'est beau! murmure-t-il parfois, mais il se parle à lui-même, il pense à la musique et non à mon jeu. La première fois qu'il m'a vue, le soir, dans l'intimité, il m'a bien demandé : — Vous êtes musicienne, madame ? — La question fut prononcée sur le ton de la plus parfaite convenance, j'y ai reconnu pourtant un fond de goguenardise et d'absolu dédain pour l'éducation musicale des femmes du monde. Je me suis assise au piano en lui montrant la bibliothèque et lui ai dit pour toute réponse : — Avez-vous une préférence ? — Il a parcouru du regard le dos des grands volumes reliés, a posé sur le pupitre les sonates de Beethoven et ouvert le livre à la page de l'*Aurore*. Croyait-il m'embarrasser ? Puis il est allé s'asseoir dans un fauteuil profond, à l'autre bout du salon, loin des lampes. A l'admirable chant des basses de l'*adagio*, — je l'ai bien vu dans la glace, — il s'est levé et a commencé d'arpenter la pièce en large et en long. A la grande chute des octaves du *prestissimo* que j'ai glissées sur les touches dans ce mouvement vertigineux, et à la longue chaîne de trilles qui suit, — il paraît que ça commençait à l'intéresser, — il a jeté un coup d'œil sur le clavier, s'est planté debout derrière ma chaise et n'en a plus bougé. Ce foudroyant finale terminé, les derniers accords plaqués, il a d'un souffle éteint les bougies, fermé l'instrument et dit: — Plus rien ce soir, n'est-ce pas ? — J'ai trouvé sa façon de dire et d'agir un peu bien familière, mais j'ai compris que dans le fait ces quelques mots, venant de ce passionné de musique, étaient le plus grand éloge qu'il fût capable d'adresser à un être inférieur comme la femme. Il voulait prolonger dans le silence, frémissant encore de cette toute-puissante création du maître, la pleine et savoureuse sensation d'une chose parfaite que mon jeu lui avait fait goûter.

Une autre fois, dans la conversation, il a jeté cet axiome : « Il n'y a de talent que celui qui se confond avec l'œuvre du compositeur. » Et ce paradoxe : « Le virtuose vit aux antipodes du musicien. » Et cet autre encore plus violent : « Il n'y a pas de musique difficile. » Tout cela aussi, c'est une manière de louange à mon adresse. Mais sorti de ses milieux d'étude favoris, s'il se prête en galant homme aux obligations mondaines, il ne s'y abandonne pas et paraît toujours y échapper avec un visible plaisir.

Enfin, murmurait madame de Cermont, c'est une sorte de sauvage, ce monsieur, un sauvage policé chez qui le vieil homme se trahit par son amour de la solitude et par son indifférence au monde. Avait-on jamais vu bizarrerie pareille à la sienne? Il n'avait rien, mais rien de cette peur qu'ont la plupart des hommes de penser ce qu'ils sont seuls à penser.

Et elle l'en estimait davantage. Ce qui ne l'empêcha pas, ce matin-là, de répéter à plusieurs reprises : — Décidément, c'est un sauvage, un vrai sauvage ! — Et elle se prit à rire toute seule de ses scrupules et de ses appréhensions.

Pendant qu'elle se livrait à cette analyse, la comtesse, en déshabillé Watteau de cachemire rose à rayures bleu cendré, une ruche de tulle au col et aux poignets, un chapeau de paille de riz sur la tête, fourrageait de ses mains gantées et armées de longs ciseaux parmi les plates-bandes, les massifs de fleurs et les buissons du parc. Elle jetait dans une corbeille, au fur et à mesure, les roses, les plantes à feuillage coloré, les branches fines et souples, les ronces mêmes et les lianes qu'une à une elle détachait.

Le drôle de garçon! poursuivait-elle dans sa pensée. Il est d'une superbe indifférence à l'égard de l'opinion. Et elle se rappelait ce qu'il lui avait donné à entendre un jour : que ce dédain de l'opinion lui venait de son dédain de la vie et de la mort, de l'oubli profond où tombent ceux qui ne sont plus. — Vous imaginez-vous, lui avait-il dit, l'énorme empilage des morts ignorés, oubliés depuis l'apparition de l'homme sur la terre? Quelle trace en ce monde ont laissée les larmes des mères pleurant le jeune batelier du Nil dévoré par un crocodile sacré sous les yeux du pharaon, le Parthe frappé par le glaive du centurion au défaut de sa cuirasse imbriquée d'écailles de cuivre, le marchand phénicien mourant pour n'avoir pu faire honneur à ses engagements, le laboureur du Latium, ruiné par l'invasion des barbares, l'orfèvre gaulois réduit à l'esclavage par la conquête romaine? Avez-vous calculé les erreurs d'optique de l'opinion? Est-ce qu'elle n'a pas le plus souvent accordé la pourpre des héros aux scélérats de l'antiquité et les palmes de l'historien aux pamphlétaires, aux faussaires de l'histoire? — C'est pour cela, sans doute, qu'en ce qui le concerne, l'injustice ne le touche pas.

Sa moisson faite, la comtesse gravit de son pas

léger les degrés du perron. Sa décision était prise. Elle commença de garnir elle-même les brûle-parfums en bronze oriental, les cornets du Japon, les jardinières de Deck, les hottes de jonc doré, les mannes de paille de Panama ornées de passementeries rouges, et les **vases de faïence** de toutes fabriques, disposés à cet effet dans les **trois salons** et dans la salle à manger du château. L'œuvre achevée, elle se dit : — Décidément, je ne changerai rien à ma manière d'être vis-à-vis de lui.

En cette âme droite, pourtant, il demeurait une vague inquiétude.

— Pourquoi avait-elle rougi ? — Combien plus encore son trouble eût été grand et justifié si elle se fût aperçue que dans le mouvement de ses pensées, Gaston était déjà *Il* et *Lui*, et non plus M. de Chanly.

Malgré qu'elle en eût, la comtesse ne fut plus la même dans ses rapports avec Gaston. A force de vouloir être naturelle, le naturel contraint se déroba ; sa verve était feinte, son enjouement affecté, son entrain excessif. Elle le reconnaissait et en prenait du dépit contre elle-même et contre lui. Pour dissimuler son embarras, elle déployait une liberté d'esprit telle qu'elle se montrait plus libre qu'elle ne l'eût été l'étant réellement.

Gaston n'était pas un sot. Il n'avait pas été sans remarquer la transformation qui s'était accomplie dans l'humeur de madame de Cermont. La comparant à ces eaux courantes dont la coloration paraît différer selon qu'elles glissent sur un lit de gravier ou sur une litière de plantes aquatiques :

— Sur quel fond passe cette âme ? se disait-il.

Gaston n'était pas un fat. **Il ne croyait** en aucune façon entrer pour la moindre part dans le **changement** d'attitude de la jeune femme. Tout au plus supposait-il, sans penser qu'il fût si près de la vérité, que la comtesse considérait sa propre situation comme un peu fausse en présence du jeune homme qui avait rendu à sa beauté un hommage public auquel fugitivement elle avait répondu : — fugitivement, mais répondu.

Lui qui, jamais peut-être, n'avait vu dans la comtesse qu'un admirable modèle, vit en elle désormais la femme. Il emportait son souvenir avec lui dans ses excursions matinales et, aux heures de la vie en commun, la retrouvait avec une inconsciente émotion de plaisir.

Il aimait dans la femme la mobilité, la nuance. De ce moment, Hélène lui apparut sous cet aspect séduisant et nouveau. Pensant au portrait qu'il devait exécuter, il le comprit tout autrement qu'il ne l'avait fait jusqu'alors.

XXVII

UN CŒUR QUI BAT

Avant que madame de Cermont quittât Paris, Gaston l'avait accompagnée chez Carjat, qui laisse gracieusement les peintres donner eux-mêmes la pose à leur modèle et l'éclairer à leur guise. L'épreuve obtenue, avec intention, dans la mesure d'un portrait-carte et agrandie sans retouche au quart de nature, devait être pour Chanly un document précieux. Longtemps attendu, le grandissement enfin arriva. Comme la toile était prête, Gaston aussitôt y mit le portrait en place, le dessina, et même le massa légèrement au fusain, en ne s'aidant que de la photographie et de sa mémoire à toute heure ravivée par l'observation. Mais la comtesse, qui maintes fois s'était plainte du retard de Carjat et se montrait impatiente que Gaston se mît à l'œuvre, dès lors n'en parla plus, ne manifesta aucune complaisance à répondre aux invites de Gaston à ce sujet, aucun empressement à voir son travail préparatoire, et parfois sembla prendre un malicieux plaisir à déjouer l'étude discrète qu'il faisait de son modèle. Et ce n'était pas, en dépit des apparences, caprice de femme abandonné pour n'avoir pas été réalisé à son heure ; encore moins était-ce manœuvre de coquetterie.

Cette situation anormale se tendait de plus en plus chaque jour. Aux promenades de l'après-midi, tantôt elle l'évitait, ne lui adressait pas la parole, ne tournait même pas la tête de son côté, puis le raillait de son silence ; tantôt elle le poursuivait de fougueuses interrogations sur toutes choses, cherchant à le mettre en défaut, à le surprendre en flagrant délit d'ignorance ou de maladresse ; tantôt encore elle le provoquait à de folles luttes de vitesse dans les chemins abrupts et pierreux qui descendent des hauteurs dans la vallée, ou bien se blotissait, paresseuse, alanguie, muette, dans une encoignure du landau, et se cachant le visage avec son ombrelle pour qu'il ne pût seulement la voir. Bref, elle l'occupait d'elle et était occupée de lui.

La langue anglaise possède un mot topique et qui nous manque pour exprimer l'état de mobilité intérieure où se trouvait la comtesse. Elle était exactement *unsettled*.

Dans le dernier siècle, le port de Veulettes recevait à l'échouage environ cent cinquante barques appartenant à des pêcheurs du pays. Au retour, l'animation était grande sur la plage. Coiffées du bonnet de coton traditionnel dans la contrée, la poitrine libre sous la chemise de toile grossière, filée à la main aux veillées d'hiver, ou, selon le temps, revêtues d'un épais gilet en tricot de laine ; un court jupon de cotonnade ou de drap rouge, ou de cette rude étoffe rayée blanc et brun qu'on nomme *café* dans le pays de Caux, battant sur leurs jambes, tantôt nues, tantôt couvertes de gros bas drapés ; les pieds chaussés d'énormes sabots ; les bras fixés aux longues barres des cabestans : les femmes tournaient par troupes, d'un pas lent, rhythmé par un chant continu, monotone, et hâlaient toutes les barques sur le galet, hors d'atteinte de la haute mer. Une tempête d'équinoxe d'une extraordinaire violence en jeta plus de cent à la côte. Sous l'Empire, la conscription maritime en diminua le nombre encore ; l'embauchage des armateurs du Havre et de Dieppe en supprima depuis plusieurs autres ; peu à peu le reste se dispersa ; il n'en reste plus que deux : l'*Étoile* et les *Deux-Frères*. La barque les *Deux-Frères*, au bordage rouge encadré de filets noirs, appartient aux deux frères Bénard, qui en savent long sur l'histoire de Veulettes, et l'*Étoile*, avec son bordage blanc encadré de filets verts, au père Beuzeboc, qui avait pris comme mousse son petit-fils, un gamin de dix ans, orphelin, le père étant mort à la grande pêche, « au banc », c'est-à-dire à Terre-Neuve.

Pendant le séjour du général à Veulettes, les deux barques étaient souvent employées par le « château ». Une couche de goudron et de peinture, dont elles avaient grand besoin après le dur labeur de l'hiver, leur rendait, pour la saison d'été, l'aspect élégant des barques de plaisance. Prévenus la veille, les Bénard et Beuzeboc se tenaient prêts, les domestiques apportaient des tapis, des provisions pour le lunch. La comtesse avait adopté l'*Étoile,* à cause de l'enfant; le général, les *Deux-Frères.* Ils emmenaient chacun avec soi une égale partie de leurs hôtes, et l'on partait. On allait selon le vent, soit à Saint-Valery ou à Veules, soit aux Grandes ou aux Petites-Dalles, quelquefois même à Fécamp, ou simplement au large, où l'on restait deux ou trois heures. La comtesse Hélène, qui ne manquait jamais à ces promenades et souvent les provoquait, y apportait quelque courage. En effet, elle ne s'y sentait pas le cœur d'une fermeté à toute épreuve, et si elle avait jusqu'alors échappé au mal de mer, c'est que le général choisissait avec précaution les jours et les heures. Mais cette inquiétude même excitait l'énergie de la jeune femme, qui n'était pas et ne voulait point paraître « une petite maîtresse ». Si résolument qu'elle bravât ce léger péril d'amour-propre, — et elle y mettait une absence de coquetterie rare chez une jeune femme, — elle devait pourtant, un un jour ou l'autre, être vaincue par quelque caprice de la grande inconstante, et le fut à peu de temps de là.

A cause de la marée on prit la mer, un matin, à dix heures. A midi on débarquait à Saint-Valery. Après avoir déjeuné à l'*Aigle-d'or,* on alla à pied aux bois d'Étennemarre, et on embarqua de nouveau pour le retour, vers quatre heures. On était en retard de cinquante minutes. En venant de Veulettes, Gaston montait les *Deux-Frères* avec le général et un vieil ami de la maison, M. Lecarpentier, président de cour à Rouen, arrivé depuis quelques jours au château. Le baron van Hove accompagnait sur l'*Étoile* sa fille et la présidente. Pendant toute la durée du trajet, il persécuta madame Lecarpentier de ses réminiscences poétiques :

> Je tressaille au bruit de la rame
> Qui frappe l'écume des flots,

lui disait-il,

> J'entends retentir dans mon âme
> Le chant joyeux des matelots...

Au départ de Saint-Valery, les Bénard et Beuzeboc pressaient l'embarquement. La mer, qui baissait, s'était déjà retirée assez loin sur cette plage unie et plate. Le général fit monter dans l'*Étoile* la comtesse et le président; mais, comme il fallait pousser la barque à flot à force de bras, par à-coups successifs, en profitant de la lame, et comme Beuzeboc était seul avec son mousse, Gaston se prêta à la manœuvre et ne sauta dans l'embarcation qu'au moment où il eut de l'eau à mi-jambes, alors qu'il ne suffisait plus que de trois ou quatre poussées désormais faciles pour rendre à l'*Étoile* son tirant d'eau. De leur côté, les Bénard, exécutaient la même manœuvre pour les *Deux-Frères*, où se trouvaient le général avec le baron et madame Lecarpentier.

> Fuyons ces lieux, ô maîtresse adorée !

disait le baron.

On partit d'abord à la rame, puis on mit à la voile. Le vent, qui s'était levé de l'ouest, soufflait debout et devint bientôt assez fort pour contraindre les marins à prendre des bordées. Sans être mauvaise, la mer moutonnait, la lame grossissait et se soulevait puissamment; le président ne résista pas longtemps, et, succombant à l'angoisse du mal de mer, il se courba de toute sa longueur, les bras appuyés au bordage, et demeura comme mort pendant le parcours de la petite traversée.

A la hauteur de la crique de Succettes un brouillard épais s'abattit sur la Manche, enveloppa les deux barques d'une façon si complète qu'elles se perdirent de vue. La comtesse Hélène, immobile, une couverture de voyage sur les genoux, et le buste enveloppé dans un grand châle à carreaux écossais qu'elle avait remonté en mantille au-dessus de sa tête, était posée sur un pliant, de manière à faire face à la brise, et aussi rapprochée que possible de l'avant. Sur la banquette de l'avant, précisément, Gaston se tenait assis et adossé au petit mât de misaine. Il était donc très près, vis-à-vis d'elle, et, sans affectation, la surveillait. Tout à coup, visiblement elle pâlit. Sa petite main dégantée se porta d'un geste machinal à son front mat où perlait une légère rosée et en écarta une flamme de cheveux que le vent sans cesse y ramenait. Ses paupières se fermèrent abaissant leurs longs cils blonds sur les joues décolorées et masquant ses yeux clairs. Ses lèvres charnues et d'ordinaire pourprées, violettes alors, se serrèrent dans une légère crispation. Elle défaillait. L'angoisse, à son tour, la gagnait. Subitement, par un retour de volonté, rejetant le châle en arrière, laissant glisser la couverture à ses pieds, elle se dressa toute droite au vent de mer, les vêtements collés au corps et fouettant derrière, le buste incliné, elle aspirait l'air à pleins poumons. Mais bientôt elle chancela, et Gaston, qui s'était levé frémissant, la reçut dans ses bras.

Il la déposa avec une inquiète sollicitude sur les tapis qui garnissaient le fond de l'embarcation. La soutenant de la main gauche, il ramena la couverture et le châle sur son corps inerte, se rassit, appuya la tête de la jeune femme sur ses genoux et la tint ainsi jusqu'à Veulettes. Il était ému d'une profonde, silencieuse et fraternelle compassion.

En vue de la plage et près de terre, la mer était moins forte, la lame plus longue s'étalait à plat, l'*Étoile* ne tanguait plus. La comtesse respira d'un souffle moins oppressé, plus égal. Le sang affluant de nouveau glissa de fines lueurs roses dans les pâleurs nacrées de son teint, et rendit à ses lèvres une vie généreuse. Mais les yeux clos ne s'ouvrirent point, et la main de Gaston posée sous le bras de la jeune femme resta dans cette tiédeur, prisonnière sur son cœur qui battait.

A un léger effort qu'il fit pour se dégager répondit une sensible et comme instinctive étreinte — sans doute un mouvement de convalescente — pour retenir sa main.

Quand portée par une dernière vague, l'*Étoile* heurta de l'avant contre le galet de Veulettes, la comtesse ouvrit enfin ses yeux, des yeux très doux, attendris, heureux, lissa ses cheveux de ses deux mains à plat, se leva lentement, poussa un soupir, puis sauta leste sur la plage où Gaston, qui l'avait déjà précédée, lui tendait l'avant-bras. Elle lui dit alors d'un ton amical et comme ne répondant qu'à ce dernier petit service :

— Merci !

La barque les *Deux-Frères* à son tour aborda. Madame Lecarpentier plaisantait le baron.

Il n'est qu'un temps pour les douces folies,

lui disait-elle,

Il n'est qu'un temps pour les aimables vers.

En effet, il avait été malade aussi ; un souffle d'orage avait emporté les petits vers avec les culs-nus d'amours des ciels de Boucher, son Raphaël à lui. En prenant pied sur la rive, il se ressaisit pourtant et put répondre d'un air abattu :

> J'ai tout perdu : délire, jouissance,
> Transports brûlants, paisible volupté,
> Douces erreurs, consolante espérance,
> J'ai tout perdu, l'amour seul m'est resté.

On rentra au château en voiture. Gaston préféra revenir à pied. Il avait besoin d'être seul.

Il était étonné de s'être, auprès de la comtesse, retrouvé câlin, tendre et féminin, comme auprès d'une femme aimée.

XXVIII

LA ROMANCE EN FA

Au pli de Succettes, à une demi-heure de marche de Veulettes, dans une excavation creusée de main d'homme sous la falaise, à cent mètres de la mer, vivent encore deux vieillards, l'homme et la femme. La pêche et la charité publique suffisent à l'existence de ces deux solitaires. On les appelle les ermites de Succettes, on les nomme la Sorguette et le père Sorguet. Le père Sorguet, croit-on, est un ancien soldat de marine, soupçonné d'avoir déserté « dans les temps » et depuis exercé simultanément la contrebande, le braconnage, toutes les maraudes. Avant la guerre de 1870, il possédait une barque et tirait, en apparence, ses vivres de la mer, soit qu'il pêchât au large, aux lanets, au poussoir, ou qu'il ramassât du varech pour le vendre aux cultivateurs du pays qui en font de l'engrais. L'habitation des deux vieux, une caverne, est divisée en trois parties. Ils n'en habitent qu'une, les deux autres leur servent de remise pour les engins de pêche et les provisions. De Chanly avait fait venir de Cany une chaise longue qu'il installa dans une des grottes de la Sorguette. Il s'y réfugiait quand il était surpris par le mauvais temps et déposait là sa boîte à couleurs avec les études de ciels et de mers qu'il rapportait des environs. Il aimait de préférence à peindre dans ce val désert, où, loin de tous et de tout, il pouvait sans témoins, dans une paix profonde, donner la liberté à ses réflexions. Elles étaient de telle sorte, après la dernière promenade à Saint-Valery, que le lendemain, dès la première heure, à la suite d'une nuit de fièvre, il se hâta de gagner sa chère retraite qu'emplissait seul le bruit rythmé de la vague qui se lève et retombe incessamment.

L'examen de conscience scrupuleux auquel il se livra le laissa rassuré sur lui-même. Dans l'agitation de cette nuit d'insomnie, il s'était exagéré singulièrement les choses. L'obscurité a pour l'homme le triste don de grossir à l'excès les conceptions de son cerveau et de les amplifier dans un sens inquiétant et malsain. Au jour, à peine eut-il pris place devant la mer enchanteresse, devant cet infini lumineux qui ne nous parle que des choses éternelles, de l'éternelle unité, et nous apporte avec ses soupirs alternés l'oubli des menus accidents, des phénomènes éphémères et multiples qui agitent l'homme, Gaston se dégagea des quelques appréhensions qui l'avaient accompagné jusqu'à Succettes. Les moins poignantes l'avaient quitté, une à une, à mesure qu'il s'éloignait du château et prenaît possession de la nature. Telle raison de ne plus craindre lui avait apparu en passant au bas des Falaisettes, telle autre en arrivant au Pont-Rouge, où il s'était arrêté à contempler un effet de lumière dans les verts fucus agglutinés à l'entrée de la buse; cette autre encore, auprès du parc à moutons de la ferme de Conteville, tout en haut de la falaise; celle-ci enfin, en vue du four à chaux. La sérénité de la nature peu à peu l'avait gagné.

En somme, se dit-il en pliant bagage pour retourner à Veulettes, que s'est-il passé d'extraordinaire entre madame de Cermont et moi? Quoi d'inavouable? Décidément, je serai toujours le même minutieux, méticuleux et pointilleux animal, le plus timoré des humains. A bien éplucher les quelques faits qui m'ont mis si sottement sens dessus dessous, il n'y a pas seulement de quoi fouetter cette pauvre Daï. (*Daï* pour *Di*, diminutif de *Didon*, c'était le nom de la petite chienne anglaise de la comtesse.)

Madame de Cermont, c'est vrai, a éprouvé un moment d'embarras au souvenir de mon bête de toast au déjeuner du Moulin-Rouge... Et puis?... Ne vais-je pas m'imaginer que la voilà, pour ce haut fait, amoureuse de moi? Parole d'honneur, ce serait à faire crever de rire mon parrain lui-même, s'il pouvait soupçonner une telle insanité. — Elle a rougi... Qu'est-ce que cela prouve, sinon qu'elle a les impressions vives et la peau fine?

Mais depuis... Ah! oui, depuis... Elle m'a paru tout chose, agacée, nerveuse, d'humeur capricante... Eh bien, après? Est-ce que je connais sa vie, moi? Est-ce qu'elle ne peut pas avoir des contrariétés que j'ignore? Être malade ? Ne faudrait-il pas qu'elle me fît ses confidences? Est-ce que je suis son médecin ou son confesseur ? Là, vrai, ça passe la permission généralement accordée aux peintres d'être idiots.

Et hier, mon bonhomme ?

Ici Gaston abandonna la forme intime de ce dialogue entre son intuition et sa raison. Le souvenir de ce long contact de la veille avec la jeune femme lui poussait des bouffées de chaleur à la face. Il se dit alors :

Mais c'est un accident. Le hasard a tout fait. Ni sa volonté ni la mienne, ni son désir ni le mien n'ont participé à ce rapprochement. Elle est absolument pure. La chère innocente n'avait même pas connaissance de son abandon. C'est moi qui ai l'imagination dépravée.

Engagé sur cette piste, son esprit abandonna la comtesse et se reporta sur sa propre condition morale :

Dépravé, oui, c'est de la dépravation. Et voilà comme nous sommes tous, comme sont même les meilleurs d'entre nous. Entrevoyons-nous l'espérance, si téméraire qu'elle soit, et sur les indices les plus fugitifs, de parvenir à troubler le cœur ou les sens d'une femme, voilà notre cœur ou, sinon lui, nos sens de s'allumer aussitôt. Et l'honneur nous défend d'aimer à moins de nous marier! Or, pouvons-nous, au nom de ce même honneur, penser au mariage sans avoir assuré l'existence de la famille que nous fonderons? Les jeunes gens se détournent donc des jeunes filles. S'ils portent leurs regards sur la femme mariée, en dépit de leur dignité menacée, en dépit de tout instinct de délicatesse, c'est pour obéir à ce besoin d'échange et de réciprocité d'amour que nous ne pouvons trouver dans le commerce des créatures tarifées. Celles-là, elles nous soumettent à toutes les servitudes, à toutes les lâchetés, à tous les énervements, et nous conduisent épuisés jusqu'à la torpeur et l'imbécillité.

Le rêve, pour l'homme à qui le mariage est interdit, ce serait l'amitié ou plutôt le chaste amour d'une jeune femme, la bête se satisfaisant où et comme elle le pourrait... Être l'ami d'Hélène... Que ce serait doux !... Son ami, rien que son ami!

Et, reprenant le chemin du château, il brodait dans son imagination ce thème charmant de la chaste amitié entre deux jeunes gens beaux, intelligents, à l'âme généreuse, passionnés pour l'art, pour les mêmes chefs-d'œuvre, les comprenant de même, les sentant à l'unisson.

Vivre auprès d'elle toute une vie d'amour pur, de bonté, de tolérance, de liberté, d'activité, d'étude, d'effusions échangées, et, l'heure venue, s'endormir paisible dans la mort. — O idéal !

O sophismes de notre pauvre cœur ! Quelques minutes auparavant, de Chanly se disait qu'il ne s'était entre la comtesse et lui rien passé d'inavouable. Comme s'il ne se fût rien accompli d'inavoué !

Ce rêve d'amitié ne le quitta pas de la journée. Comment en ferait-il l'aveu à la comtesse qu'il n'appelait plus dans sa pensée que « ma petite marraine » ou simplement « Hélène. » Le soir même, il ouvrit la bibliothèque de musique et, apportant un cahier, dit : — Madame, voulez-vous m'acompagner la *Romance en fa ?*

Si le comte Joseph de Maistre a pu dire de la table qu'elle est la principale entremetteuse de l'amitié, à plus forte raison est-il permis de dire de la musique qu'elle est la grande entremetteuse de l'amour. La comtesse avait eu pour professeur d'accompagnement l'excellent violon Eugène Sauzay, si pénétré du style des grands maîtres. Elle préluda. Puis Gaston attaqua sur son instrument cette page merveilleuse, peut-être unique dans l'œuvre de Beethoven, ce chant d'une incomparable pureté, si suave, si doux, si chaste, si intense dans ses élans de passion contenue, si profond dans sa pénétration mystique, si généreux et si large, une invocation triste et tendre, un appel qui n'a d'humain qu'une certaine mélancolie sereine, de deux âmes qui s'interrogent, se répondent, alternent, se suivent et se poursuivent comme un vol de papillons palpitant autour d'une fleur sublime.

Gaston avait eu l'inspiration heureuse en se partageant avec la comtesse ce duo d'amour où le violon fait tous les aveux, où le piano timide balbutie les mêmes mots, les mêmes phrases, et clôt l'entretien par une réponse de quatre notes, touchante comme une défaite. Lorsque ces dernières notes s'égrenèrent sous ses doigts, la comtesse Hélène avait des larmes dans les yeux; Gaston, lui, était triomphant.

Le général, le baron van Hove, le président et sa femme, tous musiciens d'ailleurs, étaient eux-mêmes sincèrement émus.

Le lendemain, on allait à Fécamp, un des chevaux de la voiture se déferra en montant la côte du Catelier; on fut forcé de faire halte au plus prochain village, à la forge d'Auberville. On mit pied à terre. La comtesse Hélène entra dans l'église qui est justement située devant la masure du maréchal-ferrant. Le premier mouvement de Gaston, élan spontané, instinctif, irréfléchi, avait été de la suivre. Il gravit même les marches du petit escalier qui monte à l'humble et doux cimetière ; mais la réflexion l'arrêta. Il s'assit au bord d'une tombe, éprouvant un scrupule à faire obstacle, par sa présence, à quelque désir instantané de recueillement.

Le fer posé, M. de Cermont héla son filleul qui pénétra dans l'église à son tour pour informer la comtesse. Il ne la vit point tout d'abord. Elle était agenouillée sur un prie-Dieu, dans le bras droit du transept, devant l'autel de la Vierge; son attitude était celle de la prière. Au bruit de ses pas, elle releva la tête et se dressa. Quand il fut tout à fait approché, elle fit, de bas en haut, glisser son voile sur son visage, en le remontant jusqu'aux cheveux, et dans la tiède lumière du matin qui les enveloppait de son glorieux silence, elle le regarda sous son regard avec une étrange fixité. Lui, ne bougeait pas, attendait qu'elle se mît en marche ; il sentait sa gorge se serrer dans l'étreinte d'une inexprimable angoisse. Sous le rayonnement intense et profond de ces deux beaux yeux, il ne put que balbutier ce seul mot : « Madame.... » mais, avec un accent tel d'émotion tendre, de pitié, de supplication, de trouble, d'incertitude inquiète, de doute de lui-même, d'appréhension des choses qu'elle revînt à elle et lui dit avec une certaine âpreté, mitigée par un sourire qui flottait indécis entre le sourire de la femme du monde et le vrai sourire de la femme : — Eh bien, qu'est-ce que vous attendez? Partons !

Gaston en resta nerveux tout le jour. Comme on revenait, le cheval qu'il montait fit un faux pas à la descente du val Saint-Martin. Il le châtia sévèrement, dit un mot au général, et abandonnant la route, partit au galop sur l'herbe sèche, rase, dure et glissante du vallon qui aboutit à la mer par un gouffre étroit, percé à jour dans la falaise. La descente exige déjà quelques précautions de la part des piétons; la tenter à cheval et à cette allure fut un acte de folle témérité. Il pensa dix fois se rompre le col, mais sa bête avait des jarrets d'acier et franchit d'un bond la dernière pente du précipice en surplomb à deux mètres au-dessus de la grève. Un peu calmé par cette dépense de force, Gaston rejoignit par le pied des falaises la plage de Veulettes où les cabines du général occupaient l'emplacement pris depuis par le Casino. On devait se baigner avant le dîner.

XXIX

LA MER D'ARGENT

« L'homme se pipe », a dit Montaigne. Ces deux âmes, l'une absolument pure, l'autre absolument honnête, s'ignoraient elles-mêmes et l'une l'autre se leurraient. En leurs cœurs, en ce moment, ils en étaient, Hélène à l'amour, Gaston à la passion.

Chez lui, l'amour avait trouvé les chemins ouverts par l'admiration que la beauté parfaite avait inspirée à l'artiste. Le souvenir du toast au Moulin-Rouge ayant été évoqué, le trouble fugitif que ce souvenir avait causé lui avait appris que l'impassible idole était femme. Un autre incident, — le cœur de l'adorée qu'il avait senti palpiter sous sa main captive, — lui avait dit : « Espère ! » D'un échange de regards dans l'église d'Auberville était né l'amour. Les barrières qui se dressaient aussitôt devant lui, s'il osait dans ses rêves effleurer cette vision de l'amour : la révolte de son honneur, son affection pour le général, cette sorte de parenté spirituelle qui l'unissait au mari d'Hélène, son estime si haute et si légitime pour elle, tous ces obstacles jetés en travers de cet amour l'exaltèrent jusqu'à la passion. C'était fatal.

Chez elle, l'amour avait été préparé par la convenance des âges, par la conformité des goûts et de certains états d'âme, par la similitude de leurs deux jeunesses également solitaires, par le contraste qu'elle trouvait entre les façons d'agir de Gaston et celles des jeunes hommes de son monde. Autour d'elle il était aussi peu empressé que les autres mettaient d'empressement au contraire à la persuader qu'ils l'aimaient, comme ça, tout de suite, par coup de foudre. De là un premier étonnement. Puis il montrait aussi peu d'ostentation que les autres affichaient de jactance, et l'on devinait pourtant bien que ce n'était pas modestie, mais réelle hauteur d'esprit. Elle n'avait connu tous ses dons et ses multiples aptitudes de corps et d'intelligence qu'à Veulettes, et le connaissait pourtant depuis deux ans. Il n'avait jamais témoigné aucune hâte d'entrer dans l'intimité du général. S'il était venu aux grandes réceptions d'hiver, il n'avait jamais rendu que le nombre strict de visites obligatoires. Evidemment de Chanly ne recherchait pas le monde, il n'y allait que par devoir. Elle fut donc toute surprise de découvrir en Gaston, dans l'intimité de la vie de campagne, non seulement un cerveau cultivé, nourri de fortes lectures, mais habitué à réfléchir, riche de pensées originales qu'il exprimait comme les choses les plus simples et les plus naturelles. Ses jugements étaient entiers, d'abord absolus, puis il cédait à la contradiction comme par une sorte de dédain des choses (non des personnes) qui lui faisait penser : — Qu'est-ce qu'il y a de vrai en ce monde ?

Auprès des femmes, dans son salon de Paris, elle l'avait vu causeur, lui habituellement silencieux, mais causeur pour une seule à laquelle il s'arrêtait dans la soirée. Celle-ci, la rencontrait-il une seconde fois, il ne paraissait pas lui accorder de préférence sur les autres femmes, pour peu qu'il eût découvert une nouvelle partenaire. Les vieilles femmes ne le faisaient pas reculer. Cependant avec toutes et de tout âge il était attentif; il mettait à ses soins une condescendance indulgente, comme on fait avec un enfant.

A Veulettes, il avait retiré le masque de l'homme du monde qui se croit tenu aux banalités et aux futilités de la conversation. Il avait pris au pied de la lettre le programme de liberté complète qu'elle avait édicté. Aussi ne parlait-il point pour parler, mais seulement lorsqu'il avait quelque chose à dire et que la conversation s'engageait sur un terrain où la pensée pût germer et fleurir. Il ne témoignait de sollicitude que pour le général, lui montrait une grande déférence et volontiers l'amenait à s'entretenir longuement de lui-même, de ses voyages et de son séjour dans l'Inde.

Pendant des heures après le dîner, après qu'elle s'était retirée dans sa chambre, à la clarté des étoiles, elle les voyait tous les deux, arpentant les bords de la grande allée d'eau semblable à celle de notre jardin du Luxembourg et qui était une des beautés du parc à Veulettes. En ces belles nuits d'août, elle restait tard à sa fenêtre ouverte, accompagnait du regard l'ombre de ces deux hommes qui l'occupaient, tous les deux, à des titres si différents, suivait au détour des massifs le point de feu de leurs cigares, rouge dans la nuit bleue. L'un, elle l'aimait, son mari ; au moins avait-elle pour lui une sincère et filiale affection. L'autre, allait-elle donc l'aimer ? Entre eux s'était glissée cette toute puissante charmeuse, la musique, qui révèle aux intéressés l'état des cœurs, qui le leur dit tout haut et tout bas à la fois, le proclame en mystère devant témoins, dont tout le monde entend le verbe, mais dont les amants seuls comprennent le sens personnel et secret. L'isolée avait en Gaston reconnu un isolé comme elle, un blessé de la vie qui mettait un soin scrupuleux, comme elle le faisait elle-même, à cacher ses plaies aux vaines pitiés des hommes indifférents et qui ont le droit de l'être dans cette grande bataille sans pitié qu'on nomme la vie. Elle l'aimait et connut enfin qu'elle l'aimait.

Après la folle descente de la crique Saint-Martin, à l'heure du deuxième éveil qui se produit dans la nature au terme des journées chaudes, Gaston arrivant à la mer respira.

Entre les villages espacés sur la route, assoupis, à l'intérieur, parmi les terres, enveloppés d'ombre fraîche au bord des mares vertes, on avait franchi des embrasements de plaines chargées de moissons dont les pailles craquaient de sécheresse et résonnaient du bruit d'élytres des criquets, on avait traversé les fournaises du sol crevassé par les ardeurs de l'heure méridienne et qui dégageait des vibrations de flammes ondulantes, montant sans éclat dans l'irradiation du soleil. Cette chaleur, sous l'azur implacable, n'agissait pas sur les tempéraments sensibles aux influences de l'atmosphère ainsi que le fait la chaleur d'orage, chaleur d'étuve, humide et lourde; elle brûlait comme un feu. On n'en était pas suffoqué, elle irritait. De là, sans doute, l'excitation de Gaston et sa vive colère contre son cheval qui était blanc d'écume en arrivant aux cabines.

Sans attendre le général, il se dévêtit, pressé de se baigner afin de calmer ses nerfs tendus à fleur de peau. Monté sur le tremplin, debout, pendant quelques secondes il contempla l'immensité. Au ciel, à cette heure, quelques nuées s'échevelaient roses et diaphanes, de formes curieuses comme celles des veines arborescentes de l'acajou ronceux. Depuis la plage, où elle posait une frange d'argent mouvant, jusqu'à l'horizon bordé d'améthyste, d'alanguis et souples gonflements accusant seuls la vie que rien ne suspend, sans une ride, sans un pli, sans un frisson, la mer s'allongeait et dans toutes les directions s'étendait comme une nappe d'un seul ton gris, lumineux et tout uni d'argent fondu. — Il adora... et s'élança.

Gaston était un merveilleux nageur, il avait pointé vers le large. A une certaine distance, en se retournant pour « faire la planche », il aperçut, en silhouette dans les clartés d'en haut, à la cime ondée des falaises, la voiture du général qui descendait les pentes étagées derrière le Catelier. Il se rapprocha du bord.

Quelques minutes plus tard, la comtesse à son tour entrait dans l'eau ; son costume, en laine de couleur bleu marine, la voilait autant que le peut faire un costume de bain, mais révélait les admirables proportions de sa stature et laissait voir ses bras, ses jambes et ses beaux pieds nus. A coup sûr Gaston, maintes fois, avait contemplé la superbe plastique de ce jeune corps ; cette fois, pourtant, il détourna les yeux. Sa passion était si haute qu'il eût craint de trahir un sentiment trop humain, semblable à une profanation. L'amour lui avait enseigné la chasteté du regard et de nouvelles pudeurs.

Moins robuste, mais également téméraire, la comtesse, elle aussi, nageait avec une aisance qui lui laissait toute sa liberté d'esprit. En quelques brasses allongées, lentes et calmes, elle atteignit les bouées où Gaston l'attendait. Alors, d'un mouvement égal, régulier, fort sans effort, d'un noble rhythme, ils partirent côte à côte. On eût dit qu'un seul souffle, qu'une seule volonté animait ces deux êtres jeunes et beaux. Dans cette harmonie de gestes, ils avançaient toujours, lui la surveillant sans paraître le faire, calculant le péril, se prêtant à son caprice et s'abandonnant à l'ivresse de vivre d'un même élan avec *Elle* et d'un même battement de cœur. A certain moment, elle s'arrêta. Ils ne s'étaient encore dit mot :

— Est-ce que vous êtes fou, monsieur de Chanly ?

— Pourquoi, madame ?

— Eh bien ! et votre ridicule dégringolade à la crique Saint-Martin, tout à l'heure....

Il se tut, n'osant lui dire les paroles dont il avait le cœur gonflé, et le silence se prolongea un peu. — Des brumes pourpres envahissaient le ciel au couchant. Puis s'étageaient de longues bandes d'or rouge, d'or jaune et d'or vert, entrecoupées d'autres bandes d'un ton d'ardoise rosée. Au-dessus se développait comme un dais le turquoise de l'éther passant par degrés, vers le zénith, aux pâles et froides transparences du saphir. Elle reprit alors :

— Trouvez-vous que c'est drôle, vous, la vie, monsieur de Chanly ?

— Cela dépend.

— De quoi ?

— D'avec qui on la passe.

— Est-ce une insolence, monsieur de Chanly ? dit-elle en riant.

— Dieu m'en garde, madame.

Après un nouveau silence de quelques instants, madame de Cermont tourna vivement son visage vers lui. Elle était adorablement belle sous l'horrible bonnet de taffetas gommé, bordé par le ruché d'un galon de laine bleue d'où s'échappait une folle bouclette de cheveux blonds, trempée d'eau de mer et tombant à demi sur un de ses yeux. Elle le regarda et lui dit :

— Avec moi, la vie, l'auriez-vous trouvée passable ?

Et vite, sans lui laisser le temps de parler :

— Faites-moi le plaisir de ne pas me répondre, n'est-ce pas ? ajouta-t-elle, et continuant :

— Tenez, moi, il y a des jours, comme aujourd'hui, où il me semble que ce serait bien facile d'en finir... On est comme nous sommes ici... On est censé pris d'une crampe... On lève les bras en l'air : comme ça... Ni vu, ni connu... On se laisse couler.... Une suffocation.... Et puis, ouf! c'est fini!

Et elle fit comme elle le disait.

XXX

LEVER DE LUNE

A l'instant même où madame de Cermont se laissait glisser et disparaissait sous le flot, Gaston se laissa glisser et disparut avec elle. Il l'étreignit à la taille, elle s'abandonna, et ensemble tout droit ils descendirent. De nouveau, mais cette fois de son aveu, il tenait, retenait et pressait sur son sein l'admirable corps de la femme qu'il aimait. Sans doute ils allaient mourir dans ce chaste enlacement, mais une telle mort ne leur révélait-elle pas en une seconde les sensations d'ineffables délices que la vie leur avait refusée ? Tout à coup il sentit les bras d'Hélène qui se liaient autour de son cou. Il crut qu'elle voulait vivre ; aussitôt il voulut vivre aussi, d'un vigoureux coup de jarret l'enleva et la ramena à la surface sans qu'elle se débattît. — Ils respirèrent.

Revenue, elle, divinement, sourit.

— Je vous ai fait bien peur, hein ? dit-elle.

— Oh ! non, nous finissions ensemble !

Et il ajouta :

— Vous voyez que si je ne puis vivre avec vous, j'y puis mourir.

Alors, posant sa petite main mouillée sur les lèvres de Gaston :

— Et là-bas ? dit-elle, en désignant la plage du pouce jeté en arrière par-dessus son épaule.

Cela signifiait, par l'accent de la tendresse et du regret : — Là-bas, j'ai un devoir à remplir.

Un long vol noir de macreuses ondulait comme un reptile fantastique au ras de la mer qui se fonçait de teintes violacées. La file rapide des oiseaux pêcheurs s'éloignait vers les pourpres, du côté de l'Atlantique. Ils la suivirent du regard, soupirèrent et reprirent la direction de la grève. Gaston nageait de ce même mouvement lent, sûr et fort qui les avait amenés; Hélène, une main posée sur l'épaule de son amant, le suivait comme une Océanide un jeune dieu.

La première étoile s'allumait au ciel. Leurs gestes, de brasse en brasse, remuaient dans la mer sombre les flots d'or liquide qu'effleurait la dernière flèche de feu partie de l'extrême occident, adieu du soleil à notre hémisphère pour ce jour que tant d'émotions avaient à jamais marqué dans le cœur des deux amants. Hélène ne se détacha de Gaston qu'en touchant aux bouées.

Quand ils prirent pied sur le sable où les attendaient M. de Cermont et ses amis, le général dit simplement :

— N'allez plus si loin, ma chère Hélène ; à cette

d'stance, il y avait des moments où nous vous perdions de vue.

On revint à pied, c'était l'usage après le bain.

Comme on suivait pour rentrer au château la route de Malleville, moins courte mais de rampe plus douce, la nuit tomba.

Dans le vallon silencieux le crapaud détachait, à intervalles égaux, une note sonore et mélancolique qui éveilla les premiers préludes d'un rossignol perdu parmi les bosquets du parc. Sur la falaise, la lune se levait. Son orbe énorme se dégageait des terres brunes avec lenteur et semblait gravir non sans peine le versant de la montagne opposé à celui qu'ils parcouraient. Il apparut enfin au sommet. Un moment il y demeura dans sa majesté, tangent à l'horizon, comme posé, immobile, indécis, puis s'éleva magnifique dans une poussière d'étoiles, et de sa pâle lumière emplit l'espace obscur.

Le baron murmurait :

> Phébé, j'aime mieux ta lumière
> Que tous les charmes du repos.
>
> Parais, ô lune désirée !
> Monte doucement dans les cieux,
> Guide la paisible soirée
> Sur ton trône silencieux.

Ce lever de lune, les deux amants y virent une sorte de symbole de leur amour dont la naissance avait été entourée de tant de retards et d'obstacles; de leur amour que les collines de la vie sociale leur avaient si longtemps masqué; de leur amour qui se montrait à eux désormais dans toute sa splendeur, qui jetait dans leurs âmes l'éblouissante clarté d'un soleil et dont il leur fallait tenir l'éclat discrètement atténué comme celui de l'astre qu'ils contemplaient; de leur amour qu'ils étaient forcés de taire quand ils eussent voulu le crier à toute la création.

Les jours qui suivirent furent des jours de triomphante allégresse, de parfait bonheur, les premiers qu'eussent encore vécu ces enfants. Leurs cœurs, que le froid de la vie avait tenus fermés jusqu'alors, s'ouvraient et s'épanouissaient. C'était une sensation nouvelle et délicieuse. Séparés, ils étaient l'un à l'autre toujours présents. Réunis, les êtres et les choses prenaient autour d'eux un aspect inconnu.

Marchaient-ils ensemble dans la campagne, dans les bois, parmi les allées du parc : la lumière était plus pure, l'aurore plus jeune et plus fraîche; les vapeurs roses qui glissaient dans les ciels du matin, au-dessus de la mer couleur d'opale, s'arrêtaient pour leur sourire; les pierres du chemin se reculaient devant leurs pas; dans les buissons, les mères se penchaient sur les nids, et, curieuses, les regardaient de leurs petits yeux noirs; à droite et à gauche, les fleurs des parterres exhalaient de plus doux parfums, les marguerites des prés ouvraient les cils d'argent de leurs collerettes blanches et les libellules se posaient à la cime flexible des grandes herbes pour les mieux voir; les rameaux des bosquets s'écartaient sur leur passage; au-dessus de leurs têtes, les branches se courbaient en berceaux, et les mouches suspendaient leur vol; à leurs pieds, la source bouillonnante précipitait son petit murmure cristallin, clair et joyeux, disant l'alerte chanson de leur amour. Tout et tous leur étaient bons, devant eux les hommes se découvraient, les femmes saluaient de la tête, les enfants d'un beau sourire, et ils se sentaient pour tous et pour toutes choses un redoublement de bonté. Ils se mouvaient ensemble dans un adorable hosannah.

C'était le rêve de Gaston, son idéal du chaste amour réalisé.

Il savait — comment? d'intuition, la voyant si pure — qu'elle était à lui et rien qu'à lui. L'eût-il interrogée à ce sujet? Il en fût mort de honte. Et à quoi bon? N'était-elle pas la Vertu comme elle était la Beauté! Le général n'était, ne pouvait être qu'un père pour elle, et elle pour lui une fille. Sa façon si charmante et virginale de se baisser devant son mari et de lui présenter le front quand elle se retirait, le soir, ne le disait-elle pas assez!

Ses anciens scrupules, il les avait laissés au fond de la mer. D'ailleurs il était sûr de lui. Jamais il n'aurait à rougir devant le général d'une pensée qui ressemblât à une trahison. L'idée de l'adultère ne vint pas, à ce moment, alarmer sa conscience ni seulement effleurer une fois les visions de ses nuits. Son amour le grandissait, l'ennoblissait, le montait bien au-dessus du limon troublé où s'agitent les passions humaines. Son bonheur lui suffisait. Artiste, n'était-il pas seul à posséder la beauté d'Hélène? Qui avait, comme lui et d'un regard si savant, analysé ses divines perfections dans la merveilleuse harmonie de sa toilette et de son corps? Amant, n'était-il pas seul à posséder l'âme de son amante? Il ne demandait encore, ne souhaitait même rien de plus que de durer ainsi,

Le reste, il n'y pensait pas, ou s'il y pensait, l'attendait de la destinée, sans impatience. J'ai trouvé dans ses notes, deux fois, écrits d'une main résolue, ces trois mots de ma dernière lettre : « *Fata viam invenient.* Les destins trouveront leur voie. » L'engagement inexprimé, solennel cependant, qu'ils avaient échangé sous les eaux, d'être tout entiers l'un à l'autre, serait tenu, il n'en doutait pas. — Où ? Quand ? Comment ? — Que lui importait ! Par quel miracle cela se concilierait avec leur devoir, il l'ignorait; mais croyait au miracle, aveuglément, sans raisonner, en fataliste, avec la confiance mystique d'un illuminé.

Tout d'abord, la comtesse n'éprouva pas sans partage la même ivresse. Elle n'avait pas sa foi superbe. Aux premières heures, elle fut assaillie d'appréhensions, et pour lui, et pour elle-même. Elle pensa aussi au général qu'elle aimait. — Ce verbe *aimer* est si élastique ! — Moralement, elle s'était donnée, promise. Elle fut inquiète des suites. Quelles seraient les exigences de Gaston ! Faudrait-il qu'elle luttât contre lui ? Résolue à se défendre, elle l'était, avec la certitude pourtant d'être vaincue. Elle se considérait déjà comme la victime destinée à l'holocauste sur les autels de ce jeune amour, et quoiqu'elle se débattît à cette pensée, se disait : — Je n'échapperai pas au sacrifice.

L'attitude de Gaston la rassura. Il ne témoigna ni de plus d'empressement, ni d'un moindre respect, devint seulement plus tendre, encore plus attentif; sans rechercher comme sans fuir le tête à tête avec elle, fut heureux — oh ! aussi heureux que peut l'être un homme — et le montra.

Alors elle pénétra, confiante aussi, avec lui, dans l'Eden que leur ouvrait l'amour. Les jours se succédèrent comme autant de jubilés et de sabbats, comme des fêtes d'hyménée.

Ils se prirent à redoubler de câlinerie pour M. de Cermont et le firent avec la plus sincère ingénuité. Dix fois le jour, elle disait : — Que je vous aime, mon cher comte !... Et de Chanly : — Que je vous aime, mon cher général !... Et ils l'entouraient de menus soins, multipliaient autour de lui les petites félicités qu'il aimait.

Les amants ne se voyaient pas plus souvent ni autrement que par le passé. Gaston restait fidèle à son ermitage, à ses stations matinales dans la vallée de Succettes. Ses albums, à cette date, sont remplis de croquis tracés de mémoire. Madame de Cermont y reparaît à chaque feuillet. C'est la comtesse au piano, en plusieurs poses de profil et de dos ; — la comtesse renversée dans un grand fauteuil de jardin, une main au menton ; la ligne de son beau corps file d'un trait, dans sa souplesse ondoyante, depuis la pointe de sa petite bottine de toile, jusqu'aux denticules de son peigne d'écaille, très haut, piqué de côté dans les cheveux ; — la comtesse debout, dressée sur la pointe des pieds, les bras levés et attirant à elle un rameau d'hortensia en fleur ; — la comtesse assise sur le galet, ou bien au bord de l'allée d'eau, un livre ouvert sur les genoux, et dans le fond, les falaises et la mer.

A travers ces croquis, dans tous les sens, se croisent des mots, des bouts de phrases, des exclamations, des souvenirs comme ceci :

« ... Ce matin, je me suis attardé à Succettes.

Quand je suis arrivé au château, on sonnait le second coup pour le déjeuner. Elle m'attendait sur la plus haute marche de la verandah. Qu'elle était belle ainsi, blonde, blanche et rose dans la tiède lumière tamisée par les grands stores ! — Quand elle m'a vu, elle a battu des mains, de ses deux chères petites mains, et crié avec un frais sourire d'enfant joyeux : — Le voici, général, le voici ! — Qu'elle est bonne et que je l'aime ! »

Sur un feuillet précédent : « O sublime virginité du cœur, confusion adorable, délicieuse émotion d'une âme pure ! Vous vous êtes trahies, vous avez répandu sur le doux visage de l'innocente les roses vermeilles du premier trouble ! »

Et ailleurs, — sans doute le lendemain de l'excursion en mer, à Saint-Valery, — il écrivait encore, comme d'une fulguration entrevue dans la nuit : « O chère étincelle ! »

XXXI

JOURS DE PLUIE

Le sang coulant plus riche et plus généreux aux veines des amants, ils communiquaient à tout le château la contagion de leur glorieuse jeunesse, de leur vie surabondante, débordante, point du tout fiévreuse, fort saine au contraire dans sa multiple et féconde activité. Après le déjeuner, les domestiques avançaient devant le perron les chevaux sellés, le panier attelé de deux poneys et son grand parasol carré, oscillant sur un long bambou ; les hommes allumaient un cigare, la comtesse et Gaston se mettaient en selle et l'on partait pour la promenade.

Si l'on ne faisait pas de visites aux châteaux des environs, on allait à la Pucheuse, au petit kiosque que le général avait fait élever sur un dérivé de la Durdent.

> C'est là qu'en liberté tu pourras être aimable
> Et couronner l'amant qui t'a donné son cœur,

disait le baron à la bonne présidente, qui riait. On y pêchait de magnifiques truites. Quelquefois madame de Cermont, au bord de l'eau, debout sur la rive humide, sa jupe d'amazone relevée, ramassée en avant et maintenue entre ses jambes serrées, le buste penché, jetait dans la rivière, avec une charmante maladresse, la ligne volante du baron son père. Bientôt lasse de son peu de succès, elle sautait dans l'un des deux canots, et, prenant l'avance, elle défiait Gaston de la gagner de vitesse avec l'autre canot et de la rejoindre avant le Pont-Rouge. Le courant de la Pucheuse est rapide et fort ; pour le remonter et revenir vers le kiosque, elle se faisait traîner à la remorque par son ami. Tantôt, accoudée à l'avant, elle le regardait dans les yeux, à distance, fière de l'adresse et de l'aisance qu'il déployait en cette manœuvre ; et tantôt, renversée sur le dos, les yeux perdus dans l'infini, elle contemplait le vaste ciel où, comme les branches d'un immense éventail appuyant sa pointe à l'horizon, s'élargissaient les moutonnements d'ouate des cirrus.

Quand le temps était très beau, on courait la mer ; incertain, on organisait d'interminables parties de crockett sur la pelouse rasée, arrosée et passée au rouleau, plane, unie, lisse et encadrée de bandes comme un tapis de billard. A ce jeu la comtesse désignait et partageait les couleurs. Naïfs comme le sont tous les hommes en général, et en particulier les amoureux, de Chanly souhaitait et espérait toujours qu'elle le mettrait dans son jeu. Malicieuse et taquine comme le sont les femmes en général, et en particulier les amoureuses, elle l'y mettait sur dix fois une à peine.

Pleuvait-il, au contraire, on lisait, on faisait de la musique. Le président et le général parlaient politique. Sur ce terrain la conversation ne pouvait tarir, le président étant un bourgeois libéral, le comte un autoritaire absolu. Les deux amis se querellaient et à bout d'arguments finissaient par invoquer l'opinion du président qui répondait :

> Me demander si je crois au bonheur,
> C'est me demander si je rêve...
> Me demander si j'aime encore Daphné
> C'est me demander si j'existe.

— Vous êtes insupportable, criait le général qui haussait les épaules et alors se tournait vers Gaston. Celui-ci restait muet pendant ses discussions, dessinait sur un bout de table ou invitait madame de Cermont à se mettre au piano.

— Eh bien, et vous, mon filleul, qu'est-ce que vous pensez ?

— Moi, mon cher général, je traite la politique par l'indifférence. Je paie ma part d'impôts, c'est-à-dire qu'avec tout le pays je paie des mercenaires pour nous gouverner, faire des lois et en défaire, voter le budget, contrôler les dépenses, recueillir ce qu'on appelle « les deniers de l'État » et les administrer, pour se dire et se renvoyer des compliments désagréables. Les pauvres diables doivent gagner honnêtement leur salaire, faire, eux tout seuls, la besogne ingrate qu'ils ont accepté d'accomplir et nous laisser, tranquilles, vaquer à nos occupations et à nos plaisirs en ne nous étourdissant pas de leurs querelles de Byzantins. Vous nous avez dit souvent, mon cher parrain, que les Orientaux nous trouvent bien extraordinaires de danser de nos propres jambes, quand pour quelques pièces de monnaie on peut faire danser de braves gens dont c'est le métier. J'ai sur la politique les mêmes vues que vos amis d'Orient sur la danse ; je donne ma monnaie afin que l'on fasse de la politique pour moi, je n'en veux point faire moi-même.

— C'est du paradoxe, dit la comtesse.

— Pardon, madame, c'est de la prudence. Que voulez-vous ! quand j'entends notre cher président je suis tenté de m'écrier : « Pas de servilisme ! » et quand j'écoute le général, je me dis « Pas de révolte ! » Je me tiens dans le juste milieu par le mépris de ces choses. Nous vivons en un temps où les hommes se haïssent, j'échappe à la haine par le dédain. Ce siècle qui se croit si fort, si dégagé des faiblesses de la jeune humanité, a remplacé la superstition de la foi religieuse par celle d'une science qui trébuche à chaque pas, la superstition de la monarchie par celle de la démocratie. En est-on plus heureux, plus vertueux ? Je rencontre la fièvre de l'or, de la luxure, et la fièvre du sang partout, du haut en bas de l'échelle sociale, alors que ces maladies se cantonnaient jadis celle-ci en bas, celle-là au milieu, cette autre au sommet. Qu'y avons-nous gagné ? — M'occuper de politique ! Être un homme politique ! Y songez-vous ? Mais c'est le pire supplice qu'on puisse rêver. N'est-ce pas se condamner à perpétuité à la mauvaise foi systématique. Et les esprits un peu élevés fourvoyés dans la politique : voyez-vous la jolie meute qu'ils traînent à leurs trousses ? les esprits hauts et conservateurs, une meute de valets; les esprits hauts et révolutionnaires, une meute d'affamés ; les esprits hauts et conciliateurs, une meute de blasés et de ventrus !... Non ! Qu'on me ramène au Lignon, à Philis.

Le baron ne manqua pas de saisir l'à propos :

> Le lendemain, Philis, peu sage,
> Voulut donner mouton et chien
> Pour un baîser que le volage
> A Lisette donna pour rien.

Et comme on allait se coucher, l'impitoyable baron, en quittant M. et madame Lecarpentier au seuil de leur appartement, disait encore à la présidente :

> Si je vous apparais en songe,
> Profitez d'une douce erreur ;
> Goûtez le plaisir du mensonge,
> Si la vérité vous fait peur.

Une nuit, le vent sauta au nord-ouest et s'y fixa. Le matin, les nuages avançaient, venant de la mer, par bandes éparses d'abord, puis nombreuses de plus en plus ; bientôt leurs bords se frôlaient, flottant encore, et se joignaient, s'accrochaient, se fondaient pour ne former enfin qu'une masse compacte qui s'arrêta, s'épaissit de surperpositions nouvelles et s'étendit, immobile et grise, au-dessus des champs et des hêtrées, des bourgs et des villages, des masures et des châteaux, des rivières couleur d'ardoise et de la mer couleur de mine de plomb. La pluie tombait, fécondant la terre, mais gênant le travail et les plaisirs des hommes. Elle tomba pendant douze jours.

Prisonnière au logis, la petite colonie de Veulettes, en ces longues après-midi désœuvrées, mit au pillage les deux bibliothèques du château, celle du comte pour les lettres, celle de la comtesse pour la musique.

Quand on lisait, madame de Cermont, blottie dans une grande bergère, auprès d'une fenêtre, et tenant dans les mains une bande de drap gris de troupe, brodait, avec des soies de diverses couleurs, la bordure d'un tapis de table. Mais le plus souvent sa broderie reposait sur ses genoux, et, tout en écoutant, elle suivait de ses grands yeux clairs, le vol des corbeaux et des mouettes dans la vallée. De Chanly lut ainsi quelques-uns des grands drames de Schakespeare : *Hamlet, Othello,* le *Roi Lear, Roméo et Juliette, Cymbeline.* Si connus qu'ils fussent, l'émotion était profonde. Le général lut *Mithridate, Polyeucte.* On y trouva des héros plus raisonneurs que raisonnables. Madame Lecarpentier attaqua bravement *Ivanhoë ;* Walter Scott parut vieilli et même vieillot. Le président obtint de sérieux succès par ses choix ; il lut, dans les *Soirées de Saint-Pétersbourg,* du comte Joseph de Maistre, le portrait de Voltaire, les belles pages sur le Bourreau et sur le Sauvage. Puis, enhardi, n'eut-il pas l'audace d'ouvrir le quatrième volume de *Port-Royal*, de Sainte-Beuve, et d'y lire la relation de l'emprisonnement des sœurs. A l'exception d'un homme admirable et du plus grand caractère, l'évêque Pavillon, on tomba d'accord pour déclarer que les hommes étaient bien petits à côté de ces femmes héroïques : la mère Angélique de Saint-Jean, Eustoquie de Brégy et surtout la vaillante Christine Briquet.

Quant à la bibliothèque musicale, elle abondait en trésors. Hélène tenait le piano, Gaston le premier violon, le président le second violon ou l'alto indifféremment, et le baron van Hove le violoncelle. On revit ainsi quelques-unes des sonates de Haydn, avec accompagnement de violon et basse. Leur mélodie calme, noble, variée dans ses belles proportions, et cependant facile et chantante, avait la préférence du président et du baron, qui les rendaient avec grandeur et fermeté. Mais les jeunes gens préféraient Mozart et son charmant imprévu, son amoureuse élégance, son abondance d'idées jeunes et fraîches, souriantes d'une douce joie, tendres, suppliantes, vives et légères tour à tour, écrites dans un sentiment constant de bonheur idéal, et faisant parler comme des voix toutes les belles combinaisons des instruments à cordes unis au piano. Malgré ces enchantements, c'était toujours à Beethoven qu'ils revenaient de préférence, au révélateur de leur amour. Ils ne se lassaient pas de redire la romance en *fa*, l'*adagio* passionné de la sonate à Kreutzer, la sérénade, les trios.

Le douzième jour, au soir, le baron, debout à la

porte de la verandah et tambourinant des ongles sur la vitre close, dit :

> L'urne des airs s'épuise, un frais délicieux
> Ranime la verdure...

Et, par le fait, la pluie cessait, des échappées de bleu apparaissaient par lambeaux dans le ciel gris, entre les nues désagrégées qu'une nouvelle saute de vent renvoya comme elles étaient venues, et pourchassa jusque dans les mers du Nord.

XXXII

LE PORTRAIT

Au milieu de cette activité intellectuelle, dans ce débordement de musique, de jeux, de causeries et de promenades, le portrait de la comtesse demeurait inachevé. Pas une fois encore elle n'avait posé devant son peintre. La toile, préparée d'après la photographie, se couvrait de poussière peu à peu dans une chambre, la face au mur. De Chanly ne la regardait même plus, n'en parlait plus ni au général, ni à madame de Cermont.

Quand elle eut appris que le toast porté à sa beauté au déjeuner du Moulin-Rouge avait été provoqué par Gaston, la comtesse éprouva quelque embarras, une petite alarme de pudeur à l'idée de se trouver seul à seul avec lui, sous son regard. Plus tard, après la décisive journée du voyage à Fécamp, où s'étaient succédé tant d'incidents dont elle caressait le souvenir : — la halte dans l'église d'Auberville, la descente de la crique Saint-Martin, le bain en mer et les aveux muets échangés sous les eaux, le retour au lever de la lune, — la comtesse avait continué de ne point se prêter au désir de Chanly, qui, pour plusieurs raisons, les unes de convenance sociale, les autres d'intérêt de cœur, souhaitait si vivement alors de réaliser une œuvre dont la pensée lui était devenue si chère. Mais elle avait, à ce moment, appréhendé le tête-à-tête des séances, parce qu'elle craignait un aveu plus précis, un aveu formulé, formel de la part de Gaston. Sans qu'il le cherchât, il sut la rassurer tout de suite et tout à fait, en ne s'autorisant point des avantages de cette journée pour témoigner d'une indiscrète ardeur, en ne manifestant que la joie d'un bonheur complet, parfait et sans autre désir. Ne le craignant plus, si elle persista dans cette attitude défensive, c'est que de singulières et nouvelles appréhensions s'étaient éveillées en elle. Ne le craignant plus, elle se craignit elle-même ; elle eut peur de son propre entraînement. Elle redouta de ne pouvoir résister à de folles envies qu'il lui prenait parfois, — et dont elle ne rougissait point trop, — de se jeter au cou de son ami, de coller ses lèvres à ses lèvres et de lui crier : — Tiens ! Je t'adore !

Cependant la situation ne pouvait se prolonger telle quelle. Ces platoniques amants n'avaient jamais échangé une parole secrète, ne s'étaient rien dit qu'ils ne pussent dire à haute voix. Gaston, le portrait ne se faisant pas, allait se trouver dans des conditions blessantes pour sa dignité d'artiste et d'homme de bonne compagnie. Madame de Cermont en eut le sentiment, et le subtil esprit de la femme lui suggéra le moyen de concilier sa défense avec l'exécution du tableau.

Jeune fille, pour obéir à la princesse qui l'en priait, elle avait tenu sur les fonts baptismaux l'enfant d'un écrivain distingué, veuf, malade de la poitrine et condamné à une mort prochaine. L'enfant était une fille. Orpheline, elle vivait chez sa grand'mère. La comtesse eut l'idée de la faire venir à Veulettes ; elle était alors âgée d'une dizaine d'années, et se nommait Suzanne.

Dès le lendemain de l'arrivée de la fillette au château, madame de Cermont reparla de son portrait pour la première fois depuis plusieurs semaines. Comme son père, dans sa pose d'habitude en toute saison, les jambes écartées, les larges basques de son habit relevées devant la cheminée garnie de fleurs, entamait la chanson d'Hamilton :

Celle qu'adore mon cœur n'est ni brune ni blonde,
Pour la peindre d'un seul trait...

la comtesse lui coupa la parole et s'adressant à Gaston :

— A propos, monsieur de Chanly !... en un seul trait ou en mille, me peindrez-vous jamais ?

— Je commençais à en désespérer, madame, et vous m'en rendez l'espoir. Quand voulez-vous que nous commencions ? Je dis *nous*, car maintenant, au point où j'en suis, je ne puis plus rien faire sans votre collaboration.

— Demain... Voulez-vous ?

On transforma facilement la verandah en atelier. Quelques stores, une légère estrade, il n'en fallut pas plus, et désormais, madame de Cermont posa pendant deux heures chaque après-midi. La petite Suzanne assistait aux séances.

Entre les amants, l'intuition des plus mystérieuses pensées était si sûre, chacun d'eux avait acquis une si rapide intelligence des gestes, une si vive pénétration des mobiles inavoués qui dirigeaient les actes de l'amie ou de l'ami, que la présence de l'enfant ne froissa nullement la susceptibilité de Gaston. Il n'y vit point une précaution prise contre lui, et qui eût été blessante ; il sentit que c'était contre elle même et contre lui réunis, contre leur mutuelle inclination que cette stratégie était organisée. En son cœur, il lui sut gré de cette attention délicate qui lui laissait toute la liberté d'esprit dont il allait avoir besoin. A de grandes hauteurs, il suffit d'un fil qui nous sépare de l'abîme pour nous préserver du vertige ; Suzanne auprès d'eux suffirait à les préserver du vertige de la passion. Il le comprit, en aima davantage, et d'un regard le dit.

Le matin de la première séance, elle l'avait devancé au rendez-vous et l'attendait. Comme il entrait dans l'atelier, elle se leva, monta sur l'estrade, du pied repoussa en arrière la traîne de sa robe, se posa bien en face de lui, et, par un geste de mutine coquetterie, tapant des deux mains sur ses jupes pour se mieux dessiner devant, elle lui dit avec un sourire troublant et ravi : — Je vous plais ainsi ?

Jamais depuis, autant qu'en ce moment, la présence de l'enfant ne fut utile et ne fut efficace.

La comtesse était superbe de jeunesse, d'énergie vitale, de séduction, posée de la sorte, en pleine lumière, dans les tons puissants, chauds et soutenus d'un costume de velours pourpre, qui mettaient en valeur la délicatesse des carnations et la légèreté aérienne de la coiffure. De Chanly, enthousiaste, eût voulu se prosterner.

Brusquement, sans mot dire, sans tenir compte de ce qu'il avait déjà tracé sur la toile, il se mit à l'œuvre avec emportement, avec la belle fougue des improvisations de génie. Le portrait de l'adorée lui apparut avec la soudaineté de l'éclair. Il l'arrêta dans la séance en ses caractères essentiels.

En face de son chevalet, le rêveur se retrouvait très maître de lui-même, maître de son cerveau et maître de sa main. De ce portrait, il voulut faire et il fit une image fidèle, complète, de la femme moderne, de la femme que nous connaissons, que seuls nous aurons connue, comme les générations passées ont été seules à connaître les femmes de leur temps ; car la femme se modifie, se transforme sans relâche ni trêve, s'assouplit et se conforme au désir et à la curiosité des âges contemporains, ne perpétuant à travers les siècles que la complexité de ses enchantements. Devant lui posait un exemple achevé de la beauté moderne, aussi éloignée de la statuaire antique en son immobile et grave harmonie que du chiffonnage tout en grâces extérieures et remuantes du siècle passé, aussi loin de l'Hélène grecque que de Manon. Avec passion, il s'attacha, peintre alors autant qu'amant, à rendre cette beauté particulière à l'aristocratie du dix-neuvième siècle, — et en cela que de filles de condition bourgeoise appartiennent à l'aristocratie! — cette alliance incomparable de finesse et de pureté morales comme de finesse et de pureté plastiques, ce rapport constant, exact, entre la sensibilité nerveuse de l'esprit et celle du corps, ce parfait équilibre entre l'expression spirituelle des phénomènes intimes et la physionomie du visage, des lignes, du geste, du mouvement et même du costume.

Quand le portrait parut au Salon de 1863, il fut très admiré ; tous les journaux en rendirent compte avec de vifs éloges ; le rédacteur de l'*Opinion publique*, notamment, en parla dans les termes les plus minutieux.

« ... Madame de X..., écrivait-il, a posé debout. Elle est vêtue d'une longue robe de velours nacarat dont la coupe connue sous le nom de *forme princesse*, épouse étroitement le buste et les hanches, descend tout droit jusqu'aux pieds, et s'allonge en plis abondants derrière elle. Le vêtement dessine les parfaites proportions du modèle qui est de moyenne stature et accompagne sa grâce exquise ; cette grâce tient ici à l'équilibre harmonieux des membres qui, considérés un à un, sont irréprochables. Le corsage monte fermé jusqu'au col, qui se dégage d'une ruche étroite et touffue de dentelles blanches où passe un double lacet de satin ; ici le ton de pourpre est plus clair que celui du velours et reparaît dans tous les ornements du costume. Un ruban semblable, mais plus large, court dans les cheveux, qui sont blonds avec des reflets d'or, crêpés naturellement, disposés sans apprêt, divisés sur le front en deux masses symétriques et, avec art, dérangés de leur symétrie matinale comme par le mouvement de la vie.

« M. de Chanly a combiné d'une façon très habile tous les contrastes de lignes et de tons. Ainsi la tête se détache sur les fonds rompus et pâlis d'une ancienne tapisserie à sujets, drapée de manière à laisser voir une bande de mer. Délicat et charmant, le galbe du visage s'enlève, en même temps que le méplat ambré du cou, sur la silhouette légère, claire et chaude des cheveux voltigeants.

« Par une recherche d'un goût rare, sauf une perle au lobe de l'oreille, montrée toute entière dans la courbe sinueuse de son ourlet pur, madame de X... ne porte pas un bijou. Seule au corsage, entre deux boutons de satin, éclot une rose-thé. Sous les sourcils fins et longs qui, sans se rejoindre, ne sont pourtant pas séparés et se relient l'un à l'autre par un léger duvet, s'ouvrent de grands yeux ; le regard doux, avec des ardeurs voilées, part d'une ferme pupille noyée dans l'iris d'un bleu violet, mêlé d'irradiations brun pâle et ponctué d'or.

« L'œuvre très-remarquable de M. de Chanly conserve par je ne sais quel artifice de pinceau le prestige de la vie : les narines fermes et transparentes frémissent, aspirent, respirent ainsi que la bouche aux lèvres charnues dans leur dessin exact, précis, correct. Sur le cou long, élégant, rond et d'une pâleur dorée, deux plis de lumière s'étagent en collier ; et, s'échappant du velours et de la dentelle, les bras avec souplesse descendent sur les hanches et se rejoignent par le bout des doigts à peine entrecroisés.

« Ne vit-on de ce très beau portrait que les mains, on y reconnaîtrait une peinture magistrale. Les mains, cette révélation de la femme, ces mains nues sont un chef-d'œuvre de vie, d'expression amoureuse et de volupté. Effilés jusqu'au bout des ongles roses avec un nœud léger à la seconde phalange, les doigts se rattachent par un contour plus ample à l'élasticité de la paume, et le pouce, un peu court, se relie au poignet par un renflement épais, très accusé dans sa souplesse sensuelle.

« L'adorable portrait! disait encore le critique d'art de l'*Opinion publique* : Fin, délicat, vivant, palpitant; vibrant comme une corde de harpe; net et clair comme un feu de bois léger ! »

C'était vraiment un beau portrait, reprit Landry, un peu étrange par les audaces du ton ; mais Gaston en avait joué avec une si libre aisance; à la sévérité de la construction, il avait ajouté un élément romanesque d'un tel charme; le costume, l'accessoire, la variété des étoffes, l'éphémère de la mode, le bijou, la fleur, tout ce *mundus muliebris* était traité avec une verve si puissante que l'œuvre, très naturelle cependant, faisait songer à la fois à quelque chose comme la *Jeanne d'Aragon* de Raphaël, et aux portraits de femmes de Reynolds, de Gainsborough, de Lawrence et de Gérard.

XXXIII

LA ROUTE DE PARIS

Après dix séances de pose et deux ou trois de révision, de Chanly put enfin tracer avec quelque fierté son monogramme *F. C.* et la date *1862* au bas du portrait terminé de madame de Cermont.

On avait atteint les premiers jours de septembre. Sans transition le vent souffla de l'ouest, s'y fixa, ramenant les pluies continues, et la température se refroidit. En cette saison, aux approches de l'équinoxe, les marées étaient fortes, la mer houleuse chaque jour. On ne pouvait plus se baigner, même à la lame qui cinglait avec violence et fouettait du gravier. Les pauvres barques, les *Deux-Frères* et la blanche *Étoile*, restaient échouées, couchées sur le côté, retirées tout en haut de la plage, abattues sur le galet, tendant sous les averses la cambrure de leur flanc goudronné. D'autre part on était à la veille des premiers jours de chasse; le président faisait l'ouverture aux environs de Rouen, le général dans l'Eure, à Vascœuil, où il possédait une terre.

On dut quitter Veulettes. Le départ cependant fut retardé de quelques jours par une indisposition de madame de Cermont, qui souffrait d'étouffements et de maux de tête.

On partit enfin. On reprit la route d'Yvetot. A contre-sens on côtoya le cours de la diligente Durdent qui se précipitait d'une course plus vive et plus folle encore sous les coups en écharpe des rafales. A travers les glaces remontées du petit omnibus de campagne et ruisselantes d'eau, les regards des amants relevaient au passage, un à un, les moindres détails de ce chemin qui leur était si familier, comme pour en imprimer à jamais l'actuelle et si mélancolique image en leur âme. Des yeux ils suivaient à la surface tourmentée du capricieux cours d'eau les feuilles tombées des peupliers bordant la rive, les cent mille feuilles d'or luisantes de reflets satinés qui voguaient vers l'océan comme les flottes d'une Cléopâtre de Lilliput.

A l'abri sous les couvertures de voyage, sous les plaids et les châles étalés en travers des genoux, leurs mains nues, ô volupté ! se tenaient, échangeant leur contact, et par moments se serraient d'une douce étreinte, quand on passait devant quelque accident de la route qui évoquait en eux un commun souvenir de leurs promenades de l'été. Sous ces hêtres ils avaient cueilli des champignons, des oronges trop belles pour être bonnes ; dans ce moulin ils s'étaient réfugiés pendant une tempête ; à cette auberge ils avaient fait donner aux chevaux un double picotin d'avoine ; par cette barrière elle avait pénétré dans la ferme où elle allait porter une layette au dernier né de dix-sept enfants ; au seuil de cette maison, tout entière tapissée de roses grimpantes, elle avait mis pied à terre parce que sa jument boîtait, et il avait enlevé une pierre engagée entre le fer et la sole au pied de devant hors montoir de la bête.

A l'aspect de cette façade fleurie, la verve du baron van Hove, qui paraissait assoupie dans l'humidité de l'atmosphère, se réveilla pour un instant et il redit tout au long la *Rose* de Gentil-Bernard :

> Tendre fruit des pleurs de l'aurore,
> Objet des baisers du zéphyr,
> Reine de l'empire de Flore,
> Hâte-toi de t'épanouir.
>
> . . . .

Hélas ! elles n'en étaient pas à s'épanouir les reines de l'empire de Flore ; l'une après l'autre elles se détachaient et tombaient effeuillées sous les rudes baisers d'Eole. Mais le baron ne s'arrêtait guère aux minuties de la réalité ; aussi continua-t-il en appuyant l'index sur le bout de son nez de faune et s'adressant à la bonne présidente qui se bouchait les oreilles :

> . . . .
> Va, meurs sur le sein de Thémire,

Thémire, c'était madame Lecarpentier.

> Qu'il soit ton trône et ton tombeau :
> Jaloux de ton sort, je n'aspire
> Qu'au bonheur d'un trépas si beau.

On rit. Le sourire des amants était contraint.

A la montée de Saint-Denis-d'Héricourt, leurs excursions ne franchissant pas ce rayon, ils avaient épuisé le parcours des souvenirs. La traversée des longues plaines détrempées qui les ramenaient à Yvetot leur en parut plus triste, et d'autant plus triste qu'ils touchaient au terme du trajet en voiture. A Yvetot on prit le chemin de fer jusqu'à Rouen, où l'on devait se séparer, Gaston seul rentrant à Paris. Et dans cette sombre gare de la rue Verte, posée entre deux tunnels, Hélène et Gaston se séparèrent en effet. Les adieux se firent parmi le va-et-vient des voyageurs et des employés, des colis et des camions roulants, des chiens de chasse donnant de la voix, au milieu des appels et des cris de toute sorte, dans le bruit strident des tampons qui se heurtaient, des locomotives lâchant de la vapeur, prenant de l'eau, manœuvrant avec de lourdes vibrations, lançant des coups de sifflet aigus, poussant de formidables ronflements, ressautant et claquant sur les plaques tournantes, à travers la fumée que le vent d'ouest chassait des tunnels et rabattait dans la gare humide de cette pluie qui crépitait, comme de la grêle, sur les pentes de la haute couverture vitrée, et filtrait de place en place entre deux carreaux disjoints.

La comtesse Hélène et Gaston ne devaient se revoir qu'en décembre, le général ayant projeté de grandes battues au sanglier dans la forêt de Lyons. Leurs regards se croisèrent une dernière fois et ils se donnèrent de la main gantée un *shake-hand* courtois qu'une pression de doigts furtive fit plus intime et presque solennelle en lui donnant la valeur d'un serment.

Avec son tact habituel, le baron disait à la présidente :

> Quoi ! pour toujours vous me fuyez,
> Tendresse, illusion, folie,
> Dons du ciel qui me consoliez
> Des amertumes de la vie.

Avant de descendre, Chanly, qui sortait le dernier du wagon où il allait remonter sans Elle, jeta un dernier coup d'œil à l'intérieur pour s'assurer que ses amis n'y avaient rien oublié des menus colis à la main dont tout voyage est encombré. Il ne trouva qu'un bouquet de violettes de Parme, tiède encore et parfumé de la chaleur du jeune sein où il avait reposé. Il n'eut aucun scrupule de ne le point restituer à celle qui l'avait laissé derrière elle. A coup sûr ce ne fut point madame Lecarpentier qui dut se reprocher ou regretter cet oubli.

Gaston refit, le cœur serré, ce parcours de la ligne de l'Ouest qu'il avait fait deux mois auparavent sans joie, mais le cœur libre. Enfoncé dans un coin de son compartiment, du côté de l'entrevoie et tournant le dos à la machine, il laissait errer ses regards sur les horizons du pays où la comtesse venait de s'arrêter. La flèche de la cathédrale à sa gauche, au milieu de la vallée, disparut dans le brouillard ; puis à sa droite, sur la côte, l'église de Bon-Secours. Le jour tombait. Des nuées livides descendaient du ciel, en rideau, rétrécissant de minute en minute une bande de pâle clarté vers le couchant. Sous la froide lumière du crépuscule les moindres phénomènes prenaient un reflet singulier. Ce qui n'eût pas arrêté son attention dans l'activité de la journée se présentait à ses yeux avec le grandissement optique qu'affectent les choses et les être isolés parmi de vastes espaces. A Sotteville, — sa pensée était pourtant bien loin ! — il remarqua un jeune gars debout dans une carriole vide et qui menait sa bête grand train ; si secoué qu'il fût par le dur mouvement de bascule sur l'essieu, le petit paysan gardait l'équilibre avec aisance, sans porter la main aux ridelles, et sifflait le motif d'une chanson populaire :

> Travailler, c'est prier,
> Jeanne, c'est prier.

Un peu plus loin, le long d'un sentier perdu dans les trèfles, une femme de la campagne, la jupe troussée, hâtait le pas, sous un lourd parapluie de cotonnade rouge ; elle portait au bras gauche un vaste panier d'osier. Au delà de Bonnières, sur le bord de la Seine, un vieux laboureur assis de côté, ses lourds sabots pendants au flanc du cheval de tête, ramenait à quelque ferme des environs l'attelage d'une charrue abandonnée à cent mètres au-dessous, dans un champ. Un peu avant, à Vernon, trois soldats du train attendaient, appuyés sur la barrière, que le convoi fût passé pour traverser la ligne et se rendre au quartier de cavalerie où l'on entendait sonner la retraite. Déjà la gare était éclairée. Bientôt tout se perdit indistinct dans la nuit.

Gaston, le visage tourné vers les champs obscurs, veillait. Il emportait dans son cœur l'image de la bien-aimée. Il récapitulait dans sa pensée tous les chastes bonheurs des dernières semaines accomplies. Il s'enivrait des joies que cette conquête d'une âme avait mises dans sa vie solitaire. Et de temps en temps il portait à ses lèvres le bouquet de violettes que son amie lui avait abandonné ; il baisait non pas les fleurs, mais leurs longues tiges qui avaient séjourné sous la soie du corsage et conservé de leur séjour dans cette mystérieuse retraite un subtil parfum de chair qui le grisait.

Pour la dernière fois le train franchit la Seine après avoir brûlé la station d'Asnières. On arrivait. Les lumières se multipliaient dans les ténèbres. Comme on passait sur le pont qui enjambe la triste route de Saint-Denis et le double cordon de becs de gaz qui la borde à l'infini, Gaston se leva pour se dégourdir les jambes et regarda la grande lueur rousse qui s'étendait au-dessus de Paris. Quel cours prirent alors ses idées ? Est-ce le voisinage de la grande ville qui agissait déjà sur lui ? En pénétrant dans le cercle d'attraction qui rayonne autour de la cité impure et sceptique, en approchant du foyer de la civilisation, de ce boulevard obscène et gouailleur où il allait de nouveau poser le pied après ces deux mois d'amour romanesque et de sentimentalité dans la nature. quelque bouffée de concupiscence malsaine lui monta sans doute au cerveau ; il se dit : — Est-ce que décidément je ne serais qu'un serin ?

XXXIV

UN RAYON DE SOLEIL

« Travailler, c'est prier. » Il est bien banal, bien gnian-gnian, ce refrain de l'ouvrière Jenny; il n'est pourtant pas aussi bête qu'il en a l'air. Travailler, c'est prier; travailler, c'est moraliser sa vie. Gaston était un travailleur; ni sa main ni son cerveau ne savaient rester inactifs. Le travail le guérit des convoitises mauvaises dont le souffle avait passé sur sa conscience au terme de son voyage de retour à Paris. C'est alors qu'il commença cet étonnant tableau, cette étrange composition qu'il intitula : *Le beau Gylippe*.

Loin de son amie, il s'était laissé envahir de nouveau par de sombres pensées. C'est la dure loi d'alternance qui règle les choses de ce monde : il allait expier deux mois d'absolue félicité par deux mois de rechute sur lui-même et d'isolement, puisque le général ne devait rentrer qu'en décembre. Et puis, elle revenue, comment la retrouverait-il ? Serait-elle pour lui, dans le tourbillon de la vie parisienne, ce qu'elle était dans l'intimité des jours passés au bord de la mer ? Il voyait tout en noir, se faisait d'inégale humeur, nerveux, s'emportait contre la comtesse et contre lui-même en de fugitives colères que suivaient de soudains élans d'adorations soumises, des retours subits de consentement à l'abnégation et aux renoncements que leur imposait l'honneur; puis il retombait dans les mélancolies du spleen.

Sur l'entrefaite, une grande affliction le rappela d'une façon brutale aux tristesses définies. Son bon papa Cardan mourut. Le seul cœur qui battît avec le sien au souvenir d'Edmée de Chanly cessa de battre. Si gai jadis, le bonhomme, avec les ans, sous le poids des infirmités, des soucis et des douleurs que nous apporte chaque année, était devenu chagrin, morose et lourd. Son cordial sourire ne reparaissait sur sa bonne grosse face emmitouflée d'ouate et de taffetas de soie noire qu'aux dîners perpétués du dimanche, en tête-à-tête avec son petit-fils. Il lui laissa tout ce qu'il possédait, dont le plus clair était sa collection d'objets d'art; encore en léguait-il les plus rares morceaux au musée du Louvre. Cependant, la liquidation achevée, Gaston se trouva riche de trois cent mille francs en chiffres ronds. Il ne lui était en aucun temps rien venu que de bon de son « pabon Dandan », comme l'avaient nommé ses bégaiements du premier âge. La seule peine que le vieillard lui eût jamais causée fut le deuil profond de sa mort. Et en mourant, pabon Dandan laissait au cher enfant de sa douce et bien-aimée fille, « qu'il allait retrouver là-haut », une petite fortune, c'est-à-dire enfin la liberté de son art, car la liberté de son cœur était désormais aliénée. Six mois plus tôt, cette modeste fortune tombant dans son jeu, eût probablement du tout au tout modifié pour Gaston l'issue de la partie que l'homme dès le seuil de la vie entame contre le destin.

Aux environs de Noël, de Chanly reçut la visite du baron van Hove qui, l'index appuyé sur le nez et se comparant sans pudeur à l'une des « jeunes beautés » de son répertoire galant, apparut un jour au seuil de son atelier, en disant :

> Mais je vois revenir Lisette,
> Qui d'une couronne de fleurs
> Avec son teint à leurs couleurs
> Fait une nuance parfaite.

Le teint du baron « faisait une nuance parfaite » avec le chambranle en chêne de la porte. De Chanly n'en reçut pas moins à bras ouverts le père d'Hélène, et lui témoigna le vif plaisir qu'il éprouvait à le recevoir, plaisir comparable à celui qui accueillit la colombe à sa rentrée dans l'arche. La présence du vieux diplomate ne lui annonçait-elle pas, en effet, le retour de M. et de madame de Cermont !

Pour la comtesse Hélène, autant que pour Gaston, les longues semaines de la séparation avaient été chargées de sombre ennui ; pour elle, comme pour lui, les heures, avec une lenteur désespérante, s'étaient traînées une à une, mornes et vides, sous la terne lumière des jours d'arrière-saison. Quand l'hiver les rapprocha, quand les réceptions, recommençant, leur permirent de se rencontrer chaque mardi, l'événement justifia les appréhensions de Chanly. Les amants n'y pouvaient guère échanger que des paroles de causerie mondaine. En ces rares et futiles dialogues, par certain accent voilé que chacun d'eux pénétrait sous le voile, ils mettaient, il est vrai, toutes les prières, toutes les offrandes et tous les sacrifices de l'amour ; ils n'en étaient pas moins séparés, à peu près autant que lorsqu'elle était à Vascœuil et lui à Paris. Aux dîners d'apparat, Gaston n'était pas même placé tout près d'elle. Ses devoirs de maîtresse de maison imposaient à la comtesse certain choix de voisins déterminé par la hiérarchie sociale.

Un regard, un rapide contact, les mains s'effleurant au passage, un peloton de soie échappé qu'il ramassait et lui remettait, une interpellation d'elle à lui, faite à haute voix, une question qui exigeait à peine une réponse, mais jetée comme pour lui dire : « Je pense à nous ! » leur amour était réduit à ces maigres aliments. De promenades, de conversations, de lectures en commun, de musique intime, d'effusions d'aucune sorte, il n'était plus question. Ces belles joies ne se renouvelaient plus. L'été les avait emportées dans le pan de sa tunique. Ils en gardaient un souvenir enchanté qui ajoutait une amertume profonde à leurs déboires, un raffinement de sensation aiguë aux milles blessures qu'ils recevaient de l'heure présente.

Faiblesses et contradictions du cœur, qui confondez la raison et donnez la mesure des fragilités humaines ! Ces amants, encore purs, qui n'avaient au temps de leur liberté caressé d'autre rêve que celui du chaste amour, qui eussent l'un et l'autre avec la même indignation repoussé l'idée des défaillances sensuelles qu'ils côtoyaient sans les prévoir, ces amants désormais souffrirent et s'irritèrent des obstacles qui les séparaient, entrèrent en révolte tacite contre les difficultés qui se posaient entre la chute et leurs désirs inconscients. — Oh ! les femmes du monde sont bien gardées !

Mais le train des choses, ici-bas, ne se pique pas de logique et n'a rien d'absolu. Au moment où l'oppression des circonstances est telle que toute issue nous paraît fermée, il s'y ouvre tout à coup, sans qu'on sache pourquoi ni comment, des jours qui nous rendent l'espérance.

Dans l'abattement où ils vivaient, la comtesse et Gaston rencontrèrent deux bonheurs.

Elle alla chez lui.

On était en février. Le dépôt des peintures destinées au Salon de 1863 devait se faire du 20 mars au 1er avril, et de Chanly respectait assez son art pour redouter l'encombrement et la bousculade des derniers jours. Il avait donc rapidement conduit l'exécution du *Beau Gylippe* jusqu'au point où il ne lui restait plus que de menus détails à terminer, quelques accents à poser çà et là, quelques touches de lumière ou des rappels de ton à préciser. Il invita le général et la comtesse à voir son tableau avant qu'il l'achevât.

La température était d'une douceur prématurée, comme il arrive souvent à cette époque de l'année dans le climat de Paris. Sous le soleil déjà chaud, les arbres du boulevard extérieur où s'ouvrait l'atelier de Chanly apparaissaient enveloppés d'une impalpable auréole de verdure, prémices trompeuses de la feuillaison prochaine. — Elle vint.

Elle entra dans l'atelier comme un rayon de printemps. Le général l'ayant amenée au trot vif de ses chevaux attelés au landau dont le double soufflet avait été rabattu, de la course rapide en voiture ouverte, le doux visage de la bien-aimée encadré de fourrure avait gardé une fraîcheur, son teint une animation extraordinaires. Par cette belle journée elle ne se ressentait d'aucun des petits malaises auxquels elle était sujette depuis quelque temps. Avec une grâce mutine et l'aisance d'un enfant chéri elle remua tout dans l'atelier. De ses mains gantées elle toucha mille choses, retourna les toiles ébauchées, fouilla les cartons, en tira des dessins. Puis elle ouvrit le piano, frappa debout quelques accords, alla s'asseoir devant la table, lut à haute voix la première strophe qui passa sous ses yeux dans un volume de poésies ouvert devant elle, c'était l'*Albertus* de Théophile Gautier. Elle regardait de temps en temps le tableau de Gaston, sourit en se reconnaissant une ressemblance discrète avec la jeune femme qui sur les remparts de la ville conquise attend le beau Gylippe, le jeune héros à la lance étoilée. Elle fit la moue en apercevant dans l'angle de la composition l'image embusquée de la Mort. Et tendant à de Chanly ses deux mains avec une familiarité charmante, dit : — Mon grand filleul, il est très beau votre tableau ! — Le général fit une ou deux observations sur certains détails relatifs au harnachement des chevaux de guerre, et se rendit aux répliques de Chanly qui citait ses autorités.

Le soleil glissait lentement par reflet sur les murs de l'atelier, promenait sa clarté d'un plâtre à l'autre, accrochait une paillette à l'angle d'un bronze, puis à l'encoignure d'un cadre doré, et en tournant se rapprochait de la fenêtre comme pour sortir. De leur côté, M. et madame de Cermont se rapprochaient de la porte. La comtesse Hélène disparaissant, le jour disparut avec elle ; l'atelier et aussi le cœur de Gaston furent soudain envahis par les ténèbres plus tristes encore après cet éblouissement de lumière qui les avait un moment illuminés.

XXXV

DESDÉMONE

L'indisposition qui avait contraint madame de Cermont, quelques mois auparavant, à retarder le départ de Veulettes avait été suivie d'indispositions semblables pendant la durée de son séjour à Vascœuil et depuis son retour à Paris. Elle perdait l'appétit, se plaignait d'insomnies, d'étouffements, et parfois de douleurs aiguës et persistantes au sommet de la tête. Pensant dissiper ces malaises, le général la conduisait tous les soirs ou dans le monde, ou au théâtre, le vendredi à l'Opéra, où elle avait sa loge. Elle-même accueillait avec joie toutes les occasions d'échapper au trouble que la solitude apportait dans sa pensée, les recherchait, les faisait naître, souhaitait d'avoir toujours quelqu'un, du mouvement, de la vie auprès d'elle et de s'y mêler. Dans ce but elle multiplia les promenades au Bois, les visites — pour en recevoir,

— s'entoura de jeunes femmes et suggéra au général l'idée de donner un bal costumé le jeudi de la mi-carême.

Pendant deux semaines Gaston ne quitta pas de l'après-midi l'hôtel de Cermont. Une boîte d'aquarelle, des crayons, des pinceaux, deux verres d'eau restaient à demeure sur la table du petit salon de la comtesse. Sous ses yeux il improvisait, dessinait, peignait, combinait toilettes sur toilettes. Elle, de ses petites mains, lui apportait ses robes dont le corsage où elle n'avait rien à dissimuler, suspendu à la taille par un galon et rabattu tout ouvert sur la jupe, gardait et montrait comme un moulage l'empreinte fidèle de son admirable buste. Puis elle mit au pillage toutes ses réserves : gazes aériennes, dentelles de toutes les fabrications et de tous les âges, guipures anciennes de tous les styles, cachemires, soies brochées de l'Inde, satins du Japon, crêpes de Chine, légers lainages d'Orient lamés de soie, lourdes étoffes brodées d'or et d'argent, draps passementés de cannetille, vieux velours somptueux, d'une incomparable richesse de ton. Ses bras fléchissaient sous le faix. Alors il approchait et, glissant les siens sous ceux de son amie, se hâtait de la débarrasser. Puis ensemble ils dépliaient toutes ces magnificences de la couleur, les faisaient jouer à la lumière, en pétrissaient la souplesse, les drapaient sur les épaules d'Hélène et les rejetaient en un tas où l'active et silencieuse Ethelreda, la femme de chambre anglaise, avait toutes les peines du monde à se reconnaître. — Ils eurent d'heureux jours.

Tout d'abord on décida que l'orchestre porterait les costumes des musiciens de Paul Véronèse dans les *Noces de Cana.*

Après maintes décisions arrêtées chaque soir, irrévocables, — au moins elle l'affirmait, — et chaque matin révoquées, la comtesse, enfin, adopta pour elle le costume vénitien de la Renaissance. Afin de le particulariser, sa fantaisie voulut lui donner un nom ; elle chercha dans la fable romantique et choisit celui de Desdémone. La robe de dessus fut taillée, d'après une aquarelle de Gaston, dans un épais brocart de satin vert, où s'épanouissaient des feuillages d'or et de larges fleurs ponceau d'une forme chimérique. Une dentelle d'or et d'argent, relevée et ceintrée sur la nuque, formait collerette et, rabattue, encadrait le corsage ouvert en carré. Les manches, de satin blanc, bouffantes, cerclées de place en place par des bracelets de la même dentelle, alternant avec des bracelets de satin vert, tombaient très bas, presque jusqu'aux poignets. Divisés en bandeaux et, de chaque côté, par un grand nombre de tresses fines serrées en cordelettes, reliés par derrière à leurs flottantes épaisseurs, les cheveux jetaient dans le dos une masse de lumière fluide et blonde coulant jusqu'aux reins sous un voile de soie transparente, légère, où couraient des arabesques de fils d'or, et retenu sur la tête par un haut diadème de perles et d'émeraudes. Une semblable parure d'émeraudes et de perles accompagnait les oreilles, le cou, les bras et la ceinture de la comtesse.

Quand on la vit paraître, il n'y eut pas un homme qui ne fut ébloui par l'éclat de sa beauté et qui n'eut au bord des lèvres, en lui baisant la main, les paroles de Cassio : « Généreuse Madame, quoi qu'il puisse advenir de Michel Cassio, il ne sera jamais autre chose que votre fidèle serviteur. » Elle n'était pas la touchante Desdémone de la romance du Saule, elle était cette heureuse, amoureuse et glorieuse Desdémone qu'Othello aborde avec ce salut chevaleresque : « O ma belle guerrière ! »

Après avoir songé, puis ayant réfléchi, renoncé à se mettre en Othello, Gaston prit le costume noir, élégant et sévère des cavaliers de van Dyck; le comte, la grande robe à ramages et la petite coiffure écarlate du sénateur Brabantio, le noble père de Desdémone; le baron, la culotte rose à nœuds vert-pomme et la veste vert-pomme à nœuds roses des bergers de *l'Astrée*.

Le Céladon voltigeait de fleur en fleur, murmurait à l'oreille d'une Amarillis de quarante ans :

> Au bord des ruisseaux
> Où naît la fougère,
> La jeune bergère
> Conduit ses troupeaux...

s'informait, auprès d'un Œuf à la coque, d'une Cendrillon qu'il avait perdue de vue :

> ... Que n'est-elle en ces lieux !
> Sur ces gazons voluptueux
> Je reposerais auprès d'elle.

Rabroué d'un coup d'éventail par une respectable Maintenon, — Chloé, lui disait-il :

> Chloé, ce badinage tendre,
> Ces légères faveurs amusent mes désirs.

Gaston ne s'amusa guère, lui, pendant la première partie de la soirée. La comtesse était entourée à ce point qu'il put à peine l'approcher, et dans son inconscient dépit, il se retirait le plus souvent dans le fumoir du général, où les allants et les venants renouvelaient à toute minute les thèmes de conversation et l'aidaient à tromper le temps. A l'une de ses apparitions dans les salons où l'on dansait, Desdémone s'approcha de lui, et lui prenant la main d'un geste rapide et furtif, dit :
— Boudeur, vous resterez à souper.

Après le bal, en effet, au souper servi par petites tables de quatre personnes, dans la confusion du déplacement général, il eut la bonne fortune de s'asseoir à la table de son amie, auprès d'elle, et bénéficia des menues privautés que permettent l'animation et le laisser-aller de l'heure, non plus tardive, mais déjà matinale.

Dans le brouhaha des causeries, madame de Cermont disparut pendant quelques instants. Accablée de chaleur sous le poids écrasant de sa toilette, elle en avait fait détacher les manches. Quand elle reprit sa place, on entendait la voix du baron commençant :

J'ai souvent essayé de noyer dans le vin
 Ma peine et mes tristes alarmes :
 O Bacchus ! ton nectar divin...

et le reste se perdait parmi le bruit des assiettes heurtées, du cliquetis des verres, des rires partant en fusées d'un groupe de jeunes gens. Gaston, tout en jugeant à demi-voix les costumes les plus remarqués de la soirée, maniait l'éventail de la comtesse, jouait avec ses gants longs déposés entre elle et lui sur la nappe, en respirait le parfum. Sur la main qu'il étendait de son côté, il sentait parfois, avec un frisson, passer et s'appuyer un moment le bras rond, frais et nu de l'adorée. Un pli lourd de la jupe que portait Desdémone couvrit pendant la durée du souper l'un des pieds du cavalier de van Dyck. Elle fut tout à lui, discrètement, jusqu'à ce qu'elle se levât pour rouvrir le bal.

Dans les salons vides, les musiciens de Véronèse avaient repris leurs instruments. Altos et clarinettes, flûtes et violons soutenus par le ronflements des basses et des contrebasses qu'entrecoupaient les tintements de la tringle sur le triangle et les roulements subitement étouffés des timbales, attaquaient une grande valse de Chopin, transcrite en partition d'orchestre.

La comtesse prit le bras de Gaston. De la soirée elle n'avait dansé avec lui.

D'une démarche noble, aisée, mesurée par la souple élégance de leur jeunesse, droits, fiers et comme dans l'ivresse de leur beauté qu'en ce milieu tout exaltait, ils parcoururent le grand salon. En passant devant une glace monumentale, il déposa son épée sur une large console en bois doré, sculptée par Vassé, embrassa la taille de Desdémone qui, se baissant avec un grand geste du bras droit et un large fléchissement des jarrets, rassembla en paquet et releva la longue traîne de sa robe. Ils firent ainsi quelques pas encore, et, lentement d'abord, dans un cercle dont la ceinture de la comtesse eût donné la circonférence, ils dessinèrent leurs premiers tours de valse. Puis ils se déplacèrent, en avançant peu à peu, sans hâte, souriant et répondant d'un mot aux amicales interpellations des couples qui rentraient, les croisaient et, l'un après l'autre, s'ébranlaient. Au rhythme sonore et marqué des trois temps de la valse, — ils ressentaient la plus légitime aversion pour la valse à deux temps, si commune, — leur mouvement bientôt s'accéléra; d'un élan, qui s'animait à chaque tour, sans qu'ils cessâssent de rester maîtres d'eux-mêmes, la rapidité réglée mais croissante de leurs pas atteignit enfin au vertige de l'évolution.

Elle lui jeta deux mots dans l'oreille : — Plus vite! plus vite! — Alors il leur parut que, par un phénomène singulier, toutes choses, glaces, meubles, lumières tournaient avec une impétuosité fantastique, que le grand parquet fuyait en mesure sous leurs pieds, qu'il s'était formé autour d'eux un tourbillon de formes et de couleurs, de Colombines, de Laitières, de Marquises, de Bergères, de chevaliers de Malte, de Turcs, d'Indiens, de Culottes de peau, pendant qu'eux-mêmes restaient enlacés, immobiles, suspendus, perdus, éperdus, ravis dans une extase délicieuse.

Quand il devina qu'elle allait faiblir, Gaston s'agraffa du talon sur le sol et s'arrêta court; de la secousse causée par cet arrêt subit, leur corps tout entier vibra comme l'acier généreux d'une lame d'épée.

Remis aussitôt, avec la même aisance et la même grâce qu'à leur entrée, ils firent en marchant, une fois encore, la grande traversée du salon. Les bras nus et noués au bras de son ami, la comtesse avançait dans un mystérieux alanguissement de tout son être. Sur la manche de son pourpoint, le cavalier de van Dyck sentait la brûlante chaleur et les battements précipités du cœur de Desdémone.

Il vit l'abîme. Il dit à ses yeux et à ses pensées :
— Prenez-garde !

XXXVI

CONSULTATION

Après avoir reconduit la comtesse jusqu'au pied de l'escalier qui menait à son appartement, Gaston, sans reparaître dans les salons, quitta l'hôtel de Cermont. L'aube se levait terne et froide. Une ombre armée d'une longue lance courait le long de la rue de Courcelles, s'arrêtait de place en place, et, derrière elle, les becs de gaz s'éteignaient un à un. Cédant au besoin de marcher et de respirer à l'air vif du matin, il retourna chez lui par les boulevards extérieurs.

Sur les trottoirs déserts, son pas résonnait avec force ; il semblait que le cavalier de van Dyck prît en conquérant possession de la ville endormie. Il marchait les yeux levés sur les pâles nuées où se découpait en noir la silhouette des hautes maisons. La matérialité des êtres endormis dans ces demeures, au pied desquelles il passait, lui inspirait une dédaigneuse pitié ; il s'expliquait mieux le matérialisme grossier, les brutales gaîtés d'une bande de Chicards et de Pierrettes qui sortaient du bal de la Reine-Blanche et l'apostrophèrent au passage par d'ignobles lazzis.

Dans l'enivrement de cette dernière valse, le cœur plein d'allégresse, il repassait en esprit par toute la succession des incidents de la nuit, se moquait de lui-même, de sa longue bouderie jusqu'à l'heure du souper, constatait avec une surprise naïve que la fête avait pris un éclat soudain, une suprême gaîté dès le moment où il s'était assis à la table de Desdémone. Toutes les femmes alors lui avaient semblé charmantes, tous les hommes de « bons enfants », tous les propos spirituels. Jusqu'aux petits vers du baron Céladon, qu'il déclarait délicieux! Il en avait même retenu deux qui hantaient sa mémoire avec obstination, qu'il redisait à voix haute, dont il scandait, sans le savoir, l'allure ferme de sa marche.

> Si j'avais su d'abord combien je l'aimerais,
> Je ne l'aurais jamais aimée,

murmurait-il encore en franchissant au petit jour le seuil de son atelier.

Il était rare qu'on ne trouvât pas la comtesse chez elle vers cinq heures ; elle y offrait le lunch aux personnes qui venaient la voir. Le lendemain quand de Chanly s'y présenta, madame de Cermont avait défendu sa porte. Il n'en fut pas très étonné, la supposant fatiguée de la veille. Se heurtant à la même consigne le samedi et encore le lundi, il fut saisi d'une vague inquiétude. Etait-elle vraiment malade? La loge se bornait à répondre qu'elle était souffrante. Le mardi suivant, le dîner de coutume fut contremandé. Elle ne sortait même pas dans le milieu de la journée. Gaston n'eut donc pas la ressource de chercher à la rencontrer au Bois. Une fois seulement elle y était allée et en était revenue plus nerveuse. A cette fin de mars, la nature était entrée dans ces jours de sécheresse et d'aridité où toute sa puissance d'expansion paraît anéantie, où sa vie, à la veille de se répandre dans l'annuelle magnificence, a l'air de se contracter, de se resserrer, de se retirer au sein le plus profond de la terre ; où, sous le soleil sans chaleur, Cybèle sans parfum se montre dure à l'homme, et rêche, et revêche.

De Chanly pensa qu'un changement si complet dans les habitudes de la comtesse décelait un trouble secret, un état de crise morale plutôt qu'un état réel de maladie. Il s'imagina que si sa porte était fermée, c'était seulement afin qu'elle le fût pour lui. D'abord il prit patience, car il demeurait sous l'impression de l'adorable sourire avec lequel Desdémone lui avait dit : — A demain ! — lorsqu'elle s'était retournée sur la cinquième marche de l'escalier dont elle avait franchi vivement les premiers degrés, en relevant un peu le bas de sa jupe par un geste qui avait découvert ses petits souliers de satin blanc brodé d'or.

Une semaine s'écoula, une autre suivit sans que Chanly eût revu madame de Cermont. Gaston ne se rappelant avoir rien dit ni fait qui motivât cette attitude nouvelle, et, selon l'usage des amants, qui rapportent tout à eux, croyant qu'il en était l'unique objet, en prit bientôt de l'humeur, puis s'en irrita. L'intraitable orgueil de son sexe — et il fut un des hommes les moins orgueilleux que j'aie connus — le conduisit à soupçonner la comtesse de coquetterie. Avec la commune licence de la plupart d'entre nous, il se fût, de colère et de dépit, jeté dans maints excès, si sa native horreur des actions basses ne l'en eût préservé. Non pas qu'il ne les admît ni qu'il en souffrît chez les autres ; les milieux variés et très affranchis à cet égard qu'il avait traversés en sa vie l'avaient dépouillé de toute pruderie. Mais, dans sa propre chair, il éprouvait des promiscuités de l'amour facile un invincible dégoût qui le défendit des lâches abandons de soi-même.

Un jeudi, ayant dîné au café Riche, soucieux, mécontent de lui et d'Hélène, désœuvré, parcourant d'un regard nonchalant et sans désir les affiches de théâtre, pensant vaguement à la musique qui était son recours habituel et souvent efficace contre l'amolissante action du spleen, il se souvint que le jeudi était le jour d'Italiens de madame de Cermont. On donnait *Don Juan* à la fois à l'Opéra, au Théâtre-Lyrique, et *Don Giovanni* aux Italiens. Il prit un fauteuil d'orchestre et pénétra dans la salle Ventadour sans qu'il espérât, d'ailleurs, y voir sa Desdémone.

Dona Anna disait ses pathétiques imprécations contre le meurtrier de son père. Il ne regretta qu'à demi l'ouverture qui est la seule partie faible du chef-d'œuvre ; en effet, quand Mozart l'écrivit son génie sommeillait et ne s'est réveillé que pour lui souffler l'exquise inspiration des sept dernières mesures qui « ouvrent » vraiment l'opéra. Les Italiens conservent l'heureuse tradition de maintenir à l'œuvre sa coupe simple en deux actes. A la fin du premier, quand la toile tomba sur la querelle qui suit l'admirable trio des masques, cette belle musique et sa gaie sérénité modifiant sa disposition intérieure l'avaient mis en humeur d'attendrissement. Il regarda la salle. La comtesse était dans sa loge avec son père et le général. Il monta pour la saluer. Une visite l'avait précédé. Le baron van Hove résuma la moralité du livret de Da Ponte en deux vers :

Nymphes, méfiez-vous d'une belle apparence,
En tout pays et même en France,

et prenant le bras du général l'emmena au foyer. Les banales paroles d'usage échangées entre la comtesse et ses visiteurs, elle fut libre, mais l'entr'acte touchait à son terme. Gaston n'eut que le temps de dire : — Qu'avez-vous ?..... que vous ai-je fait ? — Sa voix contenue tremblait, le bord de ses paupières était humide. — Ne permettez-vous plus que je sois votre ami ? — Elle pâlit d'abord, puis il lui monta comme une flamme au visage, et d'un mouvement emporté, passionné, elle saisit la main de Gaston et tout aussitôt la repoussa ; son père et son mari rentraient dans la loge.

Ce rapide incident laissa madame de Cermont dans un état de sensibilité nerveuse surexcitée à l'extrême. Le rideau se releva pour le second acte.

Dès le terzetto : *Ah! taci ingiusto core*, elle se sentit envahie par une émotion douloureuse que redoublèrent la sérénade et la mélodie : *Vedrai carino*. Tous ces chants d'amour lui causaient une suffocation croissante. Quand don Ottavio commença cet air adorable de tendresse : *Il mio tesoro intanto*, elle succomba ; des larmes brûlantes jaillirent de ses beaux yeux, elle eut peine à retenir les sanglots qui lui montaient à la gorge et gonflaient sa poitrine ; elle quitta le théâtre avec précipitation. Le monde est si peu indulgent pour ce qui n'est pas correct ! Or, il n'est pas correct de pleurer à *Don Juan*...

Sur le parcours des Italiens au parc Monceau, affaissée dans un angle du coupé, muette à la sollicitude empressée du général, inerte et sans pensées, elle voyait sans les observer les phénomènes extérieurs ; ils prenaient place dans son cerveau comme si elle y eût porté quelque intérêt. Mille choses déjà vues, qu'elle n'avait jamais remarquées et qui n'étaient vraiment pas dignes de l'être, elle les remarquait. Elles se logeaient dans sa mémoire qui de la sorte conserva l'image d'une grosse tête d'épagneul peinte sur le verre transparent d'un kiosque lumineux, au coin de la rue Royale et de la place de la Madeleine. Au même endroit, elle fut frappée par le regard mélancolique d'un jeune sergent de ville qui divisait le flot et les courants contraires des voitures arrivant sur lui à toute vitesse, lanternes allumées ; il faisait un geste et elles changeaient de direction ou d'allure. En montant le boulevard Malesherbes, elle fut étonnée de voir le rayonnement des becs de gaz dessiner de grandes croix de Malte en feu dans la nuit mouillée. Comment expliquer en un tel anéantissement de l'organisme, une si complète perception de détails futiles !

Le comte inquiet provoqua une consultation de trois médecins. La « Faculté » constata un affaiblissement général, une certaine pâleur de la face, la perte du sommeil et de l'appétit, et prescrivit un régime lacté, recommanda que la comtesse évitât les émotions, vit le monde aussi peu que possible, n'abusât pas de la musique, réglât l'emploi de son temps, se couchât et se levât de bonne heure ; l'ordonnance fut explicite sans mots barbares.

— Mais qu'a-t-elle ? disait le général. Je vous en prie, Messieurs, guérissez-la ! Songez que je l'aime comme si elle était ma fille.

En descendant l'avenue de Messine, l'un des docteurs disait aux deux autres : — Ce qu'elle a... ce qu'elle a... Il est bon, le général. Comment veut-il qu'on lui dise ça ?

Le plus âgé reprit : — Parbleu ! que n'est-elle sa fille !

Tous les trois, ils sourirent et le plus jeune conclut : — Eh oui ! Nous lui dirions : « Mariez-la. »

XXXVII

ADÉLAÏDE

Dès les premiers jours de juin, la saison chaude s'étant annoncée, M. et madame de Cermont quittèrent Paris pour retourner à Veulettes. Comme l'année précédente, de Chanly vint les y rejoindre ; le général lui avait demandé de faire son portrait dans les mêmes dimensions que celui de la comtesse, qui obtenait en ce moment même un grand succès au Salon. Gaston hésita jusqu'au dernier jour, se demandant s'il ne serait pas sage de décliner l'invitation qu'il avait d'abord accueillie avec bonheur ; il était inquiet, agité de sentiments et de pressentiments contradictoires, retenu par ses appréhensions, poussé par ses désirs. Mais raisonnez donc avec la passion ! A l'heure fixée l'express du Havre le déposait à la station d'Yvetot, où l'attendait le break du général, et il refit une fois de plus cette route d'Yvetot à Veulettes, toute bordée des chers souvenirs de son amour.

Loin de diminuer à l'air vif de la mer, l'inégalité d'humeur de la comtesse s'était plutôt aggravée. Sous le souffle balsamique du printemps, à ce renouveau de la vie dans la nature, la fréquence et l'intensité des crises paraissaient redoubler et comme accrues des forces nouvelles et de surcroît que lui apportaient les brises marines. Tantôt elle tombait dans un état de prostration d'où il ne semblait pas qu'elle dût jamais sortir, tantôt elle agissait sous l'empire d'une surexcitation anormale, d'impatiences fébriles et de besoins de mouvement que ne lassait aucune fatigue. Au moral, elle oscillait entre des amertumes infinies et de fougueuses gaîtés; elle perdait la mesure et l'équilibre.

Un jour, — il tombait depuis le matin une petite pluie fine, froide et continue, — en lisant une pièce de vers plus tard réunie aux autres *Humbles* de Coppée, elle fondit subitement en larmes. Le lendemain, par un clair et joyeux soleil de dix heures, elle trouva ridicule cette même poésie qui l'avait tant émue et qu'elle avait voulu relire. A plusieurs reprises, à ne se point arrêter, elle rit aux éclats de sa sensibilité de la veille : — Que de larmes! Quelle averse! disait-elle entre deux accès de ce rire qui laissait voir ses dents exquises, pendant que sa poitrine se soulevait par soubresauts.

Ses douleurs de tête la reprirent par intermittences et plus aiguës; elle en éprouvait l'intolérable sensation que lui eût causée un clou enfoncé dans le crâne, sous l'épaisse torsade de ses cheveux blonds. Alors elle gardait la chambre, ne se montrait qu'au dîner, languissante et incapable de faire les cent pas nécessaires pour aller jusqu'au fauteuil américain de forme renversée qui se balançait en l'attendant sur la terrasse, en vue de la mer. En ces journées de vive souffrance, elle répondait à peine au salut de Gaston, quoiqu'il passât une soudaine et fugitive lumière dans ses yeux aussitôt qu'elle l'apercevait. Tout amoureux qu'il fût, de Chanly, qui savait voir, avait remarqué cet éclair du regard chez Hélène et s'en tenait pour satisfait et rassuré sur son amour. Le cœur empli de compassion, il fut attentif à ne pas lui imposer sa présence aux heures où elle feignait de ne le point connaître.

Ces caprices de caractère trahissaient un état pathologique dont il soupçonnait la cause, et cette cause, malgré sa pitié pour le mal dont souffrait la comtesse, il ne se sentait pas la charité de souhaiter qu'elle cessât. Cependant, parmi les diverses formes qu'affecta ce mal mystérieux, toutes ne laissaient pas à Gaston la même présence d'esprit; l'une d'elles l'agitait et lui faisait, comme on dit, « tourner la tête ». S'il se désolait dans les heures d'abattement où son amie lui échappait, il redoutait bien davantage les élans d'activité folle où, revenant à lui, elle l'entraînait. Sortaient-ils à cheval, elle trouvait des prétextes pour sauter à terre, et remonter sur sa bête comme si elle eût pris plaisir à sentir sa petite bottine emprisonnée dans la main de Chanly. Si l'on partait à pied, elle avançait vite, d'un pas relevé, la jupe attachée haut, dégageant le bas de la jambe avec une sorte de coquetterie intentionnelle et provocante. Souvent, elle lui demandait son bras; alors ils marchaient ensemble, hanche à hanche, de cette allure cadencée, élastique, étroitement liée, mue comme par une seule impulsion, qui trahit les amoureux aux regards les moins clairvoyants ; et elle se dégantait, et abandonnait sa main nue, souple et fraîche aux mains brûlantes de son ami.

En d'autres jours, si dans quelque passage difficile, aux descentes des falaises, il lui offrait son appui, elle se rejetait en arrière avec un tressaillement singulier en lui criant : — Ne me touchez pas ! N'approchez pas !

Combien ces promenades différaient des promenades confiantes, calmes, heureuses et sans péril de l'année précédente ! Leurs tête-à-tête étaient empoisonnés, pour lui, quand elle s'abandonnait, par des fascinations qu'il se sentait de jour en jour plus impuissant à refréner, pour elle, quand elle se défendait, par une crainte inexpliquée, mais visible, excessive, maladive, que rien chez Gaston ne justifiait, et, par une méfiance outrée, plutôt d'elle-même que de lui. De Chanly comprenait par moments qu'il eût mieux fait de ne pas venir à Veulettes. Ses inquiétudes, vagues d'abord, se précisaient. Il sentait approcher la crise finale.

On faisait encore un peu de musique le soir, mais seulement de loin en loin, la comtesse alléguant que le timbre des instruments « lui portait sur les nerfs. » De préférence, elle chantait en s'accompagnant seule au piano. Ayant feuilleté un jour, après le dîner, le volume des *Echos d'Allemagne*, et dit deux ingénues mélodies de Kuck avec sa voix d'une pureté angélique, elle exigea de Gaston qu'il essayât avec elle l'adorable duo de Mendelssohn : *Vogue, léger zéphir*. Certes Gaston n'était pas un chanteur; mais il était excellent musicien, avait la voix agréable et juste, le cœur débordant de pitié, de tendresse et d'amour pour cette douce et belle créature; ils chantèrent ensemble d'une façon délicieuse cette page où les voix se suivent et se marient tout uniment à la tierce et qui rappelle l'image galante et de bonne compagnie de l'*Embarquement pour Cythère* de Watteau. Tout de suite après, elle voulut chanter le duo de *Mireille* :

O Magali, ma bien-aimée,

qui avait alors toute la puissance d'émotion des œuvres nouvelles. Elle s'exaltait à ces chants d'amour et cédait à l'attrait irrésistible de la musique voluptueuse qui est le don de Gounod.

Par moments, son corsage se gonflait en de longues aspirations; il semblait que l'air lui manquât. Le général la pria de ne pas continuer. Sans doute elle comprit le danger qu'il y avait pour elle à chanter ce soir-là davantage avec celui qu'elle aimait d'ardente passion. Elle consentit, mais à la condition de terminer par un dernier morceau. — Vous y ferez votre partie, s'il vous plaît, — dit-elle à son mari d'un air câlin. Et elle ouvrait sur le pupitre du piano le nocturne à trois voix de Gordigiani : *Vieni al mar...*, que Gardoni, Delle Sedie et madame Carvalho avaient chanté dans l'une des soirées du dernier hiver à l'hôtel de Cermont.

A la fin du suave trio italien qui évoque toutes les poésies de la Venise romantique, la comtesse Hélène, vivement et à diverses reprises, passa le bout de ses doigts sur sa poitrine, comme si elle eût éprouvé une sensation croissante d'étouffement. Gaston remarqua le geste et se hâta d'apporter un verre d'eau. Elle en but une gorgée, puis se remettant aussitôt, dit : — Serons-nous donc infidèles à Beethoven? — Comme le comte insistait pour qu'elle ne continuât pas : — Soit ! dit-elle, mais M. de Chanly va chanter l'*Adélaïde*. Ce n'est pas un simple accompagnement qui me fatiguera. — Et d'un mouvement sans réplique, elle éteignit les deux lampes, ne laissant brûler que les bougies du piano derrière les réflecteurs en ailes de papillon qui les masquaient.

Par les larges fenêtres ouvertes toutes grandes, la lumière sidérale éclairait de son pâle azur l'intérieur du salon. Dans le fourmillement blanc, étincelant de la voûte étoilée, le mince croissant de la lune, aux premiers jours du premier quartier, luisait comme un arc d'or, l'arc de Séléné; à quelque distance, Vénus rayonnante jetait des feux comme la pointe d'une flèche de diamant. On n'entendait, dans le silence de la nature assoupie, que la grande respiration de la mer au loin et, sur la terrasse, le bruit cristallin d'un jet d'eau qui s'élançait en filets rigides pour retomber en tremblantes nappes dans les sonorités d'une vasque de marbre. L'air était embaumé du parfum des roses naissantes et des derniers lilas. Seul et *dolce*, le piano attaqua les premières mesures de l'admirable *larghetto;* puis dans la nuit sereine s'éleva la voix de Gaston reprenant le thème indiqué par l'instrument, le développant, lui donnant un sens, exprimant l'émotion de l'amant passionné qui, dans le miroir des ruisseaux, dans le soupir des violettes, dans l'or des nuées, dans le regard des astres, dans les vallons pleins d'ombre et sur les molles collines cherche l'image de l'amante.

Au dernier appel, si déchirant après tous ces appels sublimes du nom de l'adorée, de ce nom d'Adélaïde tant de fois invoqué, madame de Cermont se leva toute pâle et, dans une sorte de convulsion, porta les mains à sa poitrine et à son cou. Le général éperdu sonna, la silencieuse Ethelreda reconduisit dans ses appartements la comtesse dont on entendait les sanglots et les soupirs étouffés qui s'éloignaient.

La crise fut courte, mais douloureuse.

Cette nuit-là, Gaston ne se coucha point.

XXXVIII

LES TROUS MIRBEAU

Quand madame de Cermont se fut retirée chez elle, de Chanly quitta le salon pour aller sur la terrasse ; de là il pouvait surveiller les lumières et les ombres aux fenêtres d'Hélène. Peu à peu le mouvement des allées et venues se ralentit, une main ferma les grands rideaux, cette partie de la façade retomba dans l'ombre. Après une heure d'attente inquiète, il vit venir à lui le général qui lui dit : — La comtesse repose, — et rentra.

La situation était grave. Gaston agité, troublé, sortit du parc et se dirigea vers la mer ; il était entraîné par un besoin impérieux de solitude et d'exploration intérieure. Il s'assit sur la plage baignée dans la grande clarté d'une nuit lunaire et aborda de front l'examen des questions qui s'imposaient à sa conscience et à son cœur.

Combien de temps resta-t-il ainsi absorbé par l'intensité de sa méditation ? il n'eût pu le dire.

A la lettre, pensait-il, Hélène succombe au défaut d'amour. Voilà qui est évident. Tous ces phénomènes nerveux n'ont d'autre cause que l'exubérance des forces naturelles qui constituent la femme et la mère. Or, cette exubérance, à quoi l'attribuer ? Cela est clair comme le jour : à l'inactivité d'une puissance généreuse que la fatalité condamne à retomber sans emploi sur elle-même. Il y a bien certains tempéraments chez qui la lutte dure peu, se termine par une imparfaite atrophie au physique, au moral par l'aigreur de caractère et la misanthropie que la verve gauloise attribue aux vieilles demoiselles ; la femme se jette alors dans les petites pratiques de la dévotion et devient l'effroi des confessionnaux catholiques. Chez d'autres, la lutte est plus tragique ; elle tord ses victimes comme un brasier ardent tordrait un sarment vert, et quand le sentiment du sacrifice, quand une haute vertu n'a pas préparé le triomphe des énergies morales sur les énergies organiques, elle se termine ou par de terribles explosions ou par la mort violente.

Quel était son devoir à lui ?... Hélène l'aimait-elle ? Sans fatuité il avait le droit de supposer qu'il ne lui était pas indifférent. Mais il respectait le général, il éprouvait pour cet homme bon, loyal, confiant, qui était son parrain, une filiale affection... Il aimait la comtesse. — Oh oui !... passionnément.

— Mais l'aimait-il assez pour lui sacrifier ce qu'il devait à M. de Cermont, assez pour lui sacrifier son honneur, assez pour tenter de lui rendre la vie au risque de son propre mépris et de ses remords, à elle-même ?

Le combat fut long dans cette conscience honnête, timorée, scrupuleuse, habituée à peser des poussières d'aile de papillon dans des balances faites d'ailes de mouches. Il redoutait de se laisser surprendre par les sophismes de la passion, persuader par les convoitises de la chair.

Mirage étrange ! il voyait se dresser devant lui, là-bas, vers la brumeuse Angleterre, dans le moutonnement des vagues lointaines, le fantôme abhorré en même temps qu'adoré de la faute, abhorré en soi, en Hélène adoré, le spectre de la chute, c'est-à-dire le mensonge haï, les dissimulations, les compromis, les bonheurs dérobés, l'avilissement des fuites lâches et des complaisances honteuses, tout ce qui abaisse l'âme et la rétrécit. — D'autre part, le péché, de quelle fausse douceur ne se parait-il pas à ses yeux ! de quelle grandeur insidieuse ! Il revêtait les somptuosités de l'amour. — Qu'est-ce que l'amour ? C'est le don absolu, le complet abandon de soi-même, c'est le sacrifice, c'est l'abnégation. Renoncer, se sacrifier, s'abandonner, se donner : oh ! que cela est bon, et beau, et nécessaire ! Comme l'âme en est agrandie, élargie ! Quel jeu cela donne aux poumons ! — Aimer ! comme cela vous élève et vous rapproche de Dieu !

Aimer, oui ! mais mentir...

Immobile sur la plage, Gaston demeurait sans regards pour l'admirable spectacle de la mer et sourd à la musique de ses rhythmes alternés. L'aube était voisine, l'heure froide, et cependant la sueur perlait à ses tempes. A la marée montante, quand les lames vinrent déferler à ses pieds et l'éclabousser de leur écume, seulement alors il se leva. Il n'avait pris aucune résolution. Je me trompe, il en avait pris une, celle de se tenir prêt à toute éventualité. Il gravit la falaise de la Durdent et gagna la grotte de Succettes, réveilla les ermites, emmena le vieux Sorguet sur le galet et là causa longuement avec lui, puis rentra au château. A table, le général lui apprit que la comtesse n'éprouvait plus qu'une grande lassitude. Invoquant alors la nécessité des visites à faire aux membres du jury qui avaient voté pour sa médaille, de Chanly prévint M. de Cermont qu'il partirait le lendemain pour Paris où il passerait quelques jours.

En arrivant à Paris, sa première démarche fut d'aller voir le docteur X..., un de ses camarades d'enfance resté son ami. Sans nommer personne, il lui décrivit l'état d'Hélène et l'interrogea sur les suites. — Finalement peut-elle en mourir? lui demanda-t-il.

Quand il sortit de chez le docteur qui lui avait répondu crûment, d'homme à homme, en termes techniques, de Chanly avait la nausée de l'amour. Il était tout près de considérer le mariage comme quelque chose de semblable à une action thérapeutique. A l'idée qu'il pouvait, lui, Gaston, n'être qu'une utilité physiologique, sa passion faillit sombrer.

Le lendemain matin il reçut un petit billet portant le timbre de Cany; en vingt-quatre heures, réalisa sa fortune qui était placée en valeurs françaises au porteur, réunit quelques rouleaux d'or, convertit le reste en billets de la Banque d'Angleterre, emplit deux caisses d'étoffes et de tapis d'Orient, revit tous ses amis et précipitamment reprit le train du Havre. Cette fois il descendit à la station qui précède celle d'Yvetot, à Motteville où il n'était pas connu, loua un petit break, y fit charger ses deux caisses et se rendit tout droit à Succettes ; la Sorguette ramena la voiture.

Dans la nuit où de Chanly était venu le réveiller, le vieil ermite, alléché par quelques pièces d'or, s'était mis tout entier à sa disposition, et non-seulement lui, mais sa conscience peu scrupuleuse, son industrie, sa barque et sa femme. Il avait fait plus encore, en lui révélant un secret que la Sorguette jusqu'alors était seule à partager : l'existence d'un chemin souterrain partant de sa grotte, montant par une pente un peu rapide, mais sèche, et ouvrant, à son terme, sur une rotonde ignorée qu'éclairaient deux trous irréguliers percés, en guise de fenêtres, dans la muraille de la falaise à pic. A Veulettes, on appelle ces ouvertures en forme d'œils-de-bœuf, les *Trous Mirbeau*. Les historiens de la contrée parlent vaguement, d'après la tradition, d'escaliers en spirale et de voies souterraines prenant jour par les Trous Mirbeau et aboutissant au château d'Anglesqueville. Les vieux matelots affirment avoir vu de la mer, par de certaines nuits, des lueurs fantastiques éclairer ces orifices, qui apparaissaient comme de grands yeux rouges ou verts. Leur imagination ne les a trompés qu'à demi. Il est certain que l'ermite, ancien réfractaire, ancien contrebandier, seul à connaître l'issue de la rotonde correspondant à la grotte de Succettes, s'était bien donné de garde d'en parler à âme qui vive. Plus d'une fois il avait allumé des feux colorés aux Trous Mirbeau, comme un signal guetté dans l'ombre par quelque barque chargée de contrebande. Il est certain aussi que la nuit du retour de Gaston, les marins de la côte auront pu voir les grands yeux de la falaise illuminés. De Chanly travaillait avec la Sorguette à tendre sur les parois et sur le sol de la rotonde les étoffes et les tapis qu'il avait rapportés de Paris. L'œuvre achevée, il rentra au château, prêt à tout, résolu.

Quand il revit le général, qui l'accueillit les deux mains ouvertes, et lui dit avec son bon et franc sourire, d'un accent si cordial : — Vous voilà, cher enfant ! — il sentit en lui un frémissement de honte pour le crime lâche auquel il se savait préparé. Non qu'il le hâtât de ses vœux ; mais sans l'appeler, il en prévoyait l'accomplissement.

Quand il revit la comtesse, ses derniers scrupules se dissipèrent comme la buée des nuits aux feux du soleil levant. Il la retrouva toujours belle, admirablement belle, les yeux plus éclatants, se soutenant par la force des nerfs. Elle était dans une de ces périodes d'activité fiévreuse où, sans doute, elle croyait par l'excès de mouvement, par des fatigues sans mesure, dompter et mâter la chair. Les longues marches ne lui suffisaient plus. Au retour, c'était sur la pelouse des parties de *crocket*, qui se prolongeaient jusqu'à l'heure du dîner. Après le dîner, elle entraînait tout le monde au billard. Son corps y dessinait des attitudes d'une souveraine élégance, des lignes d'une souplesse merveilleuse, des profils d'une singulière et irritante beauté. Tous ses mouvements, d'ailleurs, étaient câlins, félins, ressemblaient à des frôlements, sollicitaient la caresse et la rendaient. Son geste, quand elle prenait le bras de Gaston, quand elle lui donnait la main, s'appuyait et se prolongeait avec volupté. Cependant, elle ne montrait de ces abandons qu'en présence de témoins. Ce n'est pas qu'elle eût la pensée de braver l'opinion. Avait-elle une pensée seulement! Elle se livrait ainsi devant eux, parce qu'elle se sentait par eux protégée contre elle-même. Son ami n'en tremblait pas moins, était épouvanté de ses audaces et pressentait une catastrophe prochaine.

Avant de quitter Paris, il m'écrivit la lettre que vous connaissez, et qui, adressée à Rome pendant que j'étais en Sicile, ne m'arriva qu'avec la nouvelle de sa mort. Lui-même me l'avait écrite dans la fièvre où l'avait jeté le billet que voici, quatre mots et une initiale :

« Reviens ou je meurs !

« H. »

XXXIX

CONSCIENCE

Dans le premier élan de joie qui accueillit son retour, dans le tourbillon de vie, de mouvement, de bonheur, d'abandon fou, de provocations de toute sorte, que la comtesse anima tout à coup autour de lui, Gaston devait perdre pied, lui aussi. Un soir, à la tombée du jour, ils étaient assis tous les deux sur le grand divan de la verandah; le général se promenait sur la terrasse au bas du perron en fumant sa pipe d'écume; par la porte ouverte à deux battants, sa voix leur arrivait de temps à autre, leur apportant une interpellation amicale et sans valeur. Silencieuse, accablée par une longue journée d'agitation, la comtesse après quelques instants d'immobilité, décroisa les bras et les allongea près d'elle sur le divan. Sa main rencontra celle de Gaston et la saisit. Enhardi, éperdu à cette prise de possession soudaine, il passa un bras autour de la taille d'Hélène et avec une abondance de verbe extraordinaire, il lui murmura dans l'oreille des mots sans suite, pressés, entrecoupés, passionnés, brûlants, lui dit combien elle était belle, combien il l'aimait, depuis combien de temps il l'aimait, qu'il n'avait jamais aimé avant de l'aimer, refit sur ce thème éternel les variations toujours neuves d'un jeune amour. Sous ce flot de paroles débordantes, elle s'affaissa contre l'épaule de Gaston dans un mouvement qui offrait ses cheveux soyeux et blonds aux lèvres de son amant. Frémissante sous le baiser, les yeux à demi clos laissant voir une ligne nacrée, elle écoutait et serrait à petites étreintes, entre ses deux mains, la main qu'elle avait retenue. Ils entendaient, insouciants, ayant tout oublié, le pas du général qui écrasait du talon le gravier de la terrasse en passant et repassant auprès d'eux. L'arrivée des lampes dans le salon voisin les tira de cette extase.

La semaine qui suivit ne compta que des jours moroses. Pourrai-je faire comprendre ces touchantes contradictions et assez y insister ? Elle l'avait appelé comme le malade appelle la main habile à soulager ses souffrances, elle le repoussait comme le blessé repousse le chirurgien prêt à l'opérer. Elle l'aimait avec passion, tout son cœur allait à lui, tout son être en ses plus secrètes profondeurs ardemment l'invoquait, la pensée de son amant occupait ses journées, agitait ses insomnies et aussi son sommeil. Ouvrant un jour au hasard, le second volume des *Soirées de Saint-Pétersbourg* qui traînait sur la table du salon, ses yeux se portèrent sur une note dans laquelle le comte

J. de Maistre place la narration d'un « ravissement » de sainte Thérèse : « Dans le ravissement, dit-elle, on ne peut presque jamais y résister.. Il arrive souvent sans que nous y pensions... avec une impétuosité si prompte et si forte, que nous voyons et sentons tout d'un coup s'élever la nuée dans laquelle ce divin aigle nous cache sous l'ombre de ses ailes... Je résistais quelquefois un peu, mais je me trouvais après si lasse et si fatiguée, qu'il me semblait que j'avais le corps tout brisé... »

Ayant lu, elle s'écria : « Oh ! que c'est bien ça ! » donnant à penser que, pour avoir de moins saintes visions, elle était cependant soumise à des phénomènes de la même nature.

Mais le sentiment profond du devoir lui faisait envisager sa chute désormais certaine avec épouvante. A cette idée, sa conscience poussait en elle comme des cris de désespoir. Gaston faisait-il un pas vers elle, cédait-il même aux entraînements où elle le conduisait, Hélène lui échappait ; elle le redoutait alors, s'irritait, était tout près de le haïr. Au contraire se tenait-il à distance, dans une réserve discrète, attristée, douloureuse, elle le recherchait, volait vers lui, se serait volontiers jetée dans ses bras et ouvertement compromise sans nul souci des conséquences. La lutte de cette âme noble, de ce cœur si tendre, de cette femme dans l'épanouissement complet de la beauté, de la jeunesse, de la force, de la vie contre la destinée fatale que son mariage lui avait imposée était vraiment pathétique. C'est que ce n'est pas une petite chose que de fouler aux pieds la religion dans laquelle on a été nourri, fût-ce la religion tout humaine de l'honneur. Son malheur fut de ne savoir prier.

Pendant huit jours elle parut à peine au dîner, gardant la chambre, s'excitant, s'exaltant elle-même dans la solitude, combattant son amour, se portant aux résolutions extrêmes, songeant à interdire à Gaston de la revoir, à le supplier de s'éloigner d'elle, à fuir son amant, à fuir son mari, à se retirer dans un couvent, à mourir.

En même temps qu'elle se tournait et retournait toute enfiévrée dans le cercle douloureux de ses scrupules et de ses ardeurs, elle reprenait parfois ce jeu de la coquetterie qui eût été infernal s'il n'avait été inconscient, innocent, non voulu, et qui mettait Gaston au supplice.

Lui aussi, il se demandait s'il ne devait pas la fuir, se séparer d'elle à jamais, quitter Veulettes, Paris, la France, afin que rien de ce qui la touchait, son nom même ne pût désormais parvenir jusqu'à lui. Sa conscience, à lui aussi, tressaillait, se révoltait, à la pensée qu'il trahirait la sereine confiance du comte de Cermont, et qu'il frapperait, non-seulement dans sa dignité, mais aussi dans son affection, c'est-à-dire au cœur, ce vieillard qu'il estimait et dont l'estime lui était si précieuse et qu'il aimait au point de donner sa vie pour lui, s'il l'eût fallu, pour le sauver d'un péril; qu'il respectait autant que s'il eût été son père et qui était, en effet, devant l'église son père spirituel. Mais l'homme qui aura seulement mouillé ses lèvres à la coupe de l'amour la videra toujours jusqu'au fond. Domptera-t-on jamais les élans d'un cœur emporté? Est-ce que les sophismes impétueux de la passion ne triomphent point, par la puissance et le nombre, des plus nobles calculs de la raison livrée à ses seules forces? N'avait-il pas poursuivi cette chimère de l'amour chaste! Mais alors qu'il en était encore, lui, à rêver avec Hélène une union qui restât spirituelle, même dans la chair, n'en était-elle pas arrivée déjà, elle, à convoiter l'union charnelle, même dans l'esprit! Et depuis, quels subterfuges, quelles ruses, quelles subtilités surgissaient dans son esprit, quand il pensait à la comtesse!

S'il se disait que son devoir vis-à-vis du général était de s'expatrier, il se demandait s'il n'avait pas à remplir un devoir aussi et bien autrement impérieux vis à-vis d'Hélène. Se mentait-il donc à lui-même et l'avait-il trompée, quand depuis un an il s'affirmait et lui laissait croire qu'il l'aimait par dessus tout. Etait-ce l'aimer que de reculer devant le sacrifice complet, absolu, aveugle de soi... — de sa vie, de sa personne physique : cela ne faisait pas question... — mais de sa personne morale, de sa conscience même, de son bonheur en ce monde et de son salut dans l'autre? Le jour où sous les eaux de la mer d'argent il s'était laissé glisser dans la mort avec elle, s'était-il engagé, oui ou non? Ne s'était-il pas donné tout entier? Eh bien... avait-il le droit de se reprendre ? S'il l'avait sauvée à cette heure suprême, du même effort elle l'avait sauvé ; alors, ne lui devait-il pas compte de sa propre existence à toute heure et en tout lieu ?

Il écoutait avec une égale complaisance les suggestions de l'esprit de révolte. Hélène était la victime désignée, d'avance condamnée d'un devoir inique, tout social, d'un sacrifice qu'elle n'avait point consenti. Si la divine équité pouvait en accepter l'hommage avec joie, elle ne pouvait en exiger l'accomplissement comme une obligation. Car il croyait autant à la bonté de Dieu qu'au libre arbitre de l'homme. Au nom de la bonté de Dieu, il se révoltait contre le bonheur qui s'offrait à lui comme une chose volée. Lui qui n'avait jamais connu l'envie, il enviait la félicité à ciel ouvert des fiancés qui s'approchent avec une discrète mais permise liberté. Et retombant sur lui-même il se disait : « Moi, je n'ai pas su gérer la liberté que Dieu m'avait donnée.

XL

LE PÉCHÉ

En 1863, le mois de juillet fut très orageux. Pendant une semaine, les hôtes du château de Veulettes, où venait d'arriver le baron van Hove, avaient été forcés de renoncer aux longues promenades. Un matin pourtant, le ciel apparut enfin dégagé des lourdes nuées aux reflets de cuivre qui le balayaient jour et nuit au souffle puissant des vents de sud-ouest. Au déjeuner, la comtesse descendit joyeuse, souriante, dans une fraîche toilette de foulard paille ornée de jaune de Chine. Sous une gaze on voyait le pur profil de ses bras et les palpitations de sa poitrine. Alerte, animée, en verve comme aux belles heures de l'été précédent, elle manifesta tout à coup le désir d'essayer un jeune cheval récemment entré dans son écurie. Gaston devait lui servir d'écuyer, et le général, qui les accompagnerait avec le baron, conduirait les poneys attelés au panier couvert où elle se réfugierait si le temps se gâtait. Vivement elle alla revêtir son amazone et redescendit allègre. Debout sur le perron, elle était charmante, avec ce costume bleu foncé qui dessinait sa taille, la jupe relevée sur le bras gauche, la cravache à la main, gantée de suède, les yeux dans l'ombre transparente portée par le petit chapeau de soie posé droit sur les sourcils, et son léger voile bleu clair roulé en turban à mi-hauteur.

Gaston ayant annoncé qu'il reviendrait par Succettes pour y prendre sa dernière étude de mer qu'elle désirait voir, la comtesse jeta dans la voiture un léger paquet de quelques effets hors d'usage, en disant : — Tenez, puisque vous allez à Succettes, vous donnerez cela à la Sorguette, c'est pour elle. — Le jeune cheval, un alezan doré, en tête bordé, avec lisse prolongée se terminant à la lèvre supérieure, et quatre balzanes, l'antérieure droite plus petite, fut amené en main. Plein de feu, il était en gaîté ; il arriva par un trot de flanc. Les oreilles pointées, il s'ébrouait avec de telles mines que madame de Cermont le nomma le *Gamin*. Une caresse et un morceau de sucre que lui donnèrent ses doigts l'ayant calmé, il regardait de son grand œil ardent et doux. La comtesse le baisa sur ses naseaux de velours, légèrement prit position sur la selle dont le cuir neuf craqua, et l'on partit.

Il était une rose en un jardin fleuri...

commença le baron. Quand la voiture se mit en mouvement, il en était à

Rose rougit et puis soupire.

Le reste se perdit dans le bruit des roues mordant sur le gravier. On traversa le village, et, contournant le cap des Falaisettes, par le chemin vert on atteignit la Pucheuse, dont on suivit le cours jusqu'à Paluel où elle rejoint la Durdent, et par la rive boisée de la Durdent on parvint au château de Cany. Parmi ces ombrages, dans le voisinage de ces belles eaux vives, par cette pure lumière de juillet, on pouvait croire qu'on ne sortait point d'un parc de féerie. Le Gamin se comportait gentiment, obéissait aux aides, tressaillait bien de temps en temps, soufflait, tournait la tête avec une grande flexion de l'encolure qui se plissait, et roulait son grand œil noir, inquiet au bruit de quelque grenouille effarée par l'approche des chevaux et sautant dans les herbes prochaines, ou d'une carpe chassant aux moucherons, jaillissant hors de l'eau où elle retombait avec des rejaillissements de perle. Il n'avait qu'un joli défaut, un peu de jeunesse et d'ardeur; aux allures vives, gagnait à la main, et volontiers les doublait, « s'emballait. »

Au retour, à un kilomètre de la mer, le baron disait déjà :

> Je reconnais sur le rivage
> Le batelet d'Anacréon...

Gaston, se séparant d'Hélène, comme il était convenu, s'engagea dans le Val-au-Loup, un chemin creux qui escalade le dos des falaises pour redescendre à Succettes. La chaleur était lourde, l'air chargé d'électricité. Lorsqu'il entra dans la cavée solitaire et sombre, de Chanly éprouva une sensation de détente, un apaisement qu'il ne connaissait plus depuis longtemps. Pendant toute la première partie de la promenade, Hélène s'était montrée naturelle, enjouée, aimable, vraiment et seulement amie. En revenant, sa verve était peut-être moins franche, paraissait un peu forcée; elle la reprenait par à-coups après des chutes de silence. Gaston attribua ce changement à peine perceptible à l'influence atmosphérique, à quelque orage dont l'approche agissait sur les nerfs délicats de la jeune femme.

Il gravissait au pas de sa bête la pente assez raide du Val-au-Loup, encaissée entre deux grands talus bordés de ronces et d'ormes espacés. Le roulement des silex froissés par le fer, dégringolant derrière lui dans les déclivités du chemin rocailleux, accompagnait sa pensée. Il était heureux.

Soudain il est tiré de ses réflexions par un frais éclat de rire tombant de haut, à sa gauche. C'est la comtesse qui suit la lisière de l'escarpement et, sur la crête, avançant de la même allure que lui dans la cavée, le guette d'un regard malicieux. Au bord des cultures, le bruit des pas du Gamin était amorti, étouffé dans l'élasticité de la terre herbue.

— Je vais à Succettes aussi, lui crie-t-elle.

Il tressaille. Un pressentiment lui traverse l'esprit comme un trait de feu. Rassemblant le cheval, son premier mouvement est de tourner le dos et de redescendre au plus vite la pente du Val-au-Loup. Mais aussitôt il est détourné de le faire par l'image instantanée du ridicule qui s'attache en France à la légende biblique de Joseph et de son manteau. En même temps il se reproche ce scrupule comme inspiré par un soupçon odieux. En même temps encore, il se demande ce que penserait de sa fuite la comtesse, et de son retour le général. Cet afflux de pensées simultanées dure à peine un dixième de seconde et le mouvement qu'il avait commencé en demi-tour s'achève par un élan en avant.

De Chanly et madame de Cermont se rejoignirent à l'issue du chemin creux sur le plateau des falaises, et traversèrent une zone inculte tapissée d'une herbe sèche, parsemée d'îlots de joncs marins, où perçaient de place en place d'énormes rocs arrondis qui se chauffaient au soleil et faisaient penser à des épaules nues de Titans ensevelis dans le sol, sous les débris d'un monde.

— A quoi songez-vous, beau ténébreux? dit la comtesse en abordant Gaston.

Et tout aussitôt : — Qu'avez vous donc? Vous êtes blanc comme ça. Et d'un geste espiègle elle le fouetta au visage avec la batiste de son mouchoir.

Comme il ne disait mot, elle reprit : — Eh bien, dites-donc, vous, ce n'est pas la galanterie qui vous étouffe au moins : une belle dame court après vous... c'est de moi que je parle, vous savez... la dame de vos pensées, et vous n'êtes pas plus content que ça ? Voilà toute la mine que vous lui faites ?

— Hélène, je vous en prie... Vous me rendez fou! répondit Gaston.

A ce nom d'Hélène que de Chanly donnait pour la première fois à madame de Cermont, elle rougit et se tut. Ils descendaient alors le plan très incliné qui aboutit au vallon de Succettes et ils avaient assez à faire de soutenir leurs chevaux sans prolonger l'entretien. Au bas de la descente, ils traversèrent la vallée d'un temps de galop et en quelques minutes atteignirent la grotte de l'ermite. Le bonhomme était en mer, la Sorguette sur la plage, sans doute à ramasser des moules et des crabes. Ils entrèrent néanmoins après avoir attaché les chevaux à la tige d'un tamaris.

La comtesse s'assit dans la première des deux grottes pendant que de Chanly passait dans l'autre, en disant : — Je vais chercher ma dernière étude. Au bout de quelques instants, ne le voyant pas revenir, madame de Cermont l'interpella : — Eh bien, qu'est-ce que vous faites donc? — Puis ne recevant pas de réponse, étonnée, impatiente, à son tour elle pénétra dans l'antre où il avait disparu. Alors elle entendit le bruit d'un pas précipité qui descendait de loin. Ses yeux s'étaient habitués aux demi-ténèbres des grottes, elle distingua dans un angle quelques degrés grossièrement établis qui s'enfonçaient en montant dans une percée obscure. Elle les gravit et trouva un chemin en pente rapide qui s'élargissait un peu plus haut, et s'éclairait par reflet dans l'angle d'un coude formé à quelque distance. Ne doutant pas que de Chanly ne fût quelque part dans cette direction, elle s'y engagea résolûment en criant : — Ne descendez pas... Qu'est-ce que c'est que ce trou-là ?... Je veux voir. — Et rassemblant dans ses deux mains sa longue jupe d'amazone, elle se mit à courir en escaladant la rampe et déboucha toute rose, quelque peu haletante, au seuil de la rotonde que Gaston avait convertie en atelier.

Des nattes du Japon tapissaient le sol garni en dessous de sable de mer sec et fin; des soies peintes de la même provenance représentant des cigognes, des tortues, des poissons bizarres, de grands jets de bambous étoilés sur des fonds de lacs et de ciels, alternaient avec des pentes de satin uni pour masquer la roche calcaire des parois. Auprès des larges trous percés dans la falaise et qui ressemblaient à des œils-de-bœuf irréguliers, un chevalet, çà et là quelques pliants et, dans le fond, une sorte de sofa composaient tout le mobilier de cette retraite.

— C'est très gentil ici, dit la comtesse qui se laissa tomber sur le divan, après avoir fait le tour de la rotonde et contemplé la mer par l'ouverture des Trous Mirbeau, la mer sombre sous le ciel noir. — Mais quel être mystérieux vous êtes... Parole d'honneur! cachottier comme ça, vous auriez dû vous faire moine... C'est donc là que vous venez méditer sur vos Almanzor, vos Galaor, vos Gylippe ? — Et sans lui laisser le temps de parler : — Voyons, montrez-moi de votre peinture.

Gaston approcha un pliant du sofa où la comtesse était assise. Une à une il allait chercher ses toiles dans le coin où elles étaient empilées et, les posant debout contre les jambages de l'X formé par le siége, il en fit passer un certain nombre devant ses yeux. Sous l'influence de l'orage qui allait éclater, la température en ce lieu clos devenait suffocante. Une animation singulière montait aux joues d'Hélène. — Qu'il fait chaud ! disait-elle ; on ne respire plus... ; vous ne trouvez pas ? — Et il semblait que du regard elle cherchât autour d'elle, comme si elle eût été dans son appartement, un endroit où elle pût se soulager du poids de son amazone de drap, montante, étroitement fermée, dans laquelle, à la lettre, elle étouffait. D'un mouvement machinal, elle défit de sa main dégantée quelques boutons de son corsage et dans l'entrebâillement de l'étoffe apparut la lumière blanche de son linge de dessous, un brin de dentelle transparente sur la chair rosée Elle s'éventait avec son léger mouchoir, à petits coups. Un genou en terre devant elle, sous le prétexte de lui montrer une de ses marines, Gaston, tout près du cœur d'Hélène, écoutait la pulsation de ses artères, la troublante musique du sang, comme a dit Calderon d'un mot de génie, *la musica de la sangre*. D'un revers de main, tout à coup, elle fit sauter le châssis entoilé, et saisissant la tête de Gaston entre ses deux mains, elle l'appuya d'un geste passionné contre sa poitrine :

— Enfin ! Je puis donc te dire : « Je t'aime ! » s'écria-t-elle avec impétuosité et comme si le secret de son cœur faisait explosion.

— Hélène ! Hélène ! murmura Gaston.

— Oh ! parle, parle ! commença-t-elle. — Mais non, tais-toi... C'est moi qui veux te dire... Et elle renversait le haut du corps, allongeait ses bras et ses mains qui tenaient toujours le front de Gaston, plongeait ses regards dans les siens. — Tu crois peut-être que je ne te comprends pas, que je n'ai pas deviné tes scrupules... Tu m'évites, tu me fuis, tu as peur de moi parce que tu m'aimes .. Je le sais bien, va... Tu avais raison... Mais moi aussi j'ai raison... Vois-tu, je n'en pouvais plus...

— Et à mots pressés, vibrants, dans le fougueux élan de son cœur éperdu, elle reprit : — Il faut que je te le dise enfin, enfin ! Oui, je t'aime. Oui je suis à toi, toute à toi, rien qu'à toi... Mais, ô mon bien-aimé, tu me défendras de moi, dis ? — Je n'ai pas de la raison comme toi, moi, tu sais... Je ne suis qu'une folle, une pauvre folle, folle à lier... Mais toi, toi, tu es fort, dis ? tu es bon, tu es grand... Tu me garderas, tu me sauveras de moi-même... Oh ! je t'aimerai tant !... — Et elle le serrait contre elle et l'écartait tour à tour, et offrait ses lèvres à ses lèvres. — Oui, c'est moi qui veux être ta maîtresse, ta femme; mais tu ne voudras pas, n'est-ce pas ? Oui, j'ai soif de tes baisers : mais refuse-les moi, dis... je t'en prie.

Et dans le baiser, dans ce rapprochement sacré des lèvres, elle lui donnait toute son âme et lui demandait la sienne, buvait à longs traits l'amour, cette félicité inconnue. — Ne me prends pas, va-t-en ! criait-elle, en l'étreignant sur son cœur.

Saisis de vertige, tout ce qui n'était pas elle et lui, soudain pour lui, pour elle, tout s'anéantit, cessa d'exister. — Un moment ils furent Dieu.

XLI

SUR LA FALAISE

Quand Hélène et Gaston sortirent de l'atelier des Trous Mirbeau, elle marchait rayonnante de joie, d'amour satisfait, triomphante dans son bonheur, avec l'orgueil de la vie reconquise et battant plein dans ses veines, elle était bien à cette heure solennelle, la femme dont parle le poète Lucrèce :

Mulier toto jactans è corpore amorem.

Lui, au contraire, pâle, défait, les jarrets défaillants, aurait fait pitié à qui l'eût pu voir ainsi, trébuchant à chaque pas, succombant à la honte, écrasé sous le remords.

Ils remontèrent à cheval et reprirent au pas, lentement, la direction de Veulettes. Dans le ciel lavé d'encre, une énorme et longue volute diagonale, posée en travers, emplissant l'espace du sud au nord, avançait rigide, rapide, en façon de mascaret, chassée vers les terres par le vent d'ouest qui soulevait, enflait et grossissait les vagues dressées, pressées, se poursuivant furieuses, s'effondrant, se culbutant, s'escaladant l'une l'autre, secouant dans l'air l'écume de leurs cimes qui se tordaient échevelées et finissaient par s'étaler, en secousses, tout à plat sur le galet.

L'orage allait éclater. De premières gouttes d'eau très larges tombaient en s'étoilant sur les grès arrondis de la falaise; Gaston, tête nue, leur opposait son front brûlant. Hélène le précédait. En passant devant la guérite de pierre d'un douanier, l'homme les salua et dit : — Faut vous hâter, monsieur, madame, si vous voulez point être trempés ! — Cependant, à mesure qu'on se rapprocha de la Durdent, Hélène ralentit le pas du Gamin, qui s'impatientait sous le mors. Arrivés à l'extrémité du plateau, au moment de descendre dans la première vallée, au loin, par-dessus le coteau nu des Falaisettes, les amants aperçurent les hautes cheminées et les pignons aigus du château de Veulettes enveloppé d'éclairs. Que se passa-t-il dans l'âme de la comtesse ? Ramenée par cette apparition soudaine au sentiment de la réalité, arrachée aux délices de son rêve, en vit-elle tout à coup les suites odieuses ? Eprouva-t-elle à son tour le remords du péché commis ? La pensée qu'elle allait retrouver le général lui fit-elle horreur ou seulement peur ? Au contraire, céda-t-elle au désir instantané, irréfléchi de poursuivre dans l'éternité le bonheur entrevu et qu'elle ne pouvait prolonger ici-bas ? — Brusquement elle tourna bride, enleva le Gamin au galop de pied ferme, et serrant de près et de plus en plus la lisière des falaises, reprit la piste qu'ils venaient de parcourir. Gaston devina et lança son cheval pour la rejoindre.

Auprès d'eux, derrière eux, devant eux la foudre éclatait. Comme ils passaient de nouveau vis-à-vis de la guérite, les chevaux couraient côte à côte. Lui, à sa droite, la tenait enlacée dans son bras gauche, et, résolu à mourir, fouettait le Gamin à tour de bras, ensanglantait ses éperons aux flancs de son cheval. Parmi les bruits semblables du tonnerre et des masses de galet roulées par la tempête, les deux bêtes affolées se précipitèrent dans une cavité de quelques mètres carrés, ouverte à vide sur l'abîme. Au même instant, la rafale enlevait à travers des torrents de pluie le petit chapeau d'amazone de madame de Cermont, et l'emportait en tournoyant, avec son voile déployé, au-dessus de la mer. En les voyant disparaître, le douanier jeta un cri d'épouvante : — Les v'là bas dans l'iau !

Sous la tempête, au risque de sa vie, cet homme descendit jusqu'à la plage en suivant une des rigoles presque perpendiculaires creusées par les pluies d'orage au flanc des falaises, dont le pied était battu par les lames furieuses de la mer haute à cette heure. Il vit le voile bleu de la comtesse et son chapeau de soie déformé, roulés par les vagues.

A marée basse, dans la crique de Succettes, on découvrit le cadavre du cheval que montait de Chanly. Il portait d'un côté, au cou, une large blessure qui avait coupé l'une des veines jugulaires avec la netteté d'un instrument d'acier; il avait sans doute heurté la tranchante aiguille de quelque roche. Le Gamin fut retrouvé plus loin encore ; la mer l'avait porté en longs balancements jusqu'à l'entrée de la baie de Saint-Valery. Seuls, les corps des deux jeunes gens échappèrent à toutes les recherches.

Après huit jours d'investigations sans résultat, tout espoir perdu, au milieu de la consternation générale, le comte de Cermont fit dire, avec une pompe ignorée de ces pauvres campagnes, un service solennel dans la petite église de Veulettes. Tout le matériel du cérémonial était venu de Paris, avait suivi cette route d'Yvetot à Veulettes, tant de fois parcourue par les amants. Les crêpes des chars funéraires laissaient de leurs lambeaux aux buissons du chemin, aux basses branches des chênes en bordure sur la Durdent. Les eaux, qui si souvent avaient reflété leur image jeune et vivante, reflétaient aujourd'hui les grandes ombres de leur mort. Sous l'admirable ciel d'août rasséréné, dans le vert des plaines, des bois et des prés, au bord de cette mer unie, douce, luisante, pailletée d'étincelles joyeuses, ces sombres magnificences du double deuil revêtaient un caractère particulier de désolation. L'église fut trop petite pour contenir les invités venus des châteaux et des manoirs environnants, ainsi que de Rouen et de Paris ; les pentes du cimetière étaient couvertes et les sentiers y aboutissant emplis de foules recueillies et mornes.

Au premier rang des assistants figuraient, avec le général, le baron van Hove, le président Lecarpentier, sa femme et Flora Sigoulans, devenue madame de Chanly, Flora superbe, en grand deuil, accompagnant pas à pas, soutenant, entourant avec affection un vieillard qui marchait péniblement, l'œil éteint et bas; c'était son mari, le père de Gaston.

L'attitude de M. de Cermont était navrante ; sa douleur arrachait des sanglots aux femmes normandes, qui pourtant ne sont pas tendres. Pendant l'office, le général se retournait de temps à autre vers la grande porte de l'église restée ouverte ; on eût dit qu'il espérait voir entrer quelque personne attendue avec anxiété. Cela étonna. Bientôt après, l'étonnement redoubla quand on apprit que le comte ne quitterait pas le château. On pensait qu'il fuirait le pays témoin de cette épouvatable catastrophe. Il annonça, au contraire, son intention formelle de résider à Veulettes désormais : ce qu'il fit.

De Paris fut apporté le grand portrait de la comtesse par Cabanel, on le plaça dans le salon du rez-de-chaussée ; celui que de Chanly avait peint au château même fut accroché dans la chambre d'Hélène. Ces deux images étaient en tout temps environnées de fleurs renouvelées et entretenues avec sollicitude par le général et de sa propre main, avec le concours d'Ethelreda. Il avait, en effet, conservé auprès de lui la femme de chambre de sa femme pour prendre soin de tout ce qui avait touché à madame de Cermont, de la même façon que si elle eût été vivante encore. Rien n'avait été changé au service ni aux usages de la maison. Tout s'y exécutait aux mêmes heures et dans les mêmes formes. On eût pu croire que la comtesse était seulement absente.

Quant au général, loin de chercher à éviter le souvenir du terrible événement, il semblait qu'il ne pût se repaître du spectacle des lieux où le drame s'était accompli. Souvent on apercevait sa haute silhouette errant sur la plage de Succettes ou bien arrêtée pensive à l'endroit de la falaise où la chute avait été constatée. Dans les premiers jours, il avait étudié le terrain avec une minutieuse attention, relevé les traces laissées sur le sol humide par les glissades des chevaux. Il en suivait l'empreinte jusqu'à l'extrême bord de la cavité sur la mer, et chaque fois remontait lentement dans la direction de Succettes, les yeux baissés comme s'il eût suivi une piste. Puis il regardait longuement vers l'horizon et revenait en hochant la tête.

Je l'accompagnai plusieurs fois dans ce douloureux pèlerinage, nous dit Landry, quand je fus amené à Veulettes par le triste devoir de retirer les objets qui appartenaient à Gaston, notamment ses études que me remit la Sorguette avec ses albums et ses papiers. M. de Cermont fit parmi les peintures un choix de quelques motifs dans lesquels apparaissait la fine stature de la comtesse, et me demanda la permission de les garder. Je dis oui, sauf à obtenir l'assentiment de M. de Chanly que j'avais besoin de voir pour lui remettre tout ce que j'avais recueilli tant à Veulettes qu'à Paris, dans l'atelier du boulevard de Clichy.

Ce n'est pas sans quelque appréhension que je fis cette visite au château de Chanly. J'avais eu soin de l'annoncer d'avance, sachant que Flora Sigoulans n'aimait point les surprises. Si j'avais des doutes sur la bienveillance de l'accueil qui m'attendait, je dois avouer qu'ils furent trompés. Reçu d'abord par madame Flora, je lui exposai : que, légataire universel de Gaston, je renonçais à tout ce qui représentait une valeur quelconque dans sa succession; que je me réservais seulement ses papiers personnels; que j'avais le regret de n'avoir retrouvé aucune trace de sa fortune; qu'enfin je tenais à la disposition de M. de Chanly tout ce qui venait de son fils.

Après quelques paroles d'enthousiasme non déguisé pour ce qu'elle appelait mon « admirable désintéressement », — et la créature en telle matière était bon juge, — elle se retira, me laissant seul pour un quart d'heure, puis m'introduisit auprès de son mari, après m'avoir recommandé de ne pas prolonger ma visite pour ne point le fatiguer. Assis dans un grand fauteuil, affaissé sur lui-même, la lèvre pendante et baveuse, tenant à la main un foulard dont il s'essuyait à tout moment, le vieux gentilhomme me salua de la tête, son regard un instant s'éclaira et il me dit : — Monsieur, vous avez aimé mon fils, je vous en remercie. Gardez tout. — Il jeta un coup-d'œil circulaire sur ce qui l'entourait, et avec un triste sourire : — Vous le voyez, rien ici ne serait à sa place. Puis il ajouta : — C'était un fruit sec, ma femme me le disait bien; il a quitté la vie en fruit sec.

Le vieillard avait-il donc deviné ?

Je saluai et sortis.

XLII

LA CHIMÈRE

Obsédé par l'émotion de cette mort, je ne fis que traverser Paris, mon congé expirait, et repartis pour Rome. Dans le long et monotone roulement du chemin de fer, ce souvenir me hantait, me harcelait sans cesse, ne me laissant nul repos. A mille indices, plus tard confirmés par les papiers de Gaston, qui étaient restés entre mes mains, j'avais acquis la certitude que de Chanly et madame de Cermont s'étaient aimés avec passion. J'avais reconnu partout dans ses études, dans les croquis de ses albums, l'image de l'adorée; des cahiers de dessin étaient remplis de notes tracées à la pierre noire, et qui étaient autant d'aveux ; d'autre part, cet atelier des Trous Mirbeau que la Sorguette m'avait montré... tout cela rendait évident à mes yeux le suicide d'Hélène et de Gaston.

Pauvres enfants ! Je compris le drame qui s'était

agité entre eux. Je compris l'amour qui s'était propagé d'un cœur à l'autre entre ces deux isolés de la vie. Je compris leur fol idéal d'amour chaste, le néant, dans l'ordre des choses humaines, de cette amitié voluptueuse qu'ils avaient rêvée, poursuivie, le perfide attrait de la chimère d'honneur et d'amour en dehors du mariage qu'ils avaient caressée, qui les avait conduits à la mort.

Nos sentiments exercent sur les manifestations de notre art une action contre laquelle il serait illégitime et d'ailleurs inutile de lutter. En rentrant à la villa Médicis, j'allais me trouver en face d'une grande toile blanche à remplir pour mon envoi de quatrième année. Désormais, je me sentais sans énergie, sans élan, sans foi pour exécuter mon projet, cette *Vénus marine*, où je voulais naguère exprimer l'adoration pure du Beau. Je ne croyais plus alors à l'amour désintéressé de la beauté plastique. L'œuvre que je devais faire me préoccupait donc, et cette pensée se mêlait à la douloureuse obsession que m'avait laissée la fin cruelle des deux amants. Comment le double courant d'idées et d'images qui se heurtait dans mon cerveau se fondit en un seul, je ne puis l'expliquer; c'est le côté mystérieux de la conception des œuvres d'art. Mais quand je repris possession de de mon atelier à l'Académie de France, la composition de mon nouveau tableau était arrêtée, et je l'achevai sans y rien modifier.

— Et ce tableau était la *Chimère*, votre admirable *Chimère*, interrompit l'hôte des Bélices, chez qui Jean Landry nous racontait ces tragiques aventures. — A mon tour, je comprends le sens ystique de cette étrange composition, de ce jeune et beau centaure, déployant dans le ciel livide l'envergure immense de son aile assyrienne pour s'élancer dans l'espace. La face tournée vers le couchant, les yeux grands ouverts et levés vers les astres, il enlève de son large coup d'épaule une jeune âme, une jeune femme suspendue par les deux bras noués en collier autour de son cou puissant, et l'emporte éperdue dans l'infini des béatitudes idéales...

— Doucement, mon cher ami ; vous êtes poète, et, à ce titre, vous cédez un peu vite à votre imagination. Vous oubliez que les pieds de derrière du monstre, que j'ai voulu faire charmant en effet, touchent le sol. Ils posent sur une cime? Oui, sans doute, mais ils posent, et sont par là comme engagés dans la matière encore et rivés aux fragilités de la terre. Dans le centaure, homme par le buste, par l'intelligence du regard, c'est-à-dire tout près d'être dieu, l'animalité domine pourtant; voyez les soies floches qui font touffe aux pâturons, voyez les plumules de ses flancs, toutes choses inertes, sans vie, et comparez, comparez à la vie circulant au corps de la jeune âme. Oui, cette âme et cette matière aspirent ensemble à l'infini. Mais le beau couple y arrivera-t-il ? les coups d'ailes seront-ils assez puissants ? Le vide s'ouvre béant au-dessous de lui et attend impassible; l'oiseau de proie y rôde. Ne s'y briseront-ils pas, ces passionnés, sur quelqu'une des aiguilles acérées que les rocs bas projettent et multiplient comme autant de menaces au dessus de l'horizon ? L'atteindront-ils, leur idéal ? La bête a les reins forts; le sont-ils assez pour franchir l'espace vertigineux ? Sa force n'est que muscles, chair, nerfs, grandeur, largeur, pesanteur. Remarquez aussi que la petite âme s'abandonne les yeux clos à l'élan de la bête ; si seulement elle la dirigeait au lieu de se laisser emporter par elle !... La matière n'entraînera-t-elle pas l'esprit aux abîmes, le poids l'impondérable ?

J'ai laissé la question indécise Nous autres peintres, nous ne sommes pas des philosophes chargés de fournir des solutions. Chacun reste libre de conclure à sa guise. Car enfin, il y a des âmes qui s'éveillent à temps de leur rêve, dominent la Chimère, l'enfourchent, lui coupent les ailes, la ramènent grand train à l'écurie et la dressent au service des bêtes de labeur. C'est moins noble, moins poétique, mais plus utile assurément et, dit-on, plus moral.

Le long récit de Landry était achevé. Nous tous qui l'avions écouté, nous étions profondément émus. Au contraire de ce qui se passe en pareil cas, l'infortunée comtesse de Cermont ne trouva, parmi les jeunes femmes honnêtes qui étaient présentes, que d'éloquentes voix pour la défendre. Gaston ne trouva parmi les hommes que de sévères critiques, à l'exception du docteur et de l'abbé qui prononcèrent des paroles d'excuse et d'indulgence. Les propos se croisèrent aussitôt.

— Ils ont perdu leur auréole aux Trous Mirbeau.

— La mort la leur a rendue.

— Oh ! non. Le suicide est une lâcheté...

— ... Héroïque.

— Que vouliez-vous qu'ils fissent ?

— Rectifiez. Contre le général, contre la comtesse et contre lui-même, ce pauvre Gaston, que vouliez-vous qu'il fît ? Qu'il mourût, parbleu !

— Et c'est ce qu'il a fait.

— L'amour pur, chaste, hors du mariage... Quelle folie !

— Et pourtant l'amour avait réglé l'énergie de sa vie.

— Votre ami avait la monomanie du suicide, l'activité de l'amour au moins l'a sauvé du suicide bête.

— C'était un cœur passif. Son péril était dans sa passivité même, si voisine du nihilisme.

— C'était un égoïste. Il n'a fait dans l'amour que dédoubler son *moi*.

— Parfaitement. Il se ménageait un petit bonheur à lui, bien sage et bien prudent, pas dangereux, et ne pensait que très incidemment au bonheur de la comtesse.

— Voilà donc où mène la religion de l'honneur sans religion !

— C'est vrai. Une femme pieuse n'eût pas succombé.

— En effet. Malgré tous leurs scrupules en matière d'amour, si longtemps qu'ils aient lutté, résisté, il y a eu chute... et châtiment. La lutte, sans autre appui que l'honneur, c'était d'avance la défaite.

— La chute était inévitable, notre organisation sociale étant donnée.

— Le châtiment aussi.

— En vertu de la solidarité des fautes entre elles, le châtiment qu'ils se sont imposé fut une faute plus grave encore que la première.

— Avouez cependant que nos mœurs font une situation singulière à la plupart des jeunes hommes. A l'âge où les passions sont le plus impérieuses, elles ne peuvent être satisfaites que par l'adultère, un crime, ou la séduction, un crime encore plus odieux.

— Pardon. Il ne manque pas de certaines demoiselles qui...

— Qu'est-ce qu'il y a là de commun avec l'amour, cette conquête de l'âme précisément sur la bestialité ?

— Au moins ont-ils connu l'amour. C'est quelque chose.

— Ont-ils connu l'amour? Moi, je crois qu'ils se sont joué la comédie l'un à l'autre. Lui, celle de la froideur, de l'insensibilité alors qu'il la convoitait déjà. Il notait ses moindres gestes avec la passion d'un amant. Il y a même un moment où il prévoit à son amour une issue à la fois heureuse et fatale. Elle, au contraire, enjouée, familière, volontiers railleuse et agressive vis-à-vis de Gaston, se trouve, rendue à elle-même, timide, soumise et craintive.

— Très juste. La bataille entre eux s'engage sous un double masque qui ne les trompe en réalité ni l'un ni l'autre, mais qu'ils ne déposent qu'à la dernière heure.

— Point du tout. Ils s'aimaient. Ils étaient attirés l'un vers l'autre par l'analogie de situation morale, l'isolement dans la vie. Leur passion s'exalte par les obstacles, par leur égal respect des lois de l'honneur qui ont du bon, quoique vous en disiez.

— Par leurs sentiments de respect et de reconnaissance envers le général.

— Oh ! le général...

— C'est lui qui a conduit sa femme au dégoût de la vie.

— C'est cela. Et du dégoût de la vie ils se sont réfugiés dans un rêve de volupté.

— Et de la volupté dans la mort.

— Par le fait, on ne saura jamais ce que le monde contient d'esprits baroques, d'esprits mal faits, d'esprits bossus, bancals, tortus, estropiés, d'esprits faux...

— Vous dites cela pour Gaston. Soit! Il avait bien des lacunes, il n'avait pas une tache.

— Et la comtesse, qu'en dites-vous ? Elle allait bien...

— La comtesse? dit l'abbé. C'est une malade, elle n'est pas responsable.

— La comtesse était blonde, dit le docteur. Une brune n'eût pas attendu si longtemps.

Tous ces jugements, tous ces propos tombaient sur les héros de ce drame comme des pelletées de terre se succédant sur une tombe qui se ferme. Ils causaient la même impression de quelque chose d'implacable et de fini.

XLIII

RÉCIT DE L'ERMITE

Quelques semaines après, je rencontrai Landry sur le boulevard. Les premières paroles et informations sur nos amis communs échangées, comme nous étions arrêtés devant le perron de Tortoni, il dit :

— Entrons là. Il n'y a personne à cette heure-ci, nous pourrons causer tranquillement.

Et tout de suite, il ajouta :

— J'arrive de Veulettes.

— En effet, les journaux ont annoncé la mort du général de Cermont.

— J'ai voulu assister aux obsèques. Vous savez comment il est mort ?

— Des suites de blessures qu'il aurait reçues pendant la guerre, a-t-on dit.

— Oui et en de bien singulières circonstances, où Gaston de Chanly s'est trouvé mêlé.

— Comment! Gaston de Chanly ?

— Lui-même. Son roman n'a pas fini comme je vous l'ai narré aux Bélices, et comme on l'avait cru. Ni lui ni la comtesse ne sont morts il y a huit ans. Ils le sont aujourd'hui : elle à Londres, pendant que Gaston se faisait tuer ici en France, à l'ennemi, en 1870.

— Quelles histoires de l'autre monde me racontez-vous là ?

— De l'autre monde, c'est le cas de le dire, car c'est bel et bien de deux revenants que j'aurai à vous parler, si cela vous intéresse.

Et Landry commença :

J'ai appris tous les détails de la mort du comte par le vieux Sorguet, vous vous rappelez, l'ermite de Succettes. C'est lui qui l'a ramené percé de deux balles, au château de Veulettes. Le général a survécu près d'un an à ses blessures. En sortant du cimetière, j'ai accompagné le père Sorguet jusqu'à l'ermitage que j'étais curieux de revoir, et surtout pour obtenir du bonhomme qu'il me communiquât tout ce qu'il savait sur M. de Cermont. Il prit le récit des faits à la date du service funèbre de la comtesse et de Gaston ; c'est à ce moment-là qu'il m'avait remis tout ce que de Chanly avait laissé aux Trous Mirbeau.

Et Landry, avec son talent de mime, entama le récit dans le langage spécial de l'ermite :

« Malgré la grand'messe des Morts qu'il avait fait dire pour el' repos de l'âme ed' m'ame la comtesse et d' m'sieu Gaston, el' général tournait toujou's par là su' la falaise et aux entours ed' mon trou, comme si qu'il eût l'idée de que'que frime. Quand i' me rencontrait i' me disait :

« — Eh b'en, pè'e Sorguet, vous qu'êtes toujou's su' l'iau ou b'en su' la plâge, v' n'avez 'cor r'en trouvé ?

« — C'est i' du malheu'. J'trouvons pas r'en, m'sieu l' comte, que j' li répondais.

« I' me tourmentit b'en comme ça pendant des semaines. A la fin des fins, un biau jou' qu'il était v'nu cheu nous, i' m' fit monter à quant è li aux Trous Mirbeau où que m'sieu Gaston f'sait toutes ses manigances ed' peinturlure. Quand j' fûmes là tout seu's, i' me regarda dans le blanc de l'œil et m' dit :

« — C'est pas tout ça, vieux coquin, ej' sais tout. Ed' quoué sert ed' menti'. Ej' te f'rai prendre pa' la justice, si tu n' me dis point tout ça que tu sais.

« — Dessus quoué, m'sieu le comte ? que j' li répondis.

« — En' fais pas la bête, qu'i me r'dit, en roulant ses yeux, et souviens-tè qu' si tu m' dis tout, eh b'en, i' n' t'arrivera pas de peine ; et tu peux-t-être tranquille, je m' sarge ed' tè.

« — P'is qu' c'est comme ça, m'sieu le comte, et qu' v' savez tout, j' peux b'en vous le dí'.

« Et j' l'i racontis l'affaire comme ej' vâ' vous la dire itout.

« El' jou' d' l'orâge, qu'on a cru que m'ame la comtesse et m'sieu Gaston étaient tombés à la mè', le gevâ' de m'ame la comtesse allait se bouter dans l'iau, emporté pa' la jeunesse du sang et pa' les coups de cravache eq' m'sieu Gaston l'i cinglait su' les fesses; m'sieu Gaston fit un effort terrible et enleva m'ame la comtesse dans ses bras, au moment où le Gamin buttait dans l'éboulis où que le gabelou ne pouvait p'us les voir ; et d'une poussée, comme un hercule de la foire Saint-Romain, i' culbuta sa jument, même qu'elle était bai, du haut en bas de la falaise; je crè b'on qu'i l'i flanqua un coup de coutiau dans les veines du cou pou' l'exciter un brin. Su' ce coup de temps-là, le gabelou dévalait su' la plâge pa' la rigole et m'sieu Gaston m'amenait chez mè m'ame la comtesse qui n'pouvait quasiment p'us se traîner. È' s' débattait, è' s' tordait les bras, è' poussait des cris, è' voulait s' n' aller dehors malgré l'orâge; 'l' ètait comme eune folle.

« — Ej' veux mouri'! qu'è' disait. Laisse-mè mouri', mon Gaston !

« Mais m'sieu Gaston n'entendait point de c't oreille-là. I' la pernait dans ses bras, la cajôlait comme eune enfant.

« — Non, non, Hélène, tu ne mourras pas, tu seras ma femme, j' allons partir ensemble.

« P'us qu' i' l'i disait ça comme ça, p'us qu'è' l'i répétait :

« — Ej' veux mouri'! C'est trop infâme !

« Alors i' l'i dit :

« — Eh b'en ! viens-t-en quant è mè, j'allons mourî tous les deux !

« Et i' fi mine ed' sorti'. Mais è' s'attacha à l'i, ès' mit à pleurer; è' versait des larmes qu' ça fendait l'âme; ej' pensions qu' i' n'y avait qu' les pauv' gens pou' avoir tant d'iau dans les yeux. È' finit pourtant pa' se calmer et m'sieu Gaston la fit monter dans l'endrait où que j' sommes, m'sieu le comte.

Elle était comme eune morte su' c'te longue chaise que v'là là. M'sieu Gaston m' dit :

« — Sorguet, viens-t-en que j' te parle. Tu vais b'en tout c't ergent-là. Eh b'en, c'est pour tè, si tu veux nous mener en Anguelterre...

« Qu'y avait p'têt' b'en cinq cents pistoles en or dans le creux de ses mains. C'est pas pou' l'ergent, m'sieu le comte ; mais je me doutais b'en qu'i pourrait b'en arriver que'que malheu' à m'ame la comtesse et à m'sieu Gaston, et qu'ils étaient fautifs ; j' l'i dis don' :

« — Sera comme 'ous voudrez, j' partirons à c'te nuit, si la mé' l' veut b'en.

« Et fut fait comme dit.

« J'partim' au quart moins de trois heû', comme i' sonnait à l'horloge ed' Janville. Un bon vent d'est nous m'nit su' la côte anglaise le seurlendemain au drait de midi. Ded'p'is, m'sieu l'comte, j'nons pu's r'vu m'ame la comtesse ni m'sieu Gaston.

« El' général n'avait point l'air content, dà. Il allait et venait su' ses pas comme un loup, en mâchant un bout de cigare éteint. J'nétions point rassuré.

« — C' est'i tout ? qu'i' m' dit.

« — Pa' l' vrai jou' du bon Dieu qui nous éclaire, j'vous ai dit tout ça que j'sais.

« — C'est bon, n'parle de ça à personne ou t'aurà affaire à mè.

« Et i' me donna cinq napoléons qu'étaient tout neufs et qu' j'ons mis avec ceux de m'sieu Gaston.

« Que'que temps après j'ons vu v'ni' au châtiau un meussieu qu'avait b'en l'air d'un English. I' y est resté deux jours. Un aut'e fais, m'sieu l'comte em' chargea de porter à la poste, à Yvetot, une lettre pour m'ame Cardan, 13, Brock Green Hammersmith, W. London. I' n' voulait point que les domestiques du châtiau auraient connaissance qu'il écrivait en Anguelterre. Dans m'n idée, c'est à m'ame la comtesse que la lettre était destinée. Ded' p'is j' n'ons p'us entendu parler de r'en jusqu'au moment de la guerre.

« En appernant le désastre ed' Sedan, m'sieu le comte avait quitté Veulettes et était allé à Rouen. Eune nuit, qu' c'était la nuit d' la Toussaint qu'i' ventait un vent du diable, qu'é que j' vis ! m'sieu Gaston qui entrait cheu mè sans crier gare.

« — Me v'là qu'i' m' dit. Ej' viens m' battre cont' ces gueux de Preussiens, et qu' j'allons en démolir, va, père Sorguet. Mais qué que tu fais là, tè, un vieux solide ? Tu n' te bats don' point ?

« — Vous arrivez à pic, m'sieu Gaston, que j' l'i répondis. Ej' partons à c'te nuit pou' Saint-Denis-d'Héricourt où qu'on doit nous donner de la poudre et du plomb. Vous vayez, ma canardière est là toute prête, v' pouvez v'nir quant è mè si 'ous voulez.

« — B'en sûr, qu'i' m' dit, p'isque j'arrive pour ça. Mais tu vas me prêter que'ques vieilles hardes, ej' veux point qu'on me connaisse.

« — Fait comme dit.

« Et j' partîmes. On nous organisa en francs-tireurs, on nous fit aller de çà et de là, de draite et de gâuche. M'sieu Gaston n' ménageait point sa piau qui fut trouée p'us d'une fais. Il était d' toutes les expéditions d'jour et d' nuit, adrait d' ses mains comme un singe ed' ses pattes, prêt à tout, aussi b'en à faire la soupe, quand ça se trouvait, qu'à en tremper eune aux Preussiens. Escusez, m'sieu, si je plaisante, c'est qu'avec nous m'sieu Gaston avait tant d'entrain ! Il était si bon enfant ! Il avait toujou's que'que bonne parole pour nous mettre du cœur au ventre. Je vayais b'en pourtant, mè, que tout son bagou ne f'sait pas qu'i' fût b'en gai. Quand j'étions ensemble en embuscade, pendant des heures et des heures, avec un chantiau de mauvais pain dans notre bissac, i' n'avait pas sa figure ed' rire, nom de nom, il avait b'en p'utôt envie d' pleurer. I' pensait, b'en sûr, à sa comtesse qu'il avait laissée en plan en Anguelterre. Quel homme, avé' tout ça ! Quel homme !

La compagnie l'i offrit l'épaulette ou plutôt les galons de capitaine, car en su temps-là on ne portait pas l'épaulette. I' n' voulut tout d'abord point. Mais on l'i en dit tant et tant qu'i' finit pa' se laisser faire sergent. On peut dire de ç'ti-là qu'i les avait b'en gagnés ses galons, et qu'i les a b'en portés jusqu'à son dernier jour que j' vas vous di' tout comme ça c'est passé. »

XLIV

BROCK GREEN

Dans le petit salon du fond où nous nous étions isolés, à Tortoni, le jour tombait. Eugène, le vieux garçon de café, à la fois solennel et familier, vint allumer le gaz. Il suffit de peu de chose pour changer le courant ou le mode d'une conversation même intime. Landry qui jusque-là s'était plu à imiter le jargon et l'accent normands du vieux Sorguet, y renonça pour reprendre, sous une forme plus humaine, le récit des faits qu'il avait connus non-seulement par l'ermite de Succettes, mais par quelques papiers que le bonhomme lui remit de la part de Gaston et par les dernières communications qu'il avait reçues de Flora Sigoulans.

Lorsqu'il apprit du douanier terrifié l'épouvantable chute à laquelle cet homme avait assisté, le général de Cermont, comme tout le monde, crut à un accident. Peu à peu cependant certaines particularités de la déposition faite par l'unique témoin de l'événement, ces détails contradictoires, — qui, à la lecture du *Mémorial d'Yvetot* m'en avaient fait suspecter non la bonne foi, mais l'exactitude, — engendrèrent également un doute cruel dans l'esprit du général. En rapprochant ces indices de ceux que la réflexion lui fournit sur l'état moral et pathologique d'Hélène et sur les rapports de la jeune femme avec Gaston de Chanly, il se persuada bientôt que tous deux s'étaient, ensemble et de propos délibéré, donné la mort volontaire. Aussitôt les causes du suicide apparurent avec la soudaine et vive lumière d'un éclair à travers la nuit de son aveuglement. Frappé dans sa double affection d'une façon si cruelle, d'autant plus voulut-il rendre les derniers devoirs sinon à la dépouille mortelle, au moins à la mémoire des deux amants. Puis chaque jour il continua de faire mettre à la mer l'*Étoile* et les *Deux-Frères*, surveiller les plages du littoral, fouiller les roches à fleur d'eau, sonder les bas-fonds. Quand il lui fut démontré que toutes les recherches conduites par les deux Bénard et Beuzeboc étaient absolument vaines et que les corps ne se retrouveraient pas, d'abord il se demanda s'il se retrouveraient, puis s'il pouvait même se faire que jamais on les retrouvât.

Un nouveau soupçon se leva et grandit dans sa pensée. Il observa le terrain de la chute avec une attention plus minutieuse, remarqua des empreintes de pas humains mêlées à celles du pied des chevaux et qui, fortement marquées dans la terre humide, paraissaient se diriger vers la vallée de Succettes. A peu de distance, dans l'herbe rude et les joncs marins, on en perdait la trace. M. de Cermont se souvint aussi des stations quotidiennes de Gaston aux Trous Mirbeau. C'est chez l'ermite qu'Hélène et de Chanly étaient allés ou devaient aller le jour même de l'accident. Les y avait-on vus? Le lendemain, quand on avait cherché le bonhomme pour l'amener au château, la Sorguette avait répondu qu'il était en mer, et il n'avait reparu que deux jours plus tard. Cette absence prolongée sembla singulière au comte en un moment d'émotion si générale dans le pays. Il était peu probable que le père Sorguet ignorât ce qui s'était passé sur la falaise à trois cent mètres de son habitation, mais cela était possible; et M. de Cermont ne voulut pas devant témoins pousser plus à fond ses investigations à ce sujet. Il craignit que le jour qui s'était fait dans son esprit éclairât l'opinion sur cette double mort qui, réelle ou feinte, à l'insu de tous, mais à sa propre connaissance, l'outrageait dans sa dignité d'époux. Par respect pour son nom, pour son honneur, pour l'honneur même de la femme qui avait eu la garde de son nom, par tendresse aussi, le comte coupa court à l'enquête officielle, ce qui lui fut facile dans un petit canton où il exerçait une grande autorité morale, où d'ailleurs personne n'avait l'éveil sur les doutes qui le tourmentaient.

Le général rendit d'éclatants et suprêmes hommages à la mémoire de sa femme et de son filleul; mais, sous l'empire de ses doutes, ne voulut point quitter Veulettes, et poursuivit son enquête personnelle. C'est alors qu'il obtint l'aveu du père Sorguet et, sous main, confia le soin des nouvelles recherches, à un habile *detective* que. par l'entremise de M. Boitelle, notre préfet de police, il avait fait venir de Londres. Par cet homme il apprit que madame de Cermont et de Chanly vivaient dans le faubourg d'Hammersmith sous le nom de M. et madame Cardan, et il établit auprès d'eux une surveillance occulte.

Célés à tous, les deux amants menaient dans Brock Green, qui est une des rues d'Hammersmith, une vie de retraite absolue. Hélène sortait peu, pour ainsi dire jamais, et, quand cela lui arrivait, seulement le soir, à la tombée du jour, au bras de l'homme qui passait pour être son mari. Dans le petit cottage entouré de grands arbres, de pelouses et de fleurs, où ils s'étaient retirés, leur existence fut, au début, passionnée. Ce n'était que don et abandons de soi, prise et reprises sans fin d'enlacements, comme des fureurs de possession et d'oubli dans le mystère voluptueux de la maison close.

Aux heures d'ivresse épuisée, pourtant, le mensonge commun glissait entre eux une timidité, une sorte de gêne qui ressemblait à de la honte. Vis-à-vis l'un de l'autre, alors, ils affectaient une liberté d'esprit, ils s'essayaient à un enjouement qui n'était plus dans leur humeur, ni dans leur cœur. Peu à peu, il se fit dans leur solitaire intimité de longs silences; ils ne savaient plus les rompre autrement que par les enchantements familiers pour eux de la musique qui leur était chère encore et les dispensait de la parole.

Gaston allait tous les soirs acheter les journaux français dans Piccadilly. Quelles réflexions muettes, non échangées leur inspira la lecture des commentaires successifs auxquels « l'accident de Veulettes » donna lieu, jusqu'au jour du service funèbre dont la date leur fut de la sorte annoncée comme les détails révélés ! A la longue, la tristesse extérieure des choses, les feux de houille rouge sans flamme, les brouillards jaunes, les pluies d'automne ininterrompues, les neiges d'hiver délayées dans la boue liquide des rues noires, tout ce gris, toute cette ombre de la vie anglaise se substituant à la lumière de nos mœurs, tout cela les enveloppa et les pénétra jusqu'aux moelles, ajouta la glace des sensations à la contrainte croissante des sentiments. Leurs ardeurs, voulues alors, en redoublaient d'autant. La lettre du général surprit Hélène dans cet état psychologique. Cette lettre se trouvait parmi les papiers que de Chanly avait confiés au vieux Sorguet pour les faire parvenir à Jean Landry. Elle était courte.

» Ma chère Hélène,

« Morte pour tous, vous ne l'êtes pas pour moi. Aussi longtemps que vous serez heureuse, oubliez le passé. Mais si vous avez jamais besoin de repos, de tendresse, de consolation, besoin d'une affection *désintéressée* qui vous protège, souvenez-vous. N'oubliez pas que l'Inde est ma seconde patrie, que je n'ai que le petit doigt à lever pour vous y donner le rang qui vous appartient de droit. J'ai trop de torts à me reprocher vis-à-vis de vous pour ne pas accepter avec reconnaissance tout moyen que vous m'offririez de réparer l'irréparable dans la mesure de ce que permettent l'affranchissement absolu des préjugés européens et les facilités que donne la fortune. Au premier signal, vous me verrez arriver auprès de vous joyeux, heureux sans réserve.

« Votre père,

Comte DE CERMONT. »

Hélène ne répondit pas à cette lettre. Elle pleura et pria; elle qui n'avait jamais su prier, elle pria pour son mari. Pouvait-elle répondre ? Non.

Quelques mois après, en effet, la naissance d'un enfant jetait un peu de vie dans la silencieuse demeure de Brock Green ; pour peu de temps, hélas ! Le petit être ne montra à sa mère la lueur de son pâle sourire que pour lui en laisser le regret plus cuisant. Il ne l'avait apporté que pour le remporter aussitôt dans le ciel avec son âme innocente de la douleur où son éphémère apparition jetait deux cœurs déjà blessés.

Dans les intervalles de lucidité que la mesure de leurs forces imposait à leur passion, mari et femme sans être époux, ils en vinrent à connaître, en se le dissimulant l'un à l'autre, le poids de leurs chaînes. Elle montrait les exigences résignées de la femme, lui les nonchalances également résignées du mari, sans avoir goûté aux satisfactions avouées, avouables et, ne fût-ce que par là, durables des unions consacrées par la religion et par la société. Sept années passèrent ainsi, sept années de sensualités auxquelles succédaient de mornes abattements, des détachements dont le flot montant, si amer, était combattu par une exquise délicatesse d'égards et de mutuelle sollicitude. En leurs heures d'exaltation, les sens avaient plus de part que le sentiment, et la volonté certainement plus de part encore que les sens. En leurs ivresses, ils cherchaient en réalité l'oubli individuel plutôt que les joies du bonheur partagé, fier de recevoir, plus heureux de donner.

Dans le cottage de Brock Green les sept années comptèrent comme sept hivers de douze mois. On n'y respira guère les senteurs des printemps, on ne s'y réchauffa qu'imparfaitement au soleil des saisons chaudes ; on y vécut sept ans dans les brouillards jaunes, dans les neiges fondues mélangées de charbon de terre, dans l'obscur, presque dans le deuil. Quand ils ne se ressaisissaient pas aux étreintes de la volupté, leurs ombres erraient silencieuses parmi les appartements muets. Ils finirent même par se désaccoutumer des chants d'autrefois et de la musique. Les révoltés avaient désappris cette langue de l'amour. Furtive, impalpable, lente, persistante et continue, en particules une à une infinitésimales, la poussière de l'oubli tapissa d'ouate légère les instruments qui ne vibraient plus jamais. Aux corbeilles des pelouses les fleurs mortes jonchèrent la terre brune de leurs tiges abattues, noircies ; l'herbe foisonna dans le sable des allées, les plantes parasites s'étalèrent magnifiques parmi les fins gazons, l'ortie âpre et haute monta ses pousses hardies sous l'humidité des platanes, des tilleuls et des conifères au tronc verdi par les mousses et les lierres. Il en fut de toutes choses au numéro 13, dans Brock Green

Hammersmith, W. London, comme des deux êtres qui y habitaient : la vie s'y traîna lourde, écrasante, étouffée, glaciale, plus froide, plus étouffée, plus écrasante, plus lourde que la pierre du sépulcre.

XLV

NUIT D'HIVER

Tombant dans l'immobile et triste retraite d'Hammersmith, la nouvelle de nos premières défaites, en 1870, y produisit l'effet d'une pierre précipitée dans une eau stagnante : un rejaillissement à la surface, une fugitive agitation, et le trouble au fond. De premier élan, de Chanly allait s'écrier : « Je vais en France ! » La parole, aussitôt étouffée, ne franchit pas ses lèvres. Il s'était souvenu à temps. Ensuite, pendant des jours et des semaines, il demeura pensif. Hélène, dans les fronces de ses sourcils, lisait son désir inavoué. Cette lutte qui se livrait au cœur de l'amant la blessait elle-même au cœur. Pourtant elle comprenait qu'il était étreint dans l'étau des situations fausses ; elle sentait que la fatalité imposait à Gaston des obligations absolues, au même degré impérieuses, et néanmoins contradictoires. Il se devait à la patrie qui réclamait les bras de ses fils valides avec l'autorité d'une mère outragée. Il se devait à elle aussi, à elle, l'infortunée, qui avait droit sur lui et n'avait de droits que sur lui, sans autre autorité pour les exercer que celle des sanglots refoulés et comprimés dans son sein. Deux mois, trois mois s'écoulèrent ainsi.

A la fin d'octobre, Metz rendu, Gaston, sans vouloir réfléchir, partit. Le 1er novembre, il débarquait à Dieppe ; le 2, jour des Morts, il arrivait chez le père Sorguet, comme s'il eût voulu payer sa dette à la patrie dans ce pays même où il avait tant aimé. En quittant Hélène pour offrir à la France sa force, sa jeunesse, son dévouement sans réserve, cédait-il seulement à l'impulsion de son patriotisme ? Etait-ce un devoir, rien qu'un devoir qu'il accomplissait ? Au sentiment du sacrifice, n'ajoutait-il pas une pensée d'holocauste ? Je dirai plus, et j'ose à peine exprimer une telle supposition, je me demande quelquefois s'il ne poussa pas, — oh ! sans en avoir conscience, — un soupir de soulagement et de délivrance en laissant derrière ses talons le seuil du cottage de Brock Green. Qui le saura jamais ? Et pourtant c'est une question qui s'impose à moi quand je réfléchis à ce départ.

Cette solitude à deux, si morne pour un homme qui avait pratiqué la vie active des écoles, du régiment, des ateliers; le deuil extérieur de la nature et le deuil au foyer, pour un homme qui avait eu le culte de la couleur et l'adoration de la lumière; ce renoncement à sa propre individualité pour un artiste dont les lèvres s'étaient mouillées à la coupe enivrante des premiers succès ; le sentiment de la honte et l'humiliation de la vie cachée pour un homme qui avait été l'un des fervents dans la religion de l'honneur; la conscience du péché pour une âme qui possédait le sens profond des dogmes catholiques; la douleur de savoir que sa coulpe était irrémissible, puisqu'il n'y pouvait renoncer, puisque son devoir social, en conflit avec son devoir religieux, lui interdisait d'abandonner Hélène; cet amour même où naguère il avait cru réaliser un idéal de chasteté, de spiritualité pure et qu'il avait avili aux félonies de l'adultère; jusqu'à cette femme qui lui avait révélé la beauté et qui se flétrissait aux morsures du remords : toutes ces abdications, tous ces abandons, toutes ces déroutes intérieures expliquent, sans le justifier, comment il se faisait que Gaston vît dans la mort sur la terre française une expiation et peut-être une délivrance; comment il se fit que, sourd aux appels douloureux d'Hélène, il obéit de préférence aux appels désolés de la mère patrie.

Lui parti, — par quelle nerveuse intuition des choses connut-elle qu'elle ne le reverrait plus?— elle se vêtit de noir. Sous ses yeux, dont le regard sans lumière plongeait au dedans d'elle-même, les aiguilles de la pendule passaient et repassaient l'une sur l'autre sans la tirer de sa torpeur. Elle perdait la notion du temps et des réalités physiques. Toute l'existence de cette femme de trente ans fut par elle analysée heure par heure : son enfance sans mère, sa jeunesse auprès d'un père indifférent, puis d'un second père que le monde appelait son mari, sa longue attente de l'amour, sa rencontre tardive avec l'homme qu'elle eût aimé, qui l'eût aimée, — quand ils n'avaient été qu'amoureux, — si les conditions qui font l'honneur de la vie les avaient entourés. Quel désespoir quand elle se disait qu'elle aurait été la femme heureuse, honnête, considérée de Gaston, et que le destin les avait rapprochés trop tard, que leur union leur avait apporté seulement le fugitif de la passion et non l'amour qui, lui, est autre chose de plus haut, de plus fort, de plus grand que la passion, quelque chose d'éternel, un lien formé lentement de mille liens sociaux, étrangers au premier attrait des sens et des cœurs !

Sa santé s'altéra, les crises nerveuses qui avaient disparu revinrent plus fréquentes, plus violentes. Elle bondissait sous le coup de fouet que lui cinglait au visage le souvenir de l'abandon. Prise de soudaines et folles colères, elle perdait en son cerveau affaibli, ébranlé, le gouvernement de sa raison. Elle creusait dans sa pensée cet abîme sans fond, l'idée fixe, s'approchait des fenêtres de sa chambre, posait sur les vitres son front brûlant, et regardait devant elle, sans voir, le jardin mort. Elle ne pleurait plus.

Pendant ce temps-là, en compagnie du vieux Sorguet, de Chanly payait vaillamment de sa personne au combat du Thil dans la vallée de l'Andelle, à Evreux, à l'affaire de nuit d'Etrépagny. Dans la matinée du 2 décembre, le hasard des expéditions ramena aux environs de Monville, aux Cambres, sur la grand'route de Rouen à Dieppe, le détachement dont il faisait partie. Son peloton fut cantonné dans une ferme, à deux portées de fusil du château de Chanly. Là, il apprit que son père était complètement paralysé et tombé en enfance. Il l'aperçut, fut triste, et n'essaya point de se faire connaître. Madame Flora de Chanly, née Sigoulans, maigre, sèche, parcheminée, ridée, fardée, émaillée, écaillée, toujours jeune et souriante de son mince et large sourire, faisait les honneurs du château à un officier supérieur français, comme elle devait les faire, quelques semaines plus tard, à un général prussien.

A la tombée du jour, une ordonnance haletante traversa, au lourd galop d'un cheval de ferme, la grande avenue de hêtres où Gaston, enfant, avait tant joué avec sa tendre mère, Edmée de Chanly. Le cavalier apportait un ordre à l'officier, qui sortit aussitôt sur le perron et fit assembler la petite troupe. C'était un grand vieillard aux épaules un peu voûtées, mais d'aspect résolu et d'allure martiale. De Chanly reconnut M. de Cermont, frémit et d'instinct abaissa sur ses yeux la visière de son képi. — Mes enfants, dit le général, les hulans ont paru à Neuchâtel, les Prussiens y arrivent ce soir; cette nuit ou demain matin ils seront à Buchy. Nous y allons.

Puis il passa le peloton en revue. Gaston était placé en serre-file, à l'arrière des hommes. La nuit achevait d'envahir au couchant la grande courbe du ciel. Il ne put même supposer que le comte l'eût reconnu. On rallia le cantonnement des Cambres et l'on se dirigea sur Monville pour se joindre à deux bataillons, l'un de mobilisés de Rouen, l'autre de francs-tireurs Moquart. Le détachement fit son entrée dans Monville à six heures du soir.

Avant qu'il rompît les rangs, l'ordre du départ fut donné pour neuf heures.

Dans un de ces retours de foi auxquels il était sujet et qu'à défaut de la gravité des circonstances l'évocation de ses jeunes années près de sa mère, à Chanly, suffisait à motiver, Gaston profita de ces quelques heures d'arrêt pour aller rendre visite au bon vieux curé de Monville, l'abbé Picquenot, et le pria de l'entendre en confession. — Oh ! cher enfant, venez, venez! lui dit l'excellent prêtre qui, sans prendre même le temps de se couvrir la tête par cette soirée glaciale, l'emmena aussitôt à l'église.

Quand Gaston sortit du confessionnal, il était calmé sans doute, mais grave et triste; triste pour avoir remué les cendres de son amour, grave pour avoir offert sa vie de nouveau.

Après les malheureux combats de Buchy et du Bosc-le-Hard, les débris de la petite troupe dont le comte de Cermont avait le commandement rabattirent sur Clères. De là, en partie par les bois du Montcauvaire, aussi par les prairies que la gelée avait durcies, et par la route départementale, ils se réunirent au hameau du Tôt, à mi-chemin, entre Clères et Monville. Au Tôt, le général arrêta ses hommes, installa une moitié de sa troupe dans un moulin de bois de teinture abandonné, posa l'autre moitié en embuscade dans les taillis qui bordent la route, en face des bâtiments, et montent jusqu'à la ligne du chemin de fer de Dieppe; puis il échelonna des vedettes dans la direction de Clères.

Il gelait à quatorze degrés. Après minuit, la température s'éleva de deux degrés encore, la neige commença de tomber. De la cuisine où se tenait de

Chanly avec les hommes, au rez-de-chaussée du moulin, on entendait le pas du comte de Cermont qui marchait de long en large dans une chambre au-dessus. A cinq heures du matin, les vedettes se replièrent, annonçant l'arrivée des premiers hulans qui s'avançaient en éclaireurs, précédant deux cents Prussiens sur la route de Monville. Le comte avait ordonné qu'on laissât l'ennemi s'engager, entre les bois et la maison, assez avant pour le prendre entre deux feux. Détaché dans les taillis voisins, de l'autre côté du chemin, le peloton ne devait tirer qu'aux premiers coups de fusil partis du moulin. Le général dit alors à son planton :

— Faites monter le sergent.

Tout le sang de Gaston lui reflua au cœur, mais il monta. Que se passa-t-il entre ces deux hommes? Dix minutes après, le vieux Sorguet se précipitant dans la chambre du premier étage pour annoncer l'arrivée des Prussiens, les trouva dans les bras l'un de l'autre et pleurant ; il entendit aussi cette phrase :

— O Gaston, Gaston, pourquoi l'avez-vous abandonnée?

Son entrée rompit brusquement l'entretien. On se posta aux fenêtres, les avant-gardes ennemies avaient passé ; un mouvement lent d'ombres noires, compactes, se dessina sur la route. Au travers des vitres closes, le général tira un coup de feu, suivi de cent autres aussitôt, et l'on sortit en hâte pour l'attaque à la baïonnette.

Le sergent de Chanly se tenait aux côtés du général qui, le revolver au poing, s'était engagé le premier dans la mêlée. Deux fois il lui sauva la vie en prévenant par son propre feu les coups qui lui étaient destinés. Dans les poussées du combat par groupes, le comte et Gaston se virent amenés au bord du talus rapide qui descendait aux jardins du moulin. A ce moment, son revolver étant déchargé, Chanly, à la lueur de la fusillade, vit le général menacé de nouveau, s'élança, le couvrit de son corps, reçut une balle au front et roula dans le fossé.

Sur les plaines, sur les prés, sur les coteaux, sur les bois, sur les routes, sur la glace bleue des cours d'eau, par masses silencieuses, par tourbillons, en pluie d'étoiles blanches roulant sur elles-mêmes, se culbutant, se devançant, luttant de vitesse ou nonchalantes, se balançant, oscillant, planant sans hâte, sûres d'arriver, de l'infini obscur perdu dans les profondeurs de la nuit, à flocons larges, radiés, épais et lourds, la neige tombait.

Elle se tassa en linceuls redoublés sur la dépouille mortelle, désormais rigide et morte de Gaston de Chanly.

Là-haut, une petite âme, une âme pure, lumineuse, l'âme d'or qui avait autrefois animé le cœur d'or d'Edmée de Chanly, accueillait dans sa lumière l'âme de son bien-aimé fils, cette pauvre âme délivrée, mais égarée, troublée, cherchant son chemin dans le premier éblouissement de l'éternité.

A la même heure de nuit, au numéro 13, dans Brock Green, Hammersmith, W. London, une fenêtre s'ouvrait avec fracas et livrait passage à la forme enveloppée de voiles noirs d'une femme qui se précipitait dans le vide et s'écrasait sans mouvement sur les dalles du trottoir.

Dans le *Times* du lendemain parut le récit de cette mort; il se terminait par un mot singulier : « *The medical man who was summoned to certify the cause of death was of opinion that the deceased was overcome by a sudden impulse and accordingly delivered a verdict of a death caused by hysterical insanity.* » — Folie... La science, comme toujours, n'avait vu qu'une partie de la vérité.

Et toi, âme d'Hélène de Cermont, qui t'aura donc reçue et guidée au seuil de l'éternité ? Quelle est ta destinée dernière, pauvre âme isolée ?

— Bah! conclut Landry, le bon Dieu n'est pas embarrassé. Il aura réuni les deux amants après leur avoir un peu tiré les oreilles, et se sera reposé dans son infinie bonté.

FIN

TABLE

I. — Décaméron bourgeois. 1
II. — La Vénus marine 8
III. — Un « Fait divers » 16
IV. — Le beau Gylippe 24
V. — Monsieur et madame de Chauly. 32
VI. — L'abbé Serneuve. 40
VII. — « Corps et âme » 48
VIII. — Nature 56
IX. — La mare 64
X. — Mysticisme. 72
XI. — Le moine 81
XII. — Entre quatro murs. 89
XIII. — Flora Sigoulans 96
XIV. — Vieux débris 105
XV. — Fruit sec 112
XVI. — Aux hussards Chamboran 121
XVII. — Estagel 129
XVIII. — Libre ! 136
XIX. — Art. 145
XX. — A la beauté vivante ! 153
XXI. — Un mariage dans le monde 163
XXII. — L'isolée 171
XXIII. — La crise 179
XXIV. — La route de Veulettes. 187
XXV. — Villégiature 194
XXVI. — Premier trouble. 201
XXVII. — Un cœur qui bat 208

XXVIII. — La romance en *fa*.	216
XXIX. — La mer d'argent.	224
XXX. — Lever de lune.	232
XXXI. — Jours de pluie	240
XXXII. — Le portrait	248
XXXIII. — La route de Paris.	256
XXXIV. — Un rayon de soleil	263
XXXV. — Desdémone	270
XXXVI. — Consultation	278
XXXVII. — Adélaïde	285
XXXVIII. — Les Trous Mirbeau.	292
XXXIX. — Conscience	299
XL. — Le péché	305
XLI. — Sur la falaise	314
XLII. — La *Chimère*.	321
XLIII — Récit de l'ermite.	328
XLIV. — Brock Green	335
XLV. — Nuit d'hiver	343

Tours. — E. Mazereau, imprimeur.

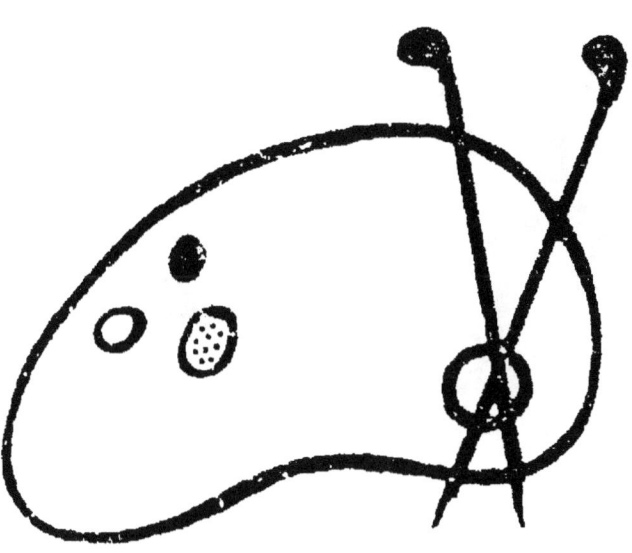

Original en couleur

NF Z 43-120-8

www.ingramcontent.com/pod-product-compliance
Lightning Source LLC
Chambersburg PA
CBHW070859170426
43202CB00012B/2123